성전 문지기

성전 문지기

초판 1쇄 발행 2021년 11월 20일

지 은 이   이정숙 ⓒ 2021

펴 낸 이   김환기
펴 낸 곳   도서출판 이른아침
주   소   경기 고양시 일산동구 정발산로 24 웨스턴타워 업무4동 718호
전   화   031-908-7995
팩   스   070-4758-0887
등   록   2003년 9월 30일 제313-2003-00324호
이 메 일   booksorie@naver.com

ISBN 978-89-6745-129-5 (03230)

하나님과의 70년 동행기

성전
문지기

이정숙 지음

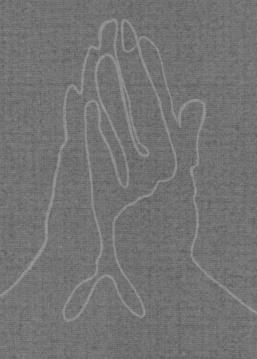

이른아침

들어가며

내 기억이 가물가물 안개 속으로 사라지기 전에 아버지와 나만의 추억에 대해 써야만 하겠다고 생각한다. 참으로 수많은 일들과 말씀들이 나의 삶 속에 엮여 있었고, 나는 한 매듭 한 매듭을 묶으며 지금까지 쉼 없이 걸어왔다.

이렇게 시작하니 가슴이 뭉클대고 눈시울이 뜨거워진다. 아버지 하나님에 대한 너무나 소중한 기억들 때문이다. 나의 손을 잡고 격려해주시고 어루만져주시며, 빠르지도 않고 느리지도 않게, 한결같은 사랑으로 이끌어주신 분이며, 참으로 정확하시고 또 신실하신 분이시다.

땀을 뻘뻘 흘리며 쫓길 때, 그 큰 손으로 슬쩍 덮어주기만 해도 나는 들키지 않고 피할 수가 있었다. 정신을 차리고 나면 빙긋이 웃으시는 걸 느낄 수 있고, 측은히 여기시는 걸 감지할 수가 있었다. 때로는 눈물을 흘리며, 때로는 그 품안에서 쉼을 얻으며 이제껏 살아왔다.

"좋으신 아버지, 참 좋으신 아버지!"

백만 마디, 아니 억만 마디인들 어떻게 다 말할 수 있으랴. 수억의 문자를 다 동원해도 아버지 하나님에 대해 다 기록할 수 없다. 그저 조금씩 조금씩 기억나는 대로 써 볼 뿐이다.

추억

날이 저물어 해거름이 되어 가면
집으로 돌아가려고 일어섭니다.
나이가 그윽해져 머릿결이 희어지니
본향 가야 할 때가 가까운 걸 느끼며
부지런히 아버지와 함께했던 일들
그 많은 추억들을 써놓고 싶어집니다.
내 아버지 하나님
나의 영원하신 아버지
그 품에 안겨 영원히 함께하고 싶습니다.
언제나 내 마음 한켠에는 그 나라
아버지 계신 곳이 그려집니다.
그곳을 사모합니다.
젊었을 때는 저 멀리 뵈는 나의 시온성으로 노래 불렀는데
지금은 그리 멀지 않게 느껴지고
조만간 가리란 꿈이 있습니다.
나의 아빠 나의 주님
가슴이 아리고 눈물이 납니다.

아버지 하나님을 사랑합니다.

시편 90편

1.
주여 주는 대대에 우리의 거처가 되셨나이다

4.
주의 목전에는 천년이 지나간 어제 같으며
밤의 한순간 같을 뿐임이니이다

10.
우리의 연수가 칠십이요 강건하면 팔십이라도 그 연수의
자랑은 수고와 슬픔뿐이요 신속히 가니 우리가 날아가나
이다

12.
우리에게 우리 날 계수함을 가르치사 지혜의 마음을 얻
게 하소서

하나님의 시간에 하나님의 방법으로
하나님은 응답하신다

2008년 겨울의 일이다. 미국 시카고에 사는 한 자매님이 우리 집에 찾아왔다. 해마다 겨울이나 여름 혹은 늦봄에라도 매년 한 번은 우리 집에 꼭 오는, 거의 딸 같은 자매다. 그날도 오랜만에 만나서 이런저런 이야기를 나누는 가운데 그 자매의 아들과 그 아들의 친구들 이야기까지 나누게 되었다. 자기 아들과 그 친구들의 믿음이 최근 몰라보게 좋아졌다는 말을 하면서 그 자매는 우석이란 학생과 나누었다는 대화 내용을 들려주었다. 그녀가 전해준 우석이라는 학생의 말은 이런 것이었다.

"우리를 지도해 주시던 목사님이 정말 훌륭한 분이었어요. 헌신적이기도 하고요. 그 분의 영향 덕분에 우리도 믿음이 크게 성장할 수 있었어요."

그러면서 끝으로 이런 말도 하더라고 했다.

"한국에 가시면, 그 분을 꼭 좀 만나보세요. 최봉수 목사님이거든요, 정말 우리를 위해서 너무 헌신적이었어요."

그런데 그녀가 '최봉수'라는 이름을 말하는 순간, 내 가슴에 뜨거움이 확 부어지면서

"이 사람이다!"

하는 음성이 들렸다. 어안이 벙벙했다. 아무 말도 할 수 없었

다. 나는 가만히 고개를 숙인 채 '이 사람이다, 이 사람이다!' 하는 소리만 되뇌고 있었다. 남편도 한동안 아무 말 없이 가만히 앉아 있더니 그 자매에게 "얘, 그 목사님이 어느 교단 소속이래?" 하고 물었다. 그러자 그 자매는 기다렸다는 듯 "우리 교단이래요." 하고 대답했다.

"그래? 그럼, 이름이 뭐라고? 다시 한번 말해봐."

"예. 최, 봉, 수, 목사님이고 인천에 계시대요."

그 말을 듣자마자 남편은 교단 주소록을 찾아오더니 "인천이라…, 인천…" 하면서 찾기 시작했다. 그러더니 조금 지나서 "인천 에덴교회 부목사로군." 하면서 눈이 빛났다.

나는 인천이란 말을 듣고는 가까우니 한번 가보고 싶었다. "가보자, 가보자" 하면서 내가 졸랐다. 그래서 남편이 최봉수 목사에게 전화를 했는데 받지를 않았다. 얼마 있다가 다시 했더니 전화가 연결되었는데, 최 목사는 퍽 어리둥절해 하는 눈치였다.

좀 만나자고 했더니 시간이 별로 없다고 했다. 우리가 인천으로 갈테니 점심시간에 만나자고 하면서 그 교회 가까운 데로 정하라고 재촉했다. 최 목사는 마지못한 듯 식당 한 군데를 일러주었다.

우리 셋은 부지런히 인천으로 향했고, 어느 해물탕집에 도착하였다. 최 목사가 미리 나와 기다리고 있는데, 검은 잠바를 입고 서 있는 폼이 좀 촌스러워 보였다. 그런 느낌을 품고 있는데

"사람을 외모로 취하지 말라."

하는 음성이 들렸다.

그리하여 네 사람이 식탁에 마주 앉게 되었는데, 동행한 자매

는 최 목사와 우석이니 인경이니 하면서 대화를 나누었지만 우리 부부는 거의 아무 말도 없이 그들의 이야기를 듣기만 했다. 그리고는 돌아왔다.

돌아오는 길에 나는 하나님께 '아버지, 우리 교회는 DTS가 있고 알파코스도 하고 셀 모임도 하는데, 이 모든 것을 잘 알고 잘할 수 있는 분이라야 하는데요……' 하면서 기도했다. 그때까지 남편과 나는 하나님께서 말씀하신 것에 대해서는 피차 아무 말도 하지 않았다.

그로부터 6개월 쯤 후, 시카고의 그 자매가 다시 한국에 왔다. 온 김에 한 번 더 최 목사를 보러 가자고 했다. 또 그 해물탕 집으로 가서 최 목사를 만났다.

내가 우리 교회의 DTS 이야기를 했더니 최 목사는 홍천 DTS를 했는데 간사를 4년간 했다고 했다. 알파코스 이야기를 했더니 그것도 하고 있다고 했다. 셀 이야기를 하니 미국에서 공부하던 청년들이 바로 자기 셀에서 양육한 학생들이란다. 나는 마음속으로 '하나님께서 완벽하게 준비해 두셨구나' 하면서 감사했다.

집에 돌아와서 나와 남편은 하나님이 말씀하신 이야기를 나누었다. 남편은 그 자매가 6개월 전 처음 '최봉수 목사님'이란 이름을 말하는 순간 목구멍에서 가슴으로, 가슴에서 배로 불덩이가 확 쓸고 내려가면서

"이 사람이다!"

라고 하시는 음성을 들었다고 했다. 그래서 아무 말도 못하고 한참 있었다고 했다. 우리 두 사람에게 동시에 성령께서 불로 응답하셨던 것이다.

우리는 더 이상 그 사람에 대해 알아볼 생각도 못했다. 가족에 대해, 설교에 대해, 배경에 대해, 뭐 더이상 아무 것도 조사해 보거나 알아볼 생각도 해보지 않았다. 하나님께서 "이 사람이다." 했으면 됐지, 사람인 우리가 하나님 하신 일에 왈가왈부할 필요가 없다고 알고 있을 뿐이었다.

겨울에 그 자매가 또 와서 1월에 최 목사와 다시 만나기로 약속을 정했다. 그런데 우리가 만나러 간다고 한 그 날 눈이 너무 많이 와서 도저히 움직일 수가 없었다. 하는 수없이 약속을 미루었다. 그런데 미루었던 약속 날짜가 되기 직전에 최 목사로부터 다시 연락이 왔다. 어머님이 돌아가셨다고 했다. 약속은 다시 기약없이 미루어졌다.

그렇게 몇 달인가가 지나던 어느 날, 남편이 최 목사에게 전화를 걸어 "자네가 우리 교회로 좀 와주게." 하고 청하면서 약속을 정했다. 그런데 약속 당일의 약속한 시간에 최 목사가 나타나지 않았다. 남편이 전화를 걸어 어찌 된 일이냐고 물으니 '길을 잘못 찾아서 헤매다가 겨우 찾았노라'고 했다.

이런 우여곡절 끝에 우리는 최 목사와 세 번째 만남을 가졌다. 겨우 세 번째고 잘 아는 사이도 아니지만, 어느새 최 목사가 반갑고 푸근하고 귀엽게 느껴졌다. 어쩐지 정이 느껴졌다.

당회장실에서 남편은 우리 교회에 대해 한참동안 설명을 했다. 그리고는 일식당 이즈미에서 점심을 먹고 둔촌동 106-1번지로 갔다. 그 땅을 둘러보며 하나님의 행하심에 대해 이야기하고 우리 셋은 함께 손잡고 기도했다. 성령께서 최 목사에게 뜨겁게 임하심을 느낄 수 있었다.

그리고는 다시 우리 교회 당회장실로 돌아왔고, 남편은 최 목사에게 "하나님께서 자네를 나의 후임이라고 말씀하셨다. 그러나 아직 최종 결정된 것은 아니다. 앞으로 해나가야 할 일이 많으니 기도 많이 해야 한다." 하고 말했다. 이어 함께 기도하고 그를 보냈다.

훗날 들은 최 목사의 이야기는 이랬다.

"목사님이 '하나님께서 자네를 나의 후임이라고 말씀하셨다'는 말씀을 하시는 순간, 벼락을 맞은 줄 알았습니다. 집으로 가는 동안 눈에서 눈물이 그칠 새 없이 흘렀어요. '하나님께서 나를 알고 계셨구나! 하나님께서 나를 기억하고 계셨구나!' 하는 생각에 너무나 감사하고 감격했지요. 게다가 요즘 세상에 하나님이 말씀하셨다고 그대로 실천하는 사람이 어디 있나요? 어떻게 그대로 시행하실 수가 있는지! 어떻게 그럴 수가 있는지! 감격해서 울고 또 울었습니다."

최 목사 내외가 집에서 함께 기도하는데 하나님께서 룻기 3장 18절 말씀을 주셨다고 했다.

"잠잠하고 아무에게도 말 하지 말고 기도만 하라."

2010년 사무총회를 앞두고 연말 당회가 열렸다. 시작하기 전에 남편은 먼저 원로 장로님께 은퇴할 뜻을 밝히고, 후임 목사를 하나님이 예비해 두셨다고 말하며 최 목사에 대해 이야기했다. 장로님께서는 "그러면 설교를 들어봐야 하지 않을까요?" 하셨다. 남편이 "하나님이 지명하셨으니까 그럴 필요는 없을 것 같다"고 했더니 장로님은 우려하는 표정이었다.

11월 연말 당회에서 남편은 공식적으로 은퇴할 것을 말하고 후임 목사를 위해 기도할 것을 부탁했다. 이어 2011년 1월 둘째 주일에 임시 당회를 열었다. 장로님들이 다들 하나님의 음성을 들은 대로 말했다. "하나님이 예비해 두셨다"거나 "그 분을 위해 기도하라"고 했다는 내용들이었다. 당회 회원 중 한 명만 빼고는 모두 DTS 훈련을 받았기에 다들 중보기도하며 하나님 음성 듣는 데는 익숙한 편이었다.

　당회에서는 청빙위원을 선택했다. 남편인 이 목사님은 청빙위원들에게 먼저 하나님께서 지명해주신 이야기를 전했다. 그리고 각자 추천하고 싶은 사람이 있으면 추천하라고도 권했다. 청빙위원들은 각자 이력서를 가지고 있었지만 목사님이 말씀하신 최 목사를 먼저 만나보자고 결의하고 최 목사를 만나러 인천으로 다함께 갔다. 그런데 설교가 이미 끝난 후여서 설교는 듣지 못하고 사무실에 앉아서 질문도 하고 최 목사의 사역 이야기도 듣는데 그렇게 가슴에 은혜가 임했다고 했다. 그래서 다른 사람들은 만나볼 필요가 없다면서 다들 좋다고 결정을 했다. 그리고 1월 넷째 주일에 이런 결의를 당회에 보고했다.

　이 목사님은 청빙위원들에게 했던 대로 하나님께서 주신 마음을 전체 당회 회원들에게 다시 한번 이야기했다. 모두가 다 동의를 했다. 1월 30일 마침내 당회에서 최봉수 목사를 청빙하기로 최종 결의를 하고 이 목사님은 사표를 제출했다. 그리고 지방회에 부탁해서 사무총회를 위한 치리목사로 대광교회 이종완 목사님을 정했다.

　이어서 당회실에서 이종완 목사님이 치리목사로 당회를 주관하시고 최봉수 목사를 청빙하기로 결의했다. 두 주 후인 2월 13일 임시 사무총회가 열렸다. 당회장실에서는 지방회장과 임원들이 기다리고 있다가 최봉수 목사 청빙서를 작성했다. 그 서류를 인천 지방회로 발송해야 하는데 그러면 시간이 걸릴까봐 최 목사에게 전화해서 빨리 오시라고 했다. 최 목사가 와서 지방회 목사님들과 인사도 하고 서류를 받아갔다. 이로써 그날 오후 최봉수 목사 청빙 건은 은혜롭게 가결되었다. 그리고 2월 17일 지방회에 이 증서를 제출하여 모든 행정 처리가 완료되었다.

2011년 2월 임시 사무총회에서는 최 목사 청빙 투표가 있었다. 그 동안 사실 반대하는 세력도 만만치 않았다. 은퇴할 목사가 지명해서 결정하는 것은 독재이지 민주주의가 아니라고 했다. 편지들을 보내면서 선동했다. 나는 하나님 앞에 그 편지를 가지고 나가서 펴놓고 기도했다. "사람들이 이러는데 어떻게 할까요?" 했더니

"그런 게 문제냐? 내가 한다. 아무것도 염려하지 마라!"

라고 하셨다.

여호수아를 택하실 때 하나님이 직접 하셨고, 다윗을 택하실 때도 하나님이 강권적으로 하셨다. 하나님께서 사무엘 선지자에게 베들레헴에 가서 이새의 아들에게 기름을 부어 왕을 삼으라 하셨지만 사무엘은 이새에게 아들이 몇 명 있는지도 몰랐고 어느 아들인지도 몰랐다.

하나님의 말씀대로 가서 아비가 데려오는 대로 첫째에게 기름을 부으려고 하니 아니라고 하셨다. 둘째도 셋째도 다 아니어서 또 누구 없느냐고 하니 그 아비도 그제야 막내가 양치기를 하고 있다며 불러 왔다. 그 소년이 하나님께서 예비해 두신 왕재였다. 부모도 형제도 다 인정하지 않았지만 하나님은 다윗을 알고 계셨고 보고 계셨던 것이다. 그리고 택하셨던 것이다.

하나님의 하시는 일을 누가 막을 수 있을까?

2011년 2월 27일 마지막 주일에 최봉수 목사의 취임식과 이신복 목사의 이임식 겸 원로목사 추대식이 거행되었다.

머리가 하얀 이 목사님이 최 목사에게 가운을 입혀드리는데 가슴이 뭉클했다. 신명기 34장 9절에 "모세가 눈의 아들 여호수아에게 안수 하였으므로 그에게 지혜의 영이 충만하니"란 말씀이 떠오르며 모세가 여호수아를 자기의 후임으로 세우는 모습이 연상되었다.

두 분이 손을 잡고 팔을 번쩍 들고 인사하자 모든 사람들이 힘차게 박수를 쳤다. 하나님의 영광이 임재하신 거룩한 모습이었다.

이로써 이 목사님은 원로목사로 추대되고 모든 것을 넘겨주고 물러났다. 하나님의 선하신 뜻이 이루어진 것이다.

차
례

1.
"네가 나보다 사람을 더 의지했더냐?"

2.
부르심

3.
잠잠하라

4.
서울제일교회

5.
안식년과 은혜

6.
세계로 세계로

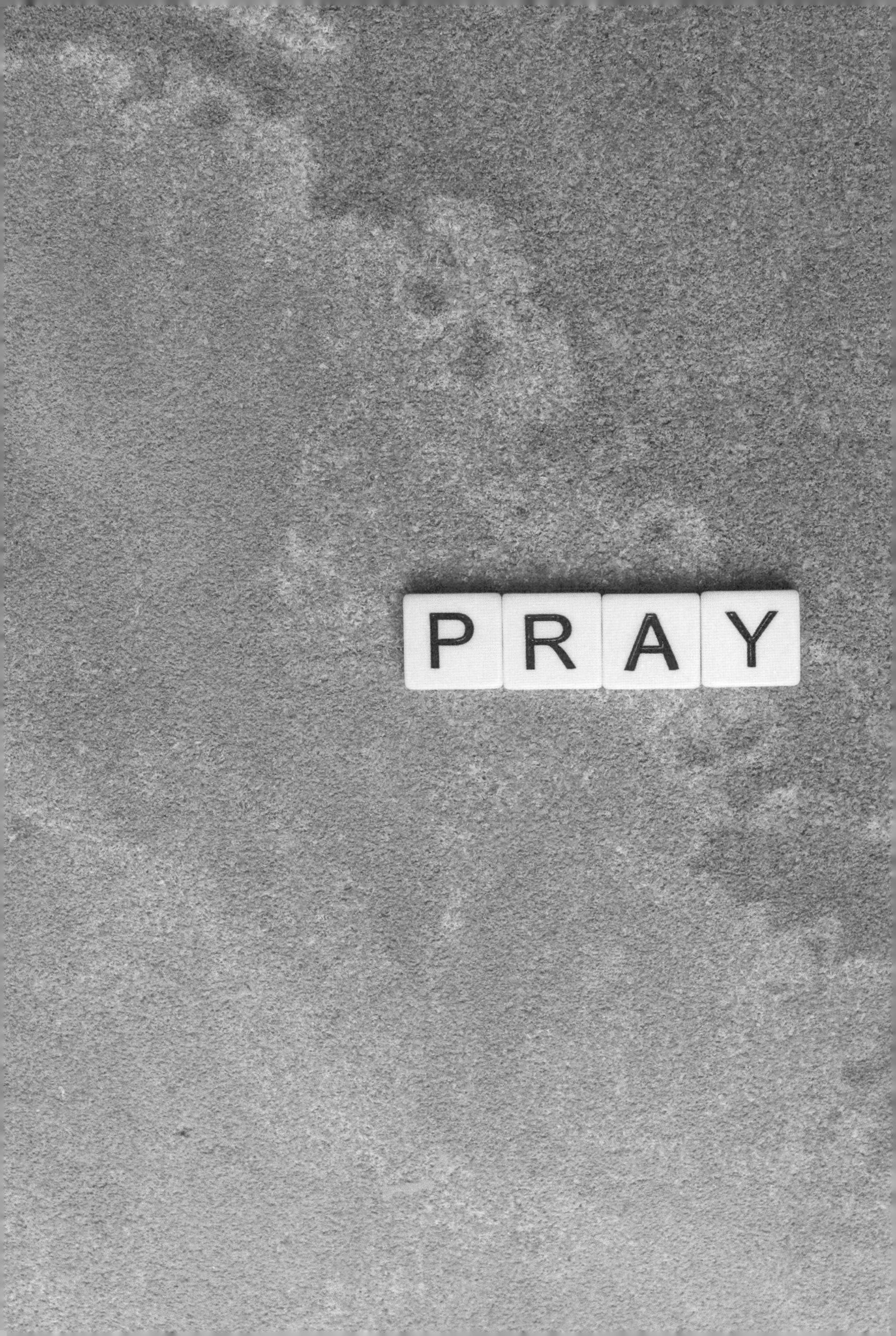
PRAY

1

"네가 나보다
사람을 더 의지했더냐?"

중매자 하나님

1960년 4월 어느 토요일 저녁, 여느 때처럼 성가 연습을 하러 교회에 갔다. 신발을 신발장에 올려 두고 성가대 쪽을 보면서 걷는데, 경북대학 교복을 입은 고등부 때의 친구가 풍금 앞에 서 있는 게 보였다. 마음속으로 '저 친구가 웬일로 성가 연습을 다 왔나? 희한하다' 하고 생각하면서 풍금 앞으로 다가갔다. 꾸벅 인사를 하고 얼굴을 보니 내가 생각한 그 친구가 아니라 낯선 사람이었다. 아차 싶고 민망해서 얼른 내 자리에 와서 기도를 하고는 옆에 앉은 친구에게 "저 사람 누구니?" 하고 물었다.

"서울에서 온 목사님 아들이야."

"목사님 아들 중에 저런 사람이 있었어?"

이어 조금 있다가 바로 연습이 시작되었다. 그 이후 우리는 유년 주일학교, 성가대, 중고등부, 또 오후 유년 주일학교, 저녁예배, 그리고 매 주일마다 같이 어울리면서 교회생활을 했다. 그러다가 저녁예배 끝나고 집으로 가는데 비라도 오는 날이면 내 옆에 와서 우산을 받쳐주며 꽤 먼 우리 집까지 데려다주기도 했다. 나는 마음속으로 '이번 목사님 댁 아들은 친절하네.' 하고 생각했다. 지난번 목사님 댁 아들은 고등부 때 우리하고 참 많이 싸웠었다.

여름 성경학교를 준비하느라 칠판에 글씨를 쓰고 있으면 옆에 앉아서 부채질을 해주고 점심으로 짜장면도 사주었다. 그럭저럭 우리는 교회학교 교사로, 성가대원으로, 청년회원으로 그렇게 어울리며 지냈다.

그해 여름 방학이 거의 끝나갈 무렵이었다. 중고등부 학생들을 데리고 고산골로 소풍을 갔다. 어느덧 시간이 흐르고 집으로 돌아갈 무렵, 문득 내 마음속에

"그가 지금 교회에 와 있다."

하는 음성이 들렸다. 나는 이상해서 무슨 일일까, 정말일까, 왜 이럴까 하고 생각하며 아이들과 함께 버스를 탔다. 우리 집은 교회로 가는 중간에 있어서 가다가 버스를 내릴 작정이었는데, 그 말이 자꾸 걸려서 교회까지 가기로 작정하고 그냥 앉아 있었다. 교회로 들어가서 사찰 집사님 쪽을 쳐다보는데 그가 마루턱에 걸터 앉아 있는 게 보였다. 나는 마음속으로 참 이상하다고 생각하며 그 앞으로 다가갔다. 그가 내 뺨을 슬쩍 꼬집으며 웃었다. 나는 계속해서 마음속으로 의아한 느낌을 품은 채 지냈다.

그다음 해 어느 날 저녁, 미장원에서 커트를 하고 있었다. 거울을 보고 앉아 있는데 내 마음속에

"그가 지금 너의 집에 와 있다."

하는 음성이 들렸다. 미용사에게 빨리 끝내달라고 졸라서 끝내자마자 부랴부랴 집으로 오는데 버스 정류장에 그가 서 있었다. 내가 일어나지 않고 그냥 앉아 있으니 그가 얼른 차에 뛰어들어와서 옆에 앉았다. 그러더니 "어디 가는 길이에요? 집에 갔더니 아무도 없고 대문도 열려 있고 해서 마루에 좀 앉아 있다

가 나왔지요." 하는 것이었다. 나는 속으로 또 이상해서 '왜 그럴까, 무슨 일일까' 하고 생각했지만 그에겐 아무 말도 하지 않았다. 하나님께서 내 마음속에 말씀하시는 것은 너무나 명확해서 의혹을 느낄만한 아무 무엇도 없었다. 그러나 왜 그 사람에 대해서 자꾸 말씀을 해주실까 하는 것이 나에겐 문제였다.

그러던 어느 날 오후 네다섯 시쯤 교회로 기도를 하러 가고 있는데 갑자기 내 눈에 이헌영 목사님의 기도하는 모습이 보였다. 이헌영 목사님은 당시 봉산성결교회 담임목사셨고, 버스 정류장에서 나를 기다리던 그 남학생의 아버지시다. 이어

"축복받은 저 기도가 탐나지 않느냐?"

하는 음성이 들렸다. 깜짝 놀랐다. 그리고 교회에 도착했다. 내가 늘 기도하는 자리에 가 앉아서 한참 동안 생각했다. 우리 아버지는 그 당시 아예 교회에 나오지 않으셨고, 우리 엄마는 교회의 초창기 신자로 성수주일 했고, 수요 예배와 금요 구역 예배를 착실히 드리는 신도이긴 했지만 집사도 아니었다. 자녀를 위해 주야로 기도하시는 부모님이 부러웠다. 나는 기도를 시작했다. 기도 중에 "아버지 하나님, 왜 목사님의 기도하시는 모습이 부럽지 않으냐고 물으셨어요?" 했더니, 곧장

"너, 저 기도 줄기 속으로 들어가지 않을래?"

라고 하셨다. 그 순간 내 마음속에 너무나 분명하게 '아하, 배필이구나!' 하고 깨달아졌다.

그리고 몇 년 후, ROTC를 마치고 장교로 입대했던 그가 군대에서 돌아왔다. 수요일 저녁 예배가 끝나고 교회에서 나오는데 그의 막내 여동생이 내 손을 잡더니 "언니, 우리 집에 가요. 우리 집에 가요." 했다. 그 역시 내게 다가오더니 또 자기네 집으로 가

자고 했다.

　제대하자마자 메노나이트 학교에 취직이 되어 교사로 다니는데, 거기 농장에서 학생들이 재배한 포도를 사왔다며 같이 먹자고 부른 것이었다. 포도에 대한 설명을 여러 가지 해주는데 퍽 상기된 모습이었다. 그렇게 포도를 먹고나서 집에 가려고 일어서는데 그가 "독일어 공부를 해야겠는데 좋은 교수님을 좀 소개해 달라"고 했다. 집에 와서 동생에게 물어서 경북대학의 정 교수님을 소개해 주었다. 그런데 그가 "혼자서 어떻게 공부를 하느냐"면서 같이 하자고 했다. 그래서 매일 저녁 정 교수님 댁으로 가서 함께 독일어 공부를 하고, 집에 오는 길에 둘이서 본의 아니게 데이트를 하게 되었다. 그는 봉산동에 살았고, 정 교수님은 수성교 가까이 살았고, 우리 집은 대봉동이었다. 참 먼 길을 먼 줄 모르고 걸어 다녔다.

　하루는 혼자서 남대구경찰서 앞을 지나고 있는데 갑자기,

　"애야, 네 바로 뒤에 왔다."

　하셨다. 뒤로 홱 돌아봤더니 그가 "아이, 김샜다! 왜 돌아봤어요? 저기서 보니까 혼자 걸어가길래 놀라게 해주려고 열심히 와서 탁 치려는 순간, 딱 돌아보다니, 에이 참!" 하면서 웃는다. 나는 마음속으로 '아버지 하나님은 내가 걷는 것도, 그가 걸어오는 것도 다 보고 계시는구나.' 하고 다시금 하나님의 세밀하게 보살피시는 사랑을 느낄 수 있었다. 내가 아버지의 딸이라는 게 깊이 새겨졌다.

　그리고 다시 며칠 후, 나는 꿈을 꾸었다. 내가 그의 집인 목사님 사택 마당에 서 있는데, 내 앞에는 목사님, 사모님, 그 사람, 그리고 동생들이 차례대로 죽 서 있었다. 그런데 목사님이 "정

숙아, 너 우리 신복이 사랑하니?” 하고 물으셨다. 나는 “예.” 하고 대답했다. “그러면 너희들 약혼해라.” 그러시는데 잠이 깼다. 그 날 저녁, 독일어 공부를 끝내고 교수님 댁에서 나오자마자 그가 갑자기 “I got a big news. Guess what?” 했다. 듣는 순간 내 맘 속에 ‘약혼이구나’ 하고 떠올랐지만 나는 “몰라.”라고 대답했다. 그는 기분이 무척이나 좋은지 춤이라도 출 것처럼 신나했다. 이렇게나 마음이 들떠 있으면서 공부는 어떻게 했나 싶었다. 그 이후 결혼할 때까지, 하나님은 모든 순간에 늘 미리미리 알려주시고 말씀해주시면서 나를 이끌어주셨다.

여호와께서 사람의 걸음을 정하시고
그 길을 기뻐하시나니 (시 47:23)

만남의 축복

태초에 주신 섭리
하나님의 뜻

갈빗뼈로 맺어진
그대와 나

오손도손
여며온 정
나누어 가며

사브작 사브작
사랑스런 몸짓으로
우리 하나 되다

뜨락에 피어나는
은혜로운 빛깔
에덴동산의 꿈 되어

그대
거니는 그림자

울안에 행복
그대 품
산그늘
안식처 되다

꿈꾸듯 피어나는
노래처럼
서로 서로
섬기는 사랑으로
영글어 가고

생명의 유업
함께 이어 받을
복된 보금자리
영생을 연습하는
언약의 공동체

당신과 나의 울타리
우리 집

결혼한 이후 그는 고등학교 교사로 봉직했고 나는 개인지도를 하며 그럭저럭 서툰 솜씨로 살림살이를 했다. 그런데 내 마음이 편치가 않고 뭔가 해야 할 일을 하지 않고 미루는 것처럼 답답했다. 그가 출근하고 나면 나는 방바닥에 엎드려 기도하며 하나님께 물었다.

"아버지, 제가 산꼭대기에 앉아서 아버지께 떼를 쓰며 '나를 사랑합니까, 버렸습니까?' 하고 물었을 때 아버지께서 분명하게 '내가 너를 사랑한다.'고 말씀하셨잖습니까. 그리고 '너는 사명을 위해 살아라.' 하고 말씀하셨잖아요. 그런데 지금 제 사는 모습이 뭔가 맞지 않습니다. 도와주세요. 어떻게 해야 합니까? 도와주세요."

기도 중에 하나님께서 내 남편이 신학교에 가야 한다는 확신을 주셔서 남편에게 어떻게 하겠느냐고 물었더니 결코 가지 않겠다고 했다.

"나는 장로로 목사님을 잘 섬기는 생활을 할 것이고, 나중에 한 육십이 넘으면 신학 공부를 해볼 것이다."

이렇게 말하며 전혀 요동치 않았다. 그러면서도 시아버님께 가서 웃으며 "아버지, 이 사람이 저보고 신학교를 가라네요." 했다. 그때 나는 보았다. 아버님의 눈에 빛이 나는 것을. 그러면서 하신 말씀이 이랬다.

"그래? 실은 내가 너를 하나님께 바치기로 마음을 먹었었는데, 네가 하도 공과대학에 간다고 고집을 해서 말도 못하고, 대신 네 동생을 하나님께 바치기로 했다. 그래, 지금이라도 신학 공부를 해서 너는 박사 되고 목사 되고 해서 하나님께 귀하게 쓰임을 받아라."

아버님이 당신 아들에게 박사 되고 목사 되란 말씀을 하실 때, 마음이 아렸다. 그 무렵 아버님의 설교를 두고 어떤 장로님이 신도들 앞에서 '목사님이 무식해서 설교가 이러네 저러네' 하는 말들을 하곤 했기 때문이다. 그 장로나 대다수 신도들은 아버님이 김해 산골에서 서당 다니다가 그만 두고 신학 공부를 한 줄로만 알았다. 하지만 아버님은 상해에서 김규식 박사가 운영하던 삼일공학을 졸업하고 상해 근처의 무창 중산대학 영문과도 수료하셨다. 상해 전차공사에서 근무하다가 신학교에 들어가 공부하시고, 상해에서 교회를 개척하여 목회를 하시던 분이다. 아버님의 이런 학력과 경력에 대해 알지 못하면서 사람들은 김해 산골 출신이라고 무식하게 여겼다. 그래도 아버님은 한 마디 변명도 하지 않고 늘 하나님 앞에서 사셨다. 세상 사람이 아니라 하나님 앞에 당당해야 정말로 당당한 것이라고 여기신 것이다.

백수가 된 프로그래머

아버님이 그렇게 말씀을 하셨음에도 남편의 마음은 조금도 움직이지 않았다. 그 무렵 남편의 외가 쪽 친척이 캐나다에서 오셔서 "이제 앞으로는 컴퓨터 시대가 될 텐데 컴퓨터를 배워라. 그러면 돈 많이 번다."라고 하셨다. 남편이 계산을 해보더니 "야, 한 달에 집 한 채씩은 사겠네" 하면서 컴퓨터 프로그래머 자격증을 따서 그 길로 가기로 마음을 정했다.

한국생산성본부라는 곳에 컴퓨터 프로그래머 교육이 있다는 걸 알고는 학교가 쉬는 여름방학 동안에 서울로 가서 공부를 하기 시작했다. 이화여대 후문 가까운 봉원동의 외할아버지 댁에 머물며 교육을 받으러 다녔다. 그러다 토요일이면 내가 있는 대구로 왔는데, 대구역에 마중을 나가보면 얼굴이 핼쑥하고 눈이 퀭하니 아픈 모습이 역력했다. 열이 나고 목소리가 안으로 딸려 들어가는 것 같았다. 그때마다 약을 지어 먹이고 몸조리를 잘 시켜서 월요일이면 다시 서울로 보냈다. 하지만 일주일 후 다시 내려올 때면 어김없이 몸이 아프고 좋지 않았다. 그런데 예외가 있었다. 주중에 내가 볼 일이 생겨 서울에 갔다가 공부 끝난 그와 만나서 맛있는 저녁도 사먹고 하다가 주말에 같이 대구로 내려오면 아프지가 않았던 것이다. 보호자가 꼭 따라다녀야만 건강

유지가 되니 참 큰일이라고 놀리면서 웃기도 했다. 혼자 다니면 짜장면이나 사먹지 돈을 쓸 줄을 몰랐다. 아무튼 그해 여름에 남편은 그럭저럭 공부를 마치고 생산성본부에서 컴퓨터 프로그래머 자격증을 받았다.

하지만 그 자격증만으로는 미흡했던지, 미8군에서도 컴퓨터 연수 교육이 있다는 소식이 들리자 곧장 신청서를 냈다. 미8군 소속 직원들을 위한 특별연수 교육이기 때문에 외부인은 받을 수가 없었는데, 운 좋게 미국인 지인들의 배려로 허락을 얻어냈다. 8군 내에 자리를 만들어서 거기 직원으로 들어가기로 내정을 하고, 교육을 받아 자격증을 가지게 된 것이다.

실제로 남편은 그동안 다니던 성광학교에 사표를 내고 미8군의 컴퓨터 프로그래머로 들어가기 위한 수속을 시작했다. 그러자면 신체검사부터 받아야 했는데, 신검을 하기로 한 날 아침에 세수하러 나가다가 기침을 하는데 목에서 피가 콸콸 쏟아져 나왔다.

미8군 친구들이 남편을 위해 없는 자리를 만들고 준비까지 다 해놓았는데, 결국 다른 사람이 남편 대신 그 자리를 차지하게 되고 말았다. 애초에 우리는 미8군에서 1~2년 정도 일하다가 미국으로 갈 계획을 세웠었다. 그러나 모든 것이 무너지고 남편은 졸지에 백수가 되었다.

마음의 경영은 사람에게 있어도
말의 응답은 여호와께로서 나느니라.

(잠언 16:1)

생명의 선물

그 무렵 동네 사람들이며 교회 집사님들이 농담 반 진담 반으로 나만 보면 왜 아이를 낳지 않느냐고 묻기도 하고 놀리기도 했다. "처녀가 시집을 갔으면 밥값을 해야지!" 그러던 어느날 옆집 사람이 와서 용한 한의사가 와서 진맥을 짚어준다며 빨리 나오라고 해서 함께 갔다. 그 한의사는 진맥을 짚어보더니 맥이 너무 약하고 기도 약해서 임신을 못 할 거라고 했다. 그 소리를 듣고 집에 돌아온 나는 생명은 하나님께 속한 것이니 하나님께 구하리라고 마음을 먹었다.

"아버지, 저를 혼인하도록 이끌어주셨고 여기까지 인도하셨는데, 가정의 조건에 아이가 있어야 한다면 애기 하나만 주세요." 하고 기도했다. 그날 밤 꿈에, 교회 문 앞에서 손을 모으고 기도하는데 하늘로부터 빛이 내 머리로에서 온 몸으로 비추어 뜨거워 견딜 수 없을 정도였다. 그리고 디모데전서 2장 15절 말씀을 들려주셨다. 깜짝 놀라 일어나서 교회로 갔다. 마침 새벽기도 시간이었다. 그렇게 새벽기도를 다니던 중 나는 임신을 하게 되었다. 말씀대로 응답이 이루어졌다.

그 무렵 나는 사도행전을 읽고 묵상했는데, 16장에서 사도 바울이 마케도니아로 부름 받고 떠나는 것을 보며 얼마나 울었는지 모른다. '하나님의 부르심이 내 마음에 강하게 느껴지는데 지금 우리는 뭐하나, 왜 머뭇거리나, 왜 주저하고 앉아 있나' 하며 견딜 수 없는 부담으로 애가 탔다. 밤마다 마루에 나와 혼자 기도하며 지냈다.

1969년 12월 8일이 예정일이라 했는데 아주 미약한 통증만 살짝 지나갔을 뿐 아무 일도 없었다. 그리고 해를 넘겨 1970년 1월 11일 오후 4시에야 출산을 했다. 토요일 저녁 6시쯤부터 3분 간격으로 통증이 와서 병원에 갔지만 밤이 다 지나도록 아이는 나오지 않았다. 졸다 깨다 하며 통증에 시달리다가 주일 오후에 감저분만이라고 집게로 아이의 머리를 집어내었다. 머리를 다쳐서 젖 먹은 걸 다 토하고 눈에는 빨간 피가 고였고 눈이 부어서 뜨질 못했다. 나는 병실에서 울며불며 기도했다. 하나님이 선물로 주신 생명인데 살려달라고. 얼마나 기도했던지 하나님께서 3일 만에 퇴원하라고 하셨다. 어머님이 오셔서 병원비를 내고 퇴원했다. 병원에서는 며칠 더 있어야 퇴원할 수 있다고 했는데 하나님께서 말씀하시는 대로 집에 왔더니 아이가 토하지 않고 젖을 잘 먹었다. 그 길로 아기는 건강을 찾았는데, 문제는 젖이 잘 나오지 않는 것이었다. 눈에 부기가 빠지니 눈망울이 똘망똘망한 게 예뻤다. 젖을 빨다가 울면서 쳐다보는데 어찌나 미안하던지. 지금도 마음이 아린다. 며칠 있다가 친정 엄마가 오셔서 목욕을 시키며 아이의 다리를 만져보고 젖이 부족하다면서 분유병을 사오라고 하셨다. 얼른 분유병을 사다가 소독하고 밥물을 좀 받아서 설탕 조금 타고 약간 식혀서 먹이니 너무 잘 먹었다. 이어서 트림을 크게 하더니 좀 있다가 잠이 들었다. 엄마는 아이가 까다로운 게 아니라 젖이 모자라서 그러니 우유를 먹이라고 하셨다. 한 열흘 동안 젖도 제대로 먹이지 못한 게 아이한테 너무나 미안해서 두 달 지나면서 우유에 고단백 가루를 섞어서 먹였더니 무럭무럭 잘 자랐다.

아이가 태어나기 전 해 추석을 전후로 아버님께서 편찮으시기 시작했다. 몇 차례 진단을 받은 결과 간암이란 판정을 받았고, 4개월을 넘기지 못하실 거라고 했다. 남편은 밤이 새도록 혼자서 울었다.

아이가 태어난 지 한 달 후, 그러니까 1970년 2월 13일에 아버님은 천국으로 가셨다. 아버님의 영정 앞에서 남편과 시동생 두 사람 모두 목회할 것을 결심했다. 시동생이 된 이신웅 전도사는 그 무렵 신학교를 졸업하고 대구로 내려와서 아버님이 봉사하시던 향천교회를 맡아 목회를 시작하게 되었다.

본토 친척 아비 집을 떠나

여호와께서 아브람에게 이르시되
너는 너의 본토 친척 아비 집을 떠나
내가 네게 지시할 땅으로 가라. (창 12:1)

그 해 6월 25일, 남편은 이삿짐을 싣고 서울로 떠났다. 나는 갓난
아이를 데리고 복숙이와 함께 이틀 후에 기차를 타고 상경했다.

그때 우리가 세 든 집이 북한남동에 있었는데, 이로써 나의 첫
서울 살림이 시작되었다. 남편은 서울신학대학에 편입하려고 시
도를 하였으나 그 해 학기에는 편입을 받지 않는다고 해서 좌절
되고 말았다. 다음 해를 기다리는 동안 뭔가를 해보려고 이리저
리 노력했으나 잘 되지 않았다. 대구에서 가지고 온 돈을 한 달
만에 다 쓰고 나니 대책이 없었다. 나는 돈이 떨어지고 수입이
없는 상황을 생각해 본 적이 없었다. 항상 돈은 나와 함께 있고
필요할 때마다 생기는 줄 알았다. 돈이 없어서 어려울 것에 대해
서는 미처 생각해보지 못했다. 돈이 없는데 택시만 보면 손이 저
절로 올라가는 버릇을 교정하느라고 한동안 애를 먹었다.

하루는 배추 장사가 골목에 왔기에 배추 석 단을 샀다. 칼로

적당한 크기로 잘라서 다라이에 담고 굵은 소금을 많이 뿌렸다. 한 시간 쯤 지나서 보니 숨이 죽지 않고 그대로였다. 두 시간 쯤 지나 또 보니 여전했다. 한 나절이 다 가도록 숨이 죽을 기미가 보이지 않았다. 그런데 안집의 일하는 언니가 "인덕 엄마, 그렇게 해서는 배추가 숨이 죽지 않아요." 하면서 나보고 좀 나와 보라는 것이다. 그가 배추 다라이를 들고 수돗가에 가더니 수돗물을 틀어놓고 손으로 물을 받아서 배추 위에 철철 뿌리며 배추를 뒤적뒤적해서 손으로 살살 눌러두는 게 아닌가. 배추에 물기가 전혀 없는데, 그것도 모르고 소금만 뿌려 놓으면 되는 줄 알았다. 친정 엄마가 늘 김치를 담아서 가져다 주셔서 맛있게 먹기만 했지 담는 걸 본 적이 없으니 그럴 수밖에.

그러던 어느 날 인덕이가 토하고 설사를 하기 시작했다. 병원에 가야 하는데 돈이 한푼도 없었다. 친구에게 전화를 했더니 밥이나 죽은 먹이지 말고 보리차만 먹이되 소금만 약간 타서 먹이라고 했다. 그래서 시키는 대로 하면서 아이를 등에 업고 방에서 왔다 갔다 하며 찬송을 불렀다.

> 진실하신 나의 친구 예수 그리스도는
> 우리들의 연약함을 인휼히 여기시며
> 슬프고 또 외로운데 깊이 빠질 때라도
> 나의 간구 들으시고 구원하여 주시네
> (합동찬송가 85장)

종일 이 찬송을 부르고 기도하기를 반복하면서 하나님이 치료해 주실 것을 기대했다. 저녁 때 쯤 되니 아이가 뭘 먹으려고 하고 또 설사도 그쳤기에 죽을 조금 먹였더니 괜찮아졌다. 하나님께서 그 아이를 만져주고 치료해주셨다. 아픈 아이를 병원에 데리고 갈 수 없는 마음이 얼마나 참담하던지. 그러나 하나님께 기도할 수 있기에 얼마나 감사했는지, 말로 다 표현할 수가 없었다.

결혼하고 대구에 살 때는 친정이 가까웠고, 부모님이 매일같이 우리 집 앞을 지나다니셨기 때문에 결혼한 것이 실감나지 않을 정도였다. 그때까지 태어나서 부모님 곁을 떠나본 적도 없었다. 그러다가 갑자기 서울로 오게 된 것이어서, 새로 시작한 서울 살이가 내게는 참 많이 생소했다. 어느 날은 아버지가 나를 부르는 것 같고, 엄마가 내 이름을 부르는 소리가 귀에 들리는 것 같기도 했다. 비 오는 날 창밖을 우두커니 내다보고 있노라면 저 멀리서 아버지가 나 있는 쪽으로 걸어오시는 게 보이기도 했다. 나 혼자 머나먼 어디에 떨어져 살고 있구나 하는 생각이 들면 집에 가고 싶고, 엄마 아버지 동생들이 오가는 그 곳에 가고 싶어 남몰래 울기도 많이 했다. 거기가 분명 나의 집이지만 진짜 집은 아닌 것만 같았다.

그래도 시간은 흘러서 어느새 추석이 되었다. 물론 나는 추석이 되어도 무엇을 해야 하는지 몰랐다. 친정 엄마나 시어머님이 하라고 하시는 걸 했을 뿐, 내 스스로 추석 채비를 해본 적이 없었다. 추석 전날 남편은 큰 시누님이 대구에 갈 고속버스 차표를 1장만 가지고 와서 데려가고, 나와 딸아이는 서울에 남았다. 남편은 누님이 가자고 하니 "갔다 올게. 애기하고 잘 있어." 하는 인사도 없이 횅 하니 가버렸다. 여운도 없이 순식간에 가버렸다.

추석 날 아침, 아이를 등에 업고 한남동 골목길을 걸어내려와 큰길 가를 따라 걷기 시작했다. 찬송을 나지막이 부르며 걷고 또 걸었다. 거의 타워호텔 근처까지 갔다가 돌아서서 다시 걸으며 눈앞에 나타난 제3한강교(한남대교)를 내려다보며 한참을 서 있었다. '나도 차비만 있으면 저 다리를 건너서 대구로 갈텐데.' 하고 생각하며 눈물을 닦았다. 찬송을 부르고 또 부르며 다시 한없이 걸었다.

> 동정 많은 나의 친구 예수 그리스도는
> 한량없는 자비하심 영원불변하시니
> 세상 모든 친구들은 나를 버릴지라도
> 주는 나의 곁에 계셔 항상 위로하시네

그렇게 길에서 오락가락 하다가 한나절이 되어서야 집에 돌아왔다. 아이에게 먹을 것을 챙겨주고 나는 빨래를 시작했다. 나는 그 당시 뭐가 뭔지도 잘 몰랐고 오직 하나님께서 사명을 위해 살라고 하신 그 말씀만 생각날 뿐, 뭘 어떻게 해야 할지를 잘 몰랐다. 그러나 내 마음속 깊은 곳에는 쓸쓸함이 내려앉고 있었다.

공급하시는 하나님

그렇게 한남동에서 세를 얻어 지내던 어느날, 예전부터 잘 알고 지내던 김 선생님으로부터 만나자는 연락이 왔다. 이런저런 이야기 끝에 당시 나의 형편에 대한 이야기가 나왔고, 김 선생님은 왜 집에서 그냥 놀고 있느냐며 영등포 자기네 집으로 이사를 오면 자기가 영어 번역거리라도 갖다 주겠노라 제의를 해왔다. 아무런 대책이나 계획이 없던 우리에게 그건 고마운 얘기였고, 별다른 고민도 없이 영등포 김 선생님 댁으로의 이사를 결정했다.

김 선생님은 6·25 때 북한군으로 복무하다가 포로로 잡혀서 거제도 수용소에 있었다고 했다. 포로 석방 때 무조건 뛰쳐나가서 살았기 때문에 가족도 없고 친척도 없이 혈혈단신이었다. 한남동 집의 전세금을 받아서 드리려 했더니 기어코 받지를 않아서 은행에 예금을 했다. 그리고 그 댁의 방 한 칸을 무상으로 빌려서 살기 시작했다.

문제는 세월이 지나도 번역거리를 가져다준다던 사람이 아무 일도 없던 것처럼 전혀 언급이 없다는 것이었다. 그렇다고 맡긴 돈 찾듯이 재촉을 할 형편도 아니었다. 그런 상황에서 해가 바뀌었고, 남편은 서울신학대에 입학하여 학생으로 학교에 다니게 되었다. 자연히 은행에 맡겨두었던 전세금을 곶감 빼 먹듯이 뽑아 썼다.

어느 주일 날 예배를 마치고 집에 돌아오는 길이었다. 교회에서 버스 정류장으로 가는 길이었는데 인덕이가 자박자박 걸어가더니 갑자기 길바닥에 드러누웠다.

"에이 지지야. 일어나, 왜 그래? 일어나, 착하지."

그러면 일어나서 조금 걷다가 또 발랑 드러누웠다. 달래면서 왜 그러느냐고 물어도 아직 말을 제대로 하는 나이가 아니어서 말은 하지 못하고 드러눕기를 반복했다. 그렇게 한참이 지나서야 나는 깨달았다. 배가 고프니까 우유가 먹고 싶었던 것이었다. 그날 아침 교회에 올 때 우유를 타오지 못했었다. 은행에 돈이 겨우 8,000원인가 남은 걸 알고는 어쨌든 좀 절약을 해볼까 싶어서 아이의 우유가 떨어졌는데도 사지 않았던 것이다. 마음이 저리는 걸 느끼며 아이를 등에 업었다. 그리고 집에 돌아와서 아이에게 밥을 겨우 먹이고, 그 이튿날 은행에 가서 돈을 다 찾아왔다. 우선 아이 먹을 것이라도 사다놓자 싶어서 우유를 많이 샀다. 그때가 1971년 초여름 무렵이었다.

신학생 남편은 아현성결교회 청년회장이어서 예배 끝나고도 늘 바빴고, 그 무렵에도 여름 수련회 준비로 바빴던지 나와 인덕이만 따로 집에 오곤 했다. 시내버스비가 15원이고, 라면이 20원 할 때였다. 아이가 태어난 지 1년 6개월 정도 되었고, 걸음마를 빨리 해서 온 동네를 뛰어다니며 집집이 들어가 놀다가 오기도 했다. 무척 튼실해서 다른 또래 아이들보다 덩치가 크고 힘도 셌다. 동네 사람들이 여걸 나온다고 하면서 이뻐했다. 한남동에 살 때도 동네에서 이쁜 아기로 소문이 났었다. 매일 다섯 살짜리 여섯 살짜리 아이들과 어울려 놀며 여간 명랑하지 않았다. 재미

있고 귀여웠다. 돌이 갓 지날 무렵의 어느 겨울날에는 길에서 얼음에 미끄러질 뻔했는지 집에 들어오더니 눈을 휘둥그렇게 뜨고 "엄마, 미끌 깐짱, 미끌 깐짱." 하길래 "그래? 미끄러워서 깜짝 놀랬구나." 했더니 고개를 끄덕끄덕 하는 게 아닌가. 어떻게나 우습고 재미가 있던지, 한참을 웃었다.

저녁 때 내가 부엌에서 밥을 짓는 동안 혼자 방에서 라디오를 들으며 놀던 인덕이가 하루는 "엄마 무서워, 무서워." 했다. 방 안을 들여다보니 음악소리에 맞춰서 다리를 번쩍번쩍 들어올리면서 춤을 추다가 그림자가 따라다니는 것을 보고 놀라서 무섭다고 한 것이었다. 그래서 그림자에 대해서 설명을 해주었다. 호기심도 많고 총명했다.

우리가 살게 된 영등포의 그 동네에도 사람들이 많이 살고 있었지만 나는 참 외로웠다. 상도시장 안으로 쭉 들어오고, 옛날 공군병원 뒷길로 쭉 들어오고, 중개소 앞에서 버스를 내려 골목 안으로 한참 들어오면 만나는 동네가 우리 살던 곳이다. 길은 흙길이었고, 단층주택들이 양 편으로 늘어서 있고 가운데는 공터였다.

'밧모섬에 귀양 간 사도 요한의 마음이 이랬을까.' 하고 생각될 때도 있었다. 아침이면 남편은 도시락 가지고 학교로 가고, 나는 종일 아이와 함께 집에 있거나 골목길을 서성이며 시간을 보냈다. 아이가 옷을 대여섯 번씩 갈아입어서 빨래도 참 많았다.

언젠가 방을 닦으며 방바닥에 햇볕이 화사하게 깔린 것을 보는데, 라디오에서 멘델스존의 봄노래가 경쾌하게 울려 나오자 내 눈에서 눈물이 저절로 주루룩 흘러내렸다. 이어서 베토벤의 교향곡이 나오자 가슴이 쿵쿵 뛰며 내가 지금 어디에 있는가 하는 생각이 마음을 채우며 '집에 가고 싶다. 익숙하던 나의 일상으로 돌아가고 싶다. 나는 어디에 있나. 어디에 있나.' 하며 한참을 운 적도 있었다. 말이 하고 싶고, 내가 잘 아는 사람들과 어울리고 싶었다.

돈은 다 떨어지고 빈털터리지만 생활은 해야 하겠기에 쌀가게에서 외상으로 쌀을 가져다 먹었다. 배추 장사가 리어카를 끌고 우리 사는 골목 안까지 들어오면 또 외상으로 김칫거리를 사서 담았다. 아이는 매일 가게에 가서 아이스크림을 한 개씩 가져오고 가게 주인은 외상 장부에 기록해 두곤 했다.

그러던 어느날 다시 추석이 다가왔다. 배추 장사 청년이 "아줌마, 내일 모레까지 외상값 다 주세요. 제가 시골집에 가야 하거든요." 하고 말했다. 나는 깜짝 놀라서 그렇게 하겠다고 약속을 했다. 그리고 외상값을 추석 전에는 반드시 갚아야 하는 것이라는 것을 처음으로 깨달았다. 외상 거래를 해본 적이 없었기 때문에 전혀 몰랐다.

그렇게 추석 이틀 전까지 외상값을 갚아주겠다고 약속을 하긴 했는데 돈이 생길 구석은 전혀 없었다. 도무지 대책이 없었다. 그래서 하나님께 기도하기 시작했다.

"하나님, 제가 쌀집과 배추 장사와 구멍가게에 돈을 갚기로 했으니 아버지께서 주셔야 되겠습니다. 아버지는 저의 아버지시지 않습니까. 아버지의 딸이 답답하게 되었으니 아버지께서 책임져주세요. 이 동네 사람들이 우리가 예수 믿는 집이란 걸 다 알고, 또 제 남편이 신학 하는 걸 다 압니다. 그러니 꼭 해주세요."

이렇게 다급해서 간절히 기도하는데

"구체적으로 얼마냐?"

하시는 게 아닌가. 깜짝 놀라서 기도하다 말고 '잠깐만 기다리세요. 제가 계산을 좀 해볼게요.' 하고는 연필이랑 종이를 가져다가 정말로 계산을 했다. 총 합계가 9,000원이었다. 십일조 할 것까지 합해서 10,000원을 종이에 적고 "아버지, 보세요. 만원이 필요합니다."라고 했다.

그런데 외상값 갚기로 약속한 날의 전날이 되어도 아무 일이 일어나지 않았고 시간은 가서 다시 저녁이 되었다. 나는 평소처럼 순복음교회에 가서 기도를 하고, 충정로 3가로 가서 서울신대 문 앞에서 남편을 기다렸다가 함께 걸어서 집으로 돌아오기 시작했다. 속으로는 돌아오는 길에 전당포를 찾아볼 요량이 있었다. 약혼식 때 남편에게 받은 다이아몬드 1부짜리 백금 반지를 저당잡히고 만원을 빌리려고 마음먹었던 것이다. 그런데 어쩐 일인지 우리 눈에 전당포가 들어오질 않았다. 서대문을 지나고 염천교를 지나고 서울역을 지나 용산 삼각지까지 왔는데도 전당포가 보이질 않았다. 한강대교 건너 노량진역을 지나고 상도동 장승백이 쪽으로 걸으며 아무리 살펴도 전당포는 여전히 보이질 않았다. 하는 수 없이 집으로 돌아오고 말았다.

잠 들기 전 하나님께 "내일이면 돈을 갚아야 하는데, 아버지께서 책임져 주세요. 저는 이제 아무 것도 할 수 없으니 아버지의 영광 가리지 않도록 해 주세요." 하고 기도를 하고는 자버렸다. 새벽에 누군가 우리 집 대문을 두드리며 "인덕아, 인덕아!" 부르는 소리가 들렸다. "누고?" 하면서 나가보니 친정 동생이 서 있었다. 포항세관에 근무하는 동생이 새벽부터 여긴 웬일인가 싶으면서도 눈물이 나게 반가웠다. 방으로 들어온 동생은 '인천 세관에 출장을 가는 길에 인덕이를 보러 들렀노라'고 했다. 그러면서 포항제철이 지금 한창 되어가고 있다는 이야기, 뭐 뭐를 수입하는 사람들의 이야기 등 내가 알아듣기 어려운 이야기들을 한참 신나게 떠들었다. 그러던 끝에 상의 안주머니에서 지폐를 몇 장 꺼내더니 그 중에 천 원짜리 열 장을 세어 주며 "추석 쇠라." 하였다. 나는 마음속으로 '하나님께서 저기다 만원을 숨겨 두셨구나. 포항에서 서울까지 파견해서 보내오셨구나.' 생각하면서 역시 하나님의 방법은 사람이 측량할 수가 없구나 하고 감탄할 수밖에 없었다.

다음에 나가보니 거리에는 전당포가 수두룩하니 있었다. 하나님께서 내가 기도를 시작했을 때 '구체적으로 얼마냐?'라고 물으셨을 때 이미 응답을 하신 것이었는데, 내가 깨닫지를 못해서 내 방법을 동원하느라 고생만 했던 것이다. 주시려고 얼마냐 물으신 건데 그것이 응답인 줄을 모르니 하나님께서 눈을 가리시고 전당포를 못 보게 하신 것이다.

구하라 그리하면 너희에게 주실 것이요
찾으라 그리하면 찾아낼 것이요
문을 두드리라 그리하면 너희에게 열릴 것이니

(마 7:7)

치료하시는 하나님

어느 날 오후, 우리 옆방에 사는 독신녀가 갑자기 "인덕이 엄마, 이리 좀 와봐요." 하며 편치 않은 목소리로 나를 불렀다. 방문을 열고 안으로 들어갔더니 소주를 병째 입에 대고 벌컥벌컥 다 마셨다. 그리고는 내 앞에서 병을 탁 쳐서 깨뜨리더니 찌르겠다고 위협하며 욕을 해댔다. 나는 그런 모습을 본 적이 없어서 얼마나 놀랐는지 가슴이 쿵쾅쿵쾅 하는 소리만 들렸다. 무슨 영문인지 몰라서 멍 하니 쳐다보고만 있었다.

한참 동안 그 여자가 하는 소리를 듣고 있자니 마침내 짐작되는 것이 있었다. 인덕이와 동갑인 아이를 키우는 엄마가 그 동네에 있어서 내가 속으로 전도를 해야겠다고 마음먹고 가까이 하며 우리 집에서 커피도 같이 마시고, 교회에도 두어 번 데리고 간 적이 있었다. 그런데 언젠가부터 그 아이 엄마와 우리 옆방 여자가 바짝 붙어다니며 유난히 친하게 지내는 걸 보게 되었다. 그러려니 하고 별 상관없이 지냈는데 이런 사건이 생긴 것이었다. 그 아이 엄마가 우리 집에 왔을 때 이 방 저 방 기웃거리며 들여다보는 것을 보고 속으로 '남의 것에 관심이 참 많은 사람이구나.' 하고 느낀 적이 있었다. 그런데 관심만 많은 것이 아니라 말도 많고 탈도 많은 사람인 모양이었다.

그렇게 한참 동안 옆방 여자의 난동을 겪고 있는 사이, 내 마음 속에서는 회개가 일어났다. "주님, 당나귀를 통해서 발람을 책망하시듯, 이 여자를 통해서 저를 깨닫게 하십니까. 예배를 제대로 못 드린 것을 회개합니다. 아이 핑계 대고 성경 말씀 읽지 못한 것 회개합니다. 용서하여 주옵소서." 그 여자는 미친 듯 소리소리를 지르는데, 나는 속으로 회개하며 기도했다. 한 서너 시간을 그러더니 됐다면서 가라고 한다. 어이가 없었지만, 그때 나에겐 이미 그게 문제가 아니었다. 하나님과 나의 관계가 원만치 못했음을 깨달은 이상 그냥 있을 수가 없었다.

　아이가 아직 어리고, 그래서 예배 시간에 아이와 씨름하느라 예배를 제대로 못 드린 것이 사실이었다. 유아실에서는 엄마들이 예배 시간에 아이들 이야기며 집안 이야기로 도무지 예배가 되지 않았다. 집에서도 제대로 성경을 못 읽고 살림살이 하느라 코가 석 자였다.

　그러다가 생긴 그 사건으로 나는 심장병에 시달리게 되었다. 방문 밖에서 사람 소리만 나도 가슴이 벌렁벌렁하며 식은땀이 흐르고, 문고리 소리만 나도 그러고, 밥도 못 먹고 거의 죽게 되었다. 그래도 나는 이대로 있을 수는 없다고 생각하고 기도하러 다니기 시작했다.

　집에 갔던 복숙이가 다시 와서 인덕이를 봐주게 되어서 맡기고 집을 나섰다. 그런데 옆방 여자가 대문 앞에까지 나와서 교회로 향하는 나의 등에 대고 "내가 복숙이 팔아먹을 거야!" 하고 소리를 질러댔다. 내 가슴이 철렁 내려앉으며 발길이 주춤 하는 순간, '주여, 지켜주실 줄 믿습니다. 내가 기도하러 가는 이 길을 원수 마귀가 가로막으려고 하지만 주님께서 아이들을 불꽃같은 눈동자로 살피시고 천군 천사로 지켜주실 줄 믿습니다. 악한 원수 마귀야, 떠날지어다! 만지지도 못 할지어다! 예수님의 이름으로 명하노라!' 했지만 눈에는 눈물이 고이고 가슴은 무너지는 듯 아팠다.

그러나 손을 불끈 쥐고 뒤도 돌아보지 않고 걸어갔다. 기도 다 하고 저녁때가 되어서 집에 와보니 인덕이 입가에 꺼먼 것이 묻어 있었다.

"너 입에 묻은 이게 뭐야?"

"엄마 짜장면. 아줌마가 주었어요."

알고 보니 옆방 여자가 나 없는 동안에 짜장면을 시켜서 아이들과 함께 먹고 재미있게 지냈다고 했다. 참 어이없기도 했지만, 마귀가 기도 못 하게 얼마나 방해하는지 확실히 알게 되었다.

그땐 기도원이 어디 있는지도 모르고 해서 무작정 서대문에 있는 순복음교회로 매일 찾아가서 기도했다. 처음 그 교회에 들어가서 자리에 앉으니 어찌나 울음이 쏟아지던지, 엉엉 하고 실컷 울었다. 한참 울고 나니 그때야 기도가 나왔다. 얼마나 기도했는지, 오래오래 기도를 하다가 교회를 나서면 어느 쪽으로 가야할지 모를 정도로 아득했다. 한참 서서 정신을 가다듬고 충정로 쪽으로 걸어가서 서울신대 문 앞에서 기다리면 남편이 공부 끝나고 나온다. 그러면 둘이서 같이 마포대교 쪽으로 걸어서 영등포 대방동 그 골짜기까지 가면 캄캄한 밤이 되곤 했다. 그때 이미 돈은 다 떨어지고 버스비 15원도 없어서 걸어다녔다. 어느 날은 삼각지 쪽으로, 어느 날은 마포 쪽으로, 번갈아가며 방향을 바꾸어 걸어다녔다. 남편이 일주일을 걸어다녔더니 구두 밑창이 뻥 뚫렸다. 농구화를 신었더니 하루 만에 '빵꾸'가 났고, 꿰매도 다음날이면 터졌다.

그래도 캄캄해진 마포대교를 건널 때 보름달이 한강에 출렁거리면 노래를 부르며 낭만에 젖기도 했다. 또 어떤 땐 남편이 "왜 하나님께서 우릴 이렇게 많이 걷게 하실까?"하고 물으면 나는 "나중에 심방 다닐 때를 대비해서 다리 훈련을 시키시는 거"라고 대답했다. 나는 그때 정말 걸어 다니기가 너무나 힘이 들었다. 심장이 좋지 않아서 걸을 때마다 숨이 차고 진땀이 났다. 어느 날 나 혼자 기도하고 집에 오는 길에 너무 숨이 차고 힘이 들어서 골목길 담벼락에 머리를 대고 쉬는데 내 마음속에서

"이 시험 이겨야 건강해진다."

하는 음성이 들렸다. 나는 "그래요? 알겠어요."이렇게 대답하고 집에 간신히 걸어왔다. 그리고 며칠 안 있어서 남산 야외음악당에서 영국의 부르스터 목사님과 조용기 목사님의 부흥회가 열렸다. 부르스터 목사님이 설교하시고 조용기 목사님의 통역이 있었다. 나는 그 영국 목사님의 영어 발음이 또박또박 귀에 잘 들어와서 참 좋았다. 물론 남산까지 걸어다니느라 진땀을 흘렸다. 그러나 한 번도 빠지지 않고 월요일 저녁부터 참석했다. 목요일 저녁 집회 때 설교를 듣는데 갑자기 뜨거운 것이 확 덮치더니

"너 나았다."

그러시기에 속으로 "감사합니다!"를 외쳤다. 예배가 끝나고 집에 갈 때, 음악당에서 내려가는 가파른 층계를 막 뛰어 내려가 봤다. 숨이 전혀 차지 않고 거뜬했다. 뛰어서 내려가고 올라가고를 몇 차례 해도 숨이 차지 않았다. 그때 하나님께서 나의 모든 병을 고쳐주셨음을 알았다. 심장, 위궤양, 신경성 대장염, 심지어

치질까지도. 그 이후 편도선염도 한 번 앓지를 않았다. 하나님은 만병의 대 의사이심이 분명하다. 내과, 외과, 이비인후과, 항문과 상관없이 순식간에 치료하는 분이시다.

원수의 목전에서 상을 베푸시니

어느 날, 시내에서 버스를 타고 집에 오는 중에 내 입에서 자꾸만 찬송이 나와서 불렀다.

하나님 아버지 주신 책은 귀하고 중하신 말씀일세
반갑고 기쁘신 말씀 중에 날 사랑하신단 말 좋도다
주 예수 날 사랑하시니 즐겁고도 즐겁도다
주 예수 날 사랑하시니 나는 참 기쁘다

이렇게 찬송을 부르며 집에 오니 복숙이가 "언니, 큰일났어요! 우리 옆방 아줌마 경찰서에 잡혀갔어요!" 했다. 놀라서 왜 그런가 물었더니, 옆방 여자와 내가 전도하려던 애기 엄마가 요즘 매일같이 붙어 다녔는데, 우리 동네 하나밖에 없는 구멍가게에 가서 뭔가 시비가 붙어서 싸움이 되었다고 했다. 이 두 사람이 한 편이 되어서 가게 물건을 다 흩어버리고 상자들을 다 내던지고 가게를 쑥대밭으로 만들어 버렸다는 것이다. 그래서 가게에서 고발을 해서 잡혀 갔다는 것이다. 그 이야기를 듣는데 내 마음속에서 '원수의 목전에서 상을 베푸시니 내 잔이 넘치나이다' 하는 말씀이 자꾸만 되뇌어졌다.

그리고 그 다음 날 골목에서 그 애기 엄마와 마주쳤는데, 나에게 다가오더니 "잘못했어요. 용서해주세요. 내가 벌 받아서 애가 유산이 되고 말았어요. 아들이라는데, 임신한 줄도 몰랐어요. 미안해요." 이러면서 고개를 숙이고 지나갔다.

그날 오후에 우리 옆방 여자도 구치소에서 석방되었다. 돌아오자마자 "인덕이 어머니, 커피 한잔 하러 우리 방에 오세요." 하며 아주 공손하게 나를 불렀다. 오라기에 갔더니 커피를 내고 과자도 내놓으며 "미안해요." 하고 사과를 했다. 그러면서 모모가 이런 말을 하고 모모는 저런 말을 했다는 둥 떠도는 이야기들을 꺼냈다. 나는 "이제 와서 누가 무슨 말을 했는지 전혀 중요치도 않고 궁금하지도 않다"고 못을 박았다. 나로서는 하나님께서 시시비비를 가려주어 명쾌하게 모든 일이 해결되었다는 그 사실만이 중요했다. 누구의 잘못이 더 크고 작은지 따질 이유가 없었다.

그 무렵 나는 하나님께 특별한 계획이 있음을 확신하게 되었다. 하나님께서 나를 재정적으로 혹독하게 다루신 일, 질병으로 고생하게 하신 일, 마지막으로 사람에게 엄청 시달리게 하신 일이 모두 사역의 현장으로 보내시려고 준비시키는 것임을 느끼게 되었던 것이다.

죄인들을 의지하지 말며
도울 힘이 없는 인생도 의지하지 말지니(시 146:3)

그 당시 기도 할 때마다 내 속에서

"이사해라."

하는 음성이 들렸어도 나는 별 신경을 쓰지 않았다. 돈이 전혀 없으니 이사할 엄두를 낼 수가 없었기 때문이다. 그런데 집 주인의 태도가 전 같지 않고, 우리를 아주 귀찮아하는 눈치가 느껴졌다. 그래서 점점 내 마음이 편치 않고 뭔가 떠나야 한다는 느낌을 품게 되었다. 그때 마침 한 친구가 직장을 소개해주겠다고 해서 나는 굉장히 좋았다. 월급도 상당히 많이 준다고 했다. 그래서 자신감을 가지고 돈을 좀 빌리면 이사를 하리라고 결심했다. 서울에선 돈 빌릴 곳이 없으니 '대구 엄마한테 가면 될 거야. 엄마는 틀림없이 빌려줄 거야.' 이렇게 생각하고 있었는데, 마침 남편은 청년회 수련회를 하러 속초로 간다고 하면서 훌쩍 떠나 버렸다. 그때를 이용해서 나는 인덕이를 업고 대구 친정집으로 갔다.

이런저런 이야기를 하다가 돈 빌릴 것을 말하자 엄마는 들은 척을 하지 않고 아무 말이 없었다. 몇 번을 시도해 보았으나 역시 노 코멘트. 아예 듣지 않은 것처럼 아무런 내색도 보이지 않았다. 나는 속으로 분한 마음이 생겼다. '이럴 수가. 이럴 수가 있다니. 내가 결혼하기 전에 엄마에게 갖다드린 돈이 얼만데. 이렇게 모른 척을 하다니…. 그냥 달라는 것도 아니고 빌리자는데…. 그날 밤 서운한 마음을 달래며 간신히 자고, 이튿날 시댁으로 갔다. 돈 부탁 때문에 친정에 먼저 갔을 뿐인데, 시어머님은 친정에 먼저 갔다 온 것으로 인해 기분이 상하셔서 말씀을 전혀 하지 않으셨다. 친정에는 빈손으로 갔지만 시어머님께는 그래도 여름 내의를 사갔는데, 그걸 드렸더니 마루에서 손으로 휙 밀어 버리자 찬장 밑으로 쏙 들어가 버렸다. 말씀을 전혀 하지 않으시니 가시방석 같았다. 거기서 하룻밤 자고 그 이튿날 아이를 등에 업고 다시 서울로 간다고 나섰다. 대구에 내려올 차비만 가지고 떠났으니 돌아갈 차비도 없었다. 그렇게 집을 나서서 동대구 터미널로 가서 걸상에 앉아 있는데 "누부야, 누부야!" 하고 부르는 소리가 들렸다. 밖을 보니 친정집 막내 남동생이 막 뛰어오고 있었다. 꼬깃꼬깃하게 접은 돈 1,500원을 건네주면서 "누부야, 차비해라." 하는데 눈물이 핑 돌았다. '돈 벌지 않으면 대구에 오지 않는다. 괘씸하다.' 하는 생각이 마음속에 새겨지는 걸 느꼈다.

고속버스 차비가 딱 1,500원이어서 그 돈으로 표를 사고 차를 탔다. 버스에 앉아 아이에게 우유를 먹이는 내 마음 속에서는 끊임없이 배신감과 열패감이 뒤범벅이 되어 분노로 격앙되어 가고 있었다. 친정 엄마, 시어머니에 대한 미움이 소용돌이 치고 있었다. 보통 나는 우유 먹일 때 아이를 안고 기도하며 먹이곤 했는데, 그 땐 그렇게 하지 못한 채 분한 마음으로 정신없이 먹였다. 다 먹은 걸 보고 우유병을 닫고 가방에 넣었다. 얼마쯤 되었을까, 버스는 달리는 중인데, 갑자기 인덕이가 울기 시작하는데, 달래도 안 되고 앉혀도 안 되고, 아이가 숨이 넘어갈 듯이 울어댔다. 땀을 뻘뻘 흘리며 숨이 막힐 듯 우는데 어찌할 바를 몰랐다. 이렇게 울어 본 적이 없는데 웬일일까. 머리는 만져보니 싸늘한데 땀이 비 오듯 흐르고 있었다. 나는 아이를 끌어안고 아이에게 머리를 파묻고 "아버지, 도와주소서. 제가 잘못했습니다. 부모를 원망하고 미워한 것 용서해 주옵소서. 아버지 하나님, 용서해 주옵소서…" 하며 얼마나 회개 기도를 했던지, 내가 땀과 눈물로 범벅이 된 채 눈을 떠 보니 아이는 평안하게 잠이 들어 있었다. 잠시라도 내가 악한 생각 하는 것을 용납지 않으시는 걸 깨닫고, 내 속에 있는 불순물을 회개를 통해 씻어내시는 하나님께 감사드렸다. 그 이후 집에 와서 계속 기도하러 다니면서 출애굽기의 말씀을 묵상했다. '왜 하나님께서 바로의 마음을 강퍅케 하시고 이스라엘 백성들을 보내주지 못하게 하셨을까. 왜 바로의 마음을 강퍅케 하셨을까. 왜. 왜?' 하는데

"하나님의 영광을 보게 하기 위함이라."

하는 말씀이 내 머리를 탁 쳤다. 그 순간, '그래. 우리 어머니들의 마음이 강퍅했던 것도 나에게 하나님의 영광을 보여주시기 위함이다.' 하는 생각이 내 마음을 흔들었다. 그 순간 내 입에서 '이것이 나의 간증이요, 이것이 나의 찬송일세. 나 사는 동안 끊임없이 구주를 찬송하리로다' 찬송이 터져 나오고 나의 발걸음은 걷는지 나는지를 몰랐다.

내가 네게 지시할 땅으로

하루는 남편이 학교에서 집에 오더니, "우리 학교 허경삼 목사님이 나보고 수정교회 전도사로 가는 게 어떠냐 하시던데, 당신은 어떻게 생각해?" 하고 물었다. "기도해보자. 하나님께서 가라고 하시면 가야지." 이렇게 말하고 이 문제를 가지고 열심히 기도했다. '하나님께서는 가라고 하시는데, 정말 이게 응답일까?' 하고 있는데, 아현교회의 청년 담당 부목사님이 안 된다고 극구 말리셨다. 수정교회(지금의 동덕교회)는 너무 작고 신자도 몇 명 안 되니 생활 대책도 안 된다고 하시면서 가족이 있는 사람이 너무 무모하게 그러지 말라고 타이르셨다.

그렇지만 하나님의 뜻이면 가야 하지 않느냐고 하니, "그건 그래. 그렇지만 뭐 먹고 살래?" 하셨다. 그때 그 목사님께서 우리에게 참 잘해 주셨다. 친동생에게 하시듯 여러 모로 우리를 배려해 주셨다.

나도 응답은 받았는데 주변에서 너무 말리니 이걸 어떻게 하나 하고 망설이다가 하나님께 말씀을 드렸다. "하나님 아버지, 수정교회로 가는 것이 정말 하나님의 예비하심이요, 하나님의 뜻이라면 분명하게 말씀해 주세요. 오늘 제가 순복음교회(그 당시 나에게 기도원과 같은 곳이었다)에 가서 기도하고 나올 때 조용기 목사님이나 최자실 전도사님이나 두 분 중 누구든지 저와 딱 마주치게 해 주세요. 그러면 제가 상담을 해서라도 확실한 하나님의 뜻을 깨달을 수 있게요. 아버지 도와주세요."이렇게 기도하고 집을 나섰다. 교회에 도착하여 한참동안 기도를 하고 다시 집으로 가려고 자리에서 일어났다. 마음속으로 오늘은 쪽문으로 나가자 하고 생각하며 천천히 걸어서 쪽문으로 막 나서는데, 내 앞에 누군가의 발이 딱 마주서는 바람에 깜짝 놀라서 고개를 들었다. 최자실 전도사님이 딱 마주 서 계신 게 아닌가. 깜짝 놀라서 물러서다가 아차 말씀드려야지 하면서 "지금 상담해도 되겠습니까?"했더니, "그래 이리 와." 하시면서 전도사님 방으로 데리고 가셨다. 나는 기도하느라고 상담할 생각을 잊어버리고 그냥 돌아올 뻔 했는데, 하나님께서 기억하시고 딱 마주치게 해서 말씀을 드릴 수 있도록 기회를 만들어 주셨다. 나는 기도하고도 잊어버리지만 하나님께서는 듣기만 하시는데도 잊지 않고 계심을 그때 알았다. 요한복음 14장 14절에서 예수님이 "내 이름으로 무엇이든지 내게 구하면 내가 시행하리라." 하신 말씀대로 시행해 주신 것이다.

수정교회 부임 문제를 말씀 드렸더니 앉으라고 하시며 "기도하자." 하시기에 소파에 앉는 순간 내 머리에 뜨거움이 확 부어졌다. 그러자 전도사님의 손이 내 머리에 얹혀지고 기도를 시작하셨다. 그날 집에 와서 우리 두 사람은 최종적으로 수정교회 갈 것을 결정했다.

그 무렵, 순복음교회가 특별집회를 여의도 모래사장에서 열었다. 매일 저녁 걷다가 뛰다가 하면서 거길 참석했다. 그때 조용기 목사님의 설교가 얼마나 우리에게 힘이 되고 격려가 되었던지, 힘들다는 생각 한 번 하지 않고 다 참석했다. 금요일 저녁엔가 모두에게 헌금 봉투를 나누어 주었다. 집회를 한 바로 그 자리에 교회 건축이 시작되고 있으니 모두 건축 헌금을 작정하라고 광고했다. 나도 봉투를 한 장 받아가지고 왔다. 그러나 단돈 15원이 없어서 걸어 다니며 은혜를 받은 처지에 어떻게 할 수가 있겠는가. 나는 토요일 낮에 혼자서 밥상을 펴놓고 그 위에 봉투를 얹은 다음 예배를 드렸다.

"하나님, 이렇게 많은 은혜를 주셔서 감사합니다. 그 곳에 세계에서 가장 큰 교회를 짓는다는데, 저도 헌금이 하고 싶습니다. 지금 저는 돈이 정말 하나도 없지만 하나님께 구하면 주실 줄 믿습니다. '구하라 그러면 너희에게 주실 것이요 찾으라 그러면 찾을 것이요 문을 두드리라 그러면 너희에게 열릴 것이니 구하는 이마다 얻을 것이요 찾는 이가 찾을 것이요 두드리는 이에게 열릴 것이니라.' 하고 말씀하셨으니 말씀대로 구합니다. 아버지. 5,000원을 주세요. 건축 헌금 하고 싶습니다. 주님 도와주세요."

이렇게 간절히 기도한 후 그 봉투에 '건축 헌금 5,000원'이라 쓰고 손을 얹고 또 기도했다. 봉투를 내 포켓에 넣고 집에서나 길을 갈 때나 언제나 손으로 만지며 기도를 쉴 새 없이 했다.

"주님, 이 봉투에 5,000원을 채워 주실 줄 믿습니다. 주일날까지 꼭 채워주세요. 그러면 순복음교회 오후 예배 때 가서 드리겠습니다. 저도 이 교회 건축에 참여하고 싶습니다. 비록 작은 액수이지만 저로서는 큽니다. 채워주세요."

주일 날, 동덕교회에서 예배를 드리고 났는데 재정 집사님이 보자고 하시더니 봉투를 하나 주셨다. 뭔가 했더니 돈이 10,000원 들어 있어서 얼마나 좋던지, '아! 주님 주셨군요. 감사합니다.

감사합니다.'를 연발하면서 정말 어쩔 줄을 몰랐다. 얼른 5,000원을 그 봉투에 넣었다. 얇은 누런 봉투라서 어찌나 만지고 만졌는지 닳아서 거의 찢어질 것 같았으나 고이 성경책에 넣고 부지런히 서대문 순복음교회로 달려가서 헌금을 했다. 5,000원을 구했더니 10,000원을 주셔서, 1,000원은 십일조로, 5,000원은 건축헌금으로, 나머지는 생활비와 여러 용도로 나누어 너무나 쓸모 있게 사용했다. 구하면 주시는 하나님 아버지가 나의 아버지시니 얼마나 좋은지….

그런데 이사를 해야 할 때가 점점 가까워오는 것을 느끼며, 하나님께 구했다. 그러면 즉각적으로

"떠나라."

하는 음성이 들렸다. 나는 '이상하다, 돈도 없고 집도 없는데, 어디로 떠나라고 하시는 걸까?' 하고 생각하며, 또 기도하면 '떠나라.' 하시는 말씀만 들렸다.

그러던 어느 날, 담요 한 장 가지고 여의도 순복음교회 지하 공사만 간신히 된 곳에 가서 시멘트 바닥 울퉁불퉁한 데 박스 접은 것을 깔고 담요는 덮어쓰고 기도를 시작했다. 그런데 밤새도록 감사합니다만 나올 뿐 다른 기도가 되질 않았다. '준비되었다.' '감사합니다' 이렇게만 기도하고 날이 새어서 밖으로 나왔다. 모래벌판 뿐이라 동서남북을 가릴 수가 없어서 영등포 쪽이 어딘지 겨우겨우 찾아서 집으로 돌아왔다. 아침 먹고 나서 집 주인에게 '우리 모레 월요일에 이사 나갑니다' 하고 통보를 했다. 그리고 나는 짐을 싸기 시작했다. 아브라함이 갈 바를 알지 못하고 갈대아 우르를 떠났다고 했듯, 우리도 갈 바를 알지 못하지만 믿음으로 떠나기로 결정을 한 것이었다.

그 당시 우리가 부임할 수정교회에 하꼬방 같은 사택이 교회 뒷벽에 이어붙여져 있었다. 그 방이라도 비어 있으면 우리가 이사를 들어가면 되겠지만, 그때 그 방에는 어떤 집사님네가 살고 있었다. 사업에 실패를 해서 오갈 데가 없어지자 전도사님 방이 비었다며 임시로 살게 해준 것이었다. 그렇다고 그 사람들을 억지로 나가라고 할 수는 없는 것이, 그 댁이 여전히 세 얻을 형편이 못 되었기 때문이다. 교회에서 돈을 드려서라도 구해보도록 애를 썼으나 그 형편에 맞는 방이 나오지 않아서 그냥 살고 있었던 것이다.

주일 예배를 드리고 집에 와서 짐을 거의 다 꾸려놓았다. 다음 날 아침이 이사를 나가기로 한 날이었던 것이다. 그런데 정작 이사 비용이 없는 것이 문제였다. 하나님께서 이사하라고 하셨으니 내일 아침이면 모든 것이 아무 일 없이 되어질 줄 알고 주님께 감사하고 잠을 잤다.

묻고 듣고 순종하지 않고…

다음 날, 아침밥을 얼른 해먹고 나는 아무 생각도 하지 않고 거의 저절로 옷을 입고는 인천에 있는 동생에게 가서 돈을 얻어오겠다고 말하고 집을 나섰다. 하나님께 물어보지도 않고 자동적으로 버스 타고, 또 고속버스 타고 인천세관으로 갔다. 내 동생이름을 대고 면회를 신청했더니 오늘 아침 일찍 서울세관에 갔다고 했다. 나는 다시 고속버스를 타고 서울로 와서 서울세관을 물어서 찾아갔다. 그랬더니 뚝섬에 있는 연수원에 교육을 받으러 갔다고 했다. 나는 다시 뚝섬 가는 버스를 타고 가서 관세청 연수교육원이 어디 있는지 물어물어 찾아 갔으나 그런 사람은 거기 오지 않았다고 했다. 다시 버스를 타고 명동 신세계백화점 앞에서 내렸다. 길 건너 중앙우체국 앞에 서서 내가 오늘 아침부터 지금까지 헤매고 다닌 것을 생각해 보았다. 믿음은 바라는 것들의 실상이요 보지 못하는 것들의 증거라고 하면서, 하나님의 말씀을 신뢰한다고 고백하면서, 또 그렇게나 열심히 기도를 해 놓고, 정작 현실에서 나는 무엇을 의지했는지, 무엇을 바란 것인지…, 공급의 주체가 누구신지 잊어버리고 말았다.

공중전화 부스에 들어가서 전화번호 책을 뒤적이며, 마음속으로 '주님, 이사 가라고 하셨잖아요. 아버지, 이젠 어떻게 하지

요?' 이러는 순간,

"전화해라."

하고 말씀하시면서 내 친구의 전화번호를 생각나게 해주셨다. 얼른 다이얼을 돌리자마자 친구의 음성이 들렸다. 다른 아무 말도 하지 않고 "돈 2만 원만 줄래?" 하고 물었다. "응, 오너라." 하는 대답이 돌아왔다. 나는 곧 금호동 로타리로 가는 버스를 타고 가서 그 친구에게서 2만 원을 받아가지고 영등포 공군병원 뒷길 끝자락에 있는 집으로 왔다. 날은 이미 어둑어둑해지고 있었고, 남편과 아이는 집에서 종일토록 나를 기다리고 있었다. 그제야 이삿짐 차를 불러서 짐을 싣고 캄캄한 밤에 영등포를 뒤로 두고 골목을 벗어나니, 어디로 가자고 해야 하나 막막했다. 기사가 "어디로 갈까요?" 묻기에 "만리동 쪽으로 갑시다."라고 말하는데 목구멍에 뭔가가 치미는 것을 느꼈다. 갈 바를 알지 못하고 갈대아 우르를 떠나고 하란을 떠나 하나님이 지시할 땅으로 가던 아브라함이 생각났다.

순간순간 기도하고 하나님의 음성에 늘 귀를 기울여 들어왔는데, 왜 그날엔 그렇게 서두르고 뛰어 다녔을까. 나는 아무 다른 생각도 없이, 하나님께 묻지도 않고 나의 고정관념대로 당연히 동생에게서 돈을 구해서 이사를 하리라고 행동을 했던 것이다. 본토 친척 아비 집을 떠나야 하는 것이 무엇인지를 확실하게 알게 되었다.

이삿짐 차가 만리동 고개 못 미쳐 골목으로 접어드니 수정교회가 보였다. 교회 앞에 차를 세우고 짐을 내려서 교회 옆에 붙어있는 창고에 다 넣고, 우리는 큰 시누님 댁으로 갔다. 좁은 서민 아파트에 우리 식구까지 합해졌으니 참 불편했을 텐데, 아무 말씀 없이 함께 있게 해주셨다.

수요일 저녁예배를 하러 수정교회에 갔더니 집사님들이 참 이상한 일도 다 있다고 했다. 그러면서 "사택에 있는 집사님 방을 아무리 구해도 없더니, 전도사님네 짐이 딱 도착하고 나니까 화요일에 서울 서부역 앞에 새로 꾸민 방이 있어서 계약을 했어요. 금요일에 이사 하세요." 하는 것이었다. 그래서 수정교회에서의 생활이 시작되었던 것이다.

친구에게 빌린 돈으로 이사 비용을 지불하고, 새 동네에 처음으로 와서 필요한 것들이 많아 이것저것 구입을 했더니 금방 돈이 떨어졌다. 이사온 지 이틀이 지나 담임 목사님댁 김장을 도와 김치를 버무리는데 복숙이가 와서 "언니, 연탄 갈아야 되는데 없어요" 하는 게 아닌가. 얼른 일어나서 집에 왔지만 뭐가 있겠는가. 이것저것 뒤적이다가 미국서 누가 부쳐준 실내화 한 켤레가 있기에 얼른 집어 들고 한강 아파트에 살고 있는 내 친구에게 가서 무조건 주고 돈 이천원을 받아가지고 왔다. 그 친구가 1966년도 크리스마스 전날 밤, 돈 한푼 없이 너무너무 어려울 때 내가 찾아가서 오천원을 준 적이 있었는데, 그것이 너무나 고마웠다고 말했다. 그러면서 "내가 지금 부잣집에 시집와서 잘 살아도 그때 너만큼 돈 쓰지 못한다." 하면서 씁쓸한 듯 웃었다. 그 당시 나는 돈 사용의 우선순위를 몰라서 뒤죽박죽으로 돈을 썼고, 저축할 줄도 몰랐다. 서울로 이사 와서 가지고 온 돈을 다 쓰고 나니 일일이 하나님께 청구해서 쓰게 되었다. 참 어리석게 살았었다.

"네가 나보다 사람을 더 의지했더냐?"

친구에게서 가지고 온 돈으로 연탄을 사고 그럭저럭 살았다. 그런데 얼마 안 있어 또 돈이 떨어지고 쌀도 떨어졌다. 이제는 더이상 어떻게 할 도리가 없었다. 그런데 문득 큰 시누님이 생각났다. 아무 생각 없이, 하나님께 청구할 생각도 하지 않고, 혼자서 그 댁에 갔더니 아무도 없었다. 문에다 쪽지를 써서 끼워놓고 돌아왔다. 그 이튿날 놀러 오라고 연락이 와서 우리 식구 모두 그집에 가서 저녁 먹고 이런저런 이야기를 하고 놀다가 그 집에서 싸준 보따리들을 들고 집으로 왔다. 쌀, 보리쌀, 검정콩 등등 여러 가지를 세 보따리 정도 만들어서 주셨다. 집에 와서 방문을열고 내 손에 있는 것을 방바닥에 내려놓는 순간,

"네가 나보다 사람을 더 의지했더냐?"

하는 음성이 내 마음을 써늘하게 때리는 것을 느꼈다. 즉시로나는 교회로 뛰어 들어갔다. "아버지, 죄송해요. 죄송해요. 정말잘못했습니다. 용서해 주세요." 하는데 눈물이 줄줄 흘렀다. 내가 왜 이렇게도 어리석을까. 내가 왜 이렇게도 미련할까. 얼마나부끄럽고 한심스럽던지 얼굴이 뜨끈뜨끈했다. "다시는 안 그럴게요, 아버지. 저한테는 아버지밖에 누구도 없습니다." 하며 한참동안 울었다. 얼마나 하나님께서 실망하셨을까. 내가 하는 짓

을 다 보시면서. '겨우 그거냐' 하시며 얼마나 안타까우셨을까.
그 이후 지금까지 사람에게 찾아가지 않았다. 공급하시는 분이
하나님이심을 분명히 알았기 때문이다.

먼저 그의 나라와 그 의를 구하면

1971년 9월 15일부터 수정교회로 갔는데 이사는 10월 24일인가 25일에 했다. 교회에서 우리에게 주는 자급이 12,000원이었는데, 십일조와 감사헌금을 따로 봉투에 넣어두고, 나머지로 연탄 사고 쌀 좀 사면 겨우 일주일 만에 돈이 다 떨어진다. 교회에서 성미를 주기는 했는데 언제나 모자랐다. 한 달 중 보름이 좀 지나면 양식과 모든 것이 다 떨어지기 일쑤였다. 토요일이 되어 돈을 찾아보면 100원이 남았을 때가 종종 있었다. 어느 토요일 오후 늦게 교회에 들어가 보니 강단에 꽃이 없고 썰렁해 보였다. 꽃꽂이를 좀 해서 강단을 장식하면 좋겠는데 돈이 딱 100원 뿐이니 어떻게 하나 하고 생각하다가 결단을 내렸다. 돈 100원으로 라면 5개 사서 내일 우리 양식으로 삼는 것보다 내일은 금식하고 이 돈으로 꽃을 사리라고 마음먹었다.

어둑어둑해진 골목을 지나 만리동시장에 갔더니 마침 양동이에 꽃을 담아 파는 아주머니 한 분이 그때까지 남아 있었다. 얼마냐고 물었더니 떨이하고 집에 가겠다면서 전부 100원에 가져가란다. 신이 나서 꽃을 사가지고 교회로 달려왔다. 워낙 교회가 조그마하니까 꽃이 많지 않아도 양쪽으로 나누어서 꽂을 수 있었다. 전문가 솜씨는 아니지만 그래도 보기에 좋았다. 마음이 흐

못했다. 역시 잘했구나 싶었다. 마음속으로 내일은 금식이다 하고 생각하면서 집에 오니 방에서 두런두런 이야기 소리가 들리는데 낯익은 목소리였다. 방문을 열고 들어가니 인천세관에 있는 동생이 앉아 있었다. 주머니에 손을 넣더니 "인덕아, 콜라 사 먹어라." 하면서 5,000원 짜리 새 돈을 주었다. 내가 그 돈을 받아 쥐고 바깥으로 나오면서 '아버지 감사합니다. 그렇지만 왜 이리 금방 갚아주세요? 나는 100원 가지고 라면 살까 꽃을 살까 한참동안 망설였는데 왜 아버지는 이렇게 금방 주세요?' 하는데 눈물이 핑 돌면서 너무나 황송한 생각이 들었다. 불꽃같은 눈으로 보고 계시는 것을 너무나 깊이 느꼈다.

어느 토요일엔 100원을 가지고 우리 아이에게 생선이라도 사 먹여야지 하면서 시장엘 갔다가 '참 꽃이 없던데, 꽃꽂이를 하는 게 낫겠다' 생각하고 그 꽃 장사에게 가서 또 100원으로 꽃을 떨이해서 샀다. 꽃꽂이를 끝내고 집에 들어가는데 부뚜막에 무언가 낯선 물건이 보였다. 이게 뭐냐 하면서 풀어봤더니 싱싱한 꽁치가 스무 마리 정도 싸여 있었다. 내가 마음으로 '아이에게 생선이라도 사먹일 수 있으면 좋겠다.' 하고 생각한 것을 하나님께서는 아시고 두 말 없이 생선을 수북이 갖다 놓으셨던 것이다.

'너희는 먼저 그의 나라와 그의 의를 구하라, 그리하면 이 모든 것을 너희에게 더하시리라' 하시더니 그 얼마 되지 않는 액수의 것이나마 주님께 드렸더니 몇 배로 갚아주시는 것이 너무나 감사했다.

그 무렵 남편은 신학생이자 전도사라 아침이면 학교에 가고 나는 담임 목사님이랑 사모님과 함께 거의 매일같이 전도를 하러 나갔다. 공덕동 좁은 골목을 빠짐없이 돌며 축호 전도를 했다. 만리동 언덕을 오르내리며 집집이 축호 전도를 했던 것이다. 어떤 집에 갔더니 대문 앞에서 할아버지 한 분이 가로막아 서더니 "죄 있는 사람만 예수 믿는 거여. 나는 죄가 없으니 당장 나가라!" 하고 호통을 쳤다.

그러던 어느 날 목사님께서 '우리 교회의 명칭을 바꾸어야겠어' 하셨다. '공덕동 동쪽에 있으니 동덕교회라고 하자' 라고 하셔서 그때부터 그 교회를 동덕교회라고 부르게 되었다.

신자들이 한 50명가량 되어서 교회 소제를 구역별로 돌아가면서 한다고 했는데 한 번도 제대로 자기 순서에 맞추어 오는 구역이 없었다. 그래서 매주 수요일과 토요일에는 내가 소제를 했다. 어떤 때는 양식이 없어서 아침식사 겨우 하고 남편 도시락 싸주고 아이들 먹을 것 남겨두고 나면 나는 점심을 먹을 수가 없었다. 교회 걸상이 그냥 벤치였기 때문에 밀었다 당겼다 하면서 물 뿌리고 빗자루질을 하면 금방 땀이 비 오듯 흘렀다. 강대상을 닦고 강단을 걸레로 닦고, 걸상을 세세히 닦고 나면 숨이 턱에 차고 배가 당기는 것 같았다. 수도가 없어서 앞집에서 길어다 먹었기 때문에 소제할 때도 물을 길어서 했다.

그 동네는 만리동과 공덕동과 아현동이 갈라지는 곳이고 아주 가난한 빈민촌이었다. 밤이 되면 싸우는 소리가 그칠 날이 없었다. "우리 집 김치 누가 퍼 갔어!" "우리 고추장 항아리 누가 훔쳐갔냐?" 등등 소동이 쉴 새 없이 일어나는 곳이었다.

유치부 어린이들의 기도에 응답하시는 하나님

어린이 교회학교가 있었지만 장소가 없어서 그런지 유치부가 없었다. 그래서 내가 우리 방에서 매 주일 아침에 유치부를 시작했다. 동네에 다니며 "일요일에 우리 교회에서 유치원을 하는데 아이들 보내주세요." 했더니 약 70명 정도나 모이게 되어서 유치부가 아주 잘 되어갔다. 장난감 하나 없을 정도로 가난한 집 아이들이 대부분이라 교회에 와서 여러 가지 장난감 가지고 노는 것도 좋았던 것 같다. 우리 집에 오는 사람들이 아이에게 장난감을 사다준 것이 한 소쿠리 정도로 많아서 주일 아침에 일찍 오는 아이들은 그걸 가지고 재미있게 놀았다. 그리고 시간이 되면 "치우자, 치우자, 장난감을 치우자." 하면서 노래 부르며 장난감을 소쿠리에 담고 예배를 시작했다. 세 살짜리 우리 인덕이가 보조교사를 아주 잘 했다. 자기보다 키 큰 아이들을 줄지어 앉히고 장남감도 소쿠리에 잘 넣어서 한쪽 구석에 갖다 두었다.

그러던 어느 주일날, 아이들에게 설교를 하고 난 뒤 갑자기 역할극을 하게 되었다. 담요를 펴서 한 아이를 눕히고 4명의 친구가 예수님께 그 친구를 데려다주는 역할극을 하게 되었는데, 이 서연이란 아이가 엄마 등에 업혀서 오는 바람에 갑자기 하게 되었다. 밤새도록 열이 펄펄 나고 끙끙 앓으며 한 잠도 못자서 아침에 병원에 가자고 했더니 "교회 선생님한테 갈 거야!" 하면서 고집을 부려서 병원에도 못 가고 교회로 왔다고 했다. 아이 얼굴이 새빨갰다. 유치부 아이들에게 "우리 친구 서연이가 많이 아프니 우리 다같이 예수님께 고쳐 달라고 기도하자." 했더니 고작은 아이들이 전부 꿇어앉아서 두 손을 모으고 열심히 기도를 하는 게 아닌가. 그 때 내 마음속에 성령께서 뜨겁게 임하시는 것을 느낄 수 있었다. 아이들의 기도가 끝나고 내가 머리에 손을 얹고 기도했는데 내 마음이 뜨거웠다. 유치부 예배가 끝나니 아이의 열이 떨어지고 깨끗이 나았다. 하나님께서 어린 아이들의 기도에 응답하신 것을 보면서 어린 아이들의 모임에도 성령께서 역사하시는 것을 확실히 깨닫게 되었다.

악한 자의 심방

한동안 매일 밤 교회에서 철야를 했다. 전도사 부인은 당연히 밤마다 교회에서 기도해야만 하는 줄로 알았다. 기도도 밤새도록 하는 줄 알았다. 새벽기도 시간이 다 되어 가면 방에 가서 남편을 깨웠다. 아침잠이 많은 터라 새벽에 일어나는 것이 그에게는 정말 고역이었다. 그러나 교회 안에 살면서 전도사님이 새벽기도 안 나오면 신자들 보기에도 부끄러운 일이라 새벽마다 깨우러 다니는 게 나의 일이었다. 다그쳐 깨우면 일어났다가도 도로 눕기 때문에 달래면서 깨워야 했고, 그러다가도 어떨 때는 화가 나서 "무슨 전도사님이 이래?" 하기도 했다. 그러다가 언젠가는 실랑이를 그만두고 나 혼자 교회에 가서 새벽기도 마치고 한참 더 기도하고 방에 들어가는데 방문이 조금 열려 있었다. 이상한 느낌이 들어서 방문을 활짝 열고 들여다보니 요 위에 흙 발자국이 있었다. 내가 "당신 왜 흙발로 요를 밟았어요?" 했더니 남편이 "뭐?" 하고 일어나서 그 발자국을 보고 자기 머리맡을 보더니 깜짝 놀랐다. 언제나 머리맡에 '라도' 손목시계(약혼 때 선물로 준 것)와 트랜지스터 소니 라디오를 두고 잠을 잤는데, 그것이 없어진 것이었다. 그 때는 그런 것들 뿐만 아니라 빨랫줄에 널어놓은 옷도 가끔 없어지곤 하던 시절이다.

악한 영의 공격

내가 산을 향하여 눈을 들리라 나의 도움이 어디서 올까
나의 도움은 천지를 지으신 여호와에게서로다 (시 121:1~2)

어느 날 새벽기도 시작하기 전에 방에 가서 복숙이에게 '애기 우유 한 병 타 먹여라' 하고 교회로 갔다. 그런데 이상하게 빨리 기도가 잡히지 않고 뭔가 방해받는 것을 느낄 수가 있었다. 그래서 기도를 훼방하는 어둠의 영을 대적하려는 순간, 갑자기 내 눈 앞에 불길이 확 일어나는 것이 보였다. 깜짝 놀라서 "기도를 훼방하는 악한 마귀는 떠나라, 예수 이름으로 명하노라!" 하고는 "주님, 천군 천사를 동원하여 아이들을 지켜주옵소서. 주 성령께서 아이들을 품에 안고 지켜주옵소서." 하면서 기도를 하니 그제야 기도가 힘차게 올라가기 시작했다. 한 시간 쯤 지나서 방에 들어가서 뭐가 있었나 하면서 살펴보니 석유난로 위 주전자는 숭늉 물이 넘쳐흘러 마른 자국이 있고 난로 가운데 있는 유리가 깨져서 금이 가 있었다. 맑은 물을 얹어서 끓였으면 어땠을지 모르겠는데 숭늉 물을 얹어놓고 잠이 들어서 넘쳐흘러 심지 있는 쪽으로 들어갔다. 난로가 팽창해서 터질 수 있었는데 하나님께서 지켜주셔서 금만 가고 더 이상 아무 일도 일어나지 않았던 것이다. 바로 난로 옆에 머리를 대고 복숙이가 누워서 잤는데 물방울 하나 튀지 않도록 하나님께서 천사를 보내서 지켜주셨다.

어느 날은 새벽기도 마치고 머리 감을 물을 연탄불에 얹어놓고 남편의 밥상을 차리는데

"*기도해라.*"

하는 음성이 들렸다. "새벽기도 했는데요." 했더니 조금 있다가 또,

"*기도해라.*"

하셔서, "머리 감고 할게요." 하고 밥상을 들고 방에 들어가는데 또

"*기도해라.*"

하셔서 걱정이 되기 시작했다. '아버지, 왜 그러세요? 무슨 일이세요? 어쨌든 도와주세요.' 하면서 방에 들어가 앉는데 "전도사님 계십니까?" 하면서 수석 집사님이 오셨다. 방에 들어오시더니 기도 잠시 하자마자 "전도사님, 저와 함께 갈 데가 있습니다. 지금 집사님들이 다 모여서 직원회를 하려고 전도사님을 기다립니다." 했다. '얼른 식사 좀 하고요' 하면서 무슨 일인가 물었더니 그가 말했다. "우리 담임 목사님 설교가 영력이 없고 또 선교사님들 통역 일만 해도 바빠서 도무지 우리 교회 목회하기에는 맞지 않다고들 그래서……, 의논하고 직원회에서 결정을 하는 것이 좋다고 생각해서 직원회를 소집했습니다. 사모님은 기도를 많이 하시니까, 어떻게 생각하십니까?" 그제야 나는 '이거로구나' 싶어서 속으로 기도하면서 마귀를 대적하는데, 한 마디도 말이 입 밖으로 나오지 않고 벙어리처럼 되었다. 남편은 얼

른 밥을 먹고 일어나면서 "담임 목사님이 직원회를 소집하는 것이고, 치리 목사님이 없는 직원회는 성립되지 않습니다." 하고 같이 나갔다. 그들이 나가고 나서 나는 교회에 들어가서 간절히 기도했다. 얼마 후에 남편이 들어오면서 "해산시키고 왔다."고 했다. 남편은 성품이 곧은 사람이다. 불의한 것과는 타협을 못한다. 그리고 단순하다. 복잡하게 생각하지 않는다. 말씀대로 믿고 맡겼으면 걱정하지 않는다. 낙천적이다.

거역의 영이 주도해서 교회를 어지럽히려고 하니 성령께서 미리 기도로 준비하고 영적 전쟁을 할 것을 말씀하셨는데 내가 미련해서 뭉기적거렸으니 하나님께서 얼마나 답답하셨을까. 즉각적인 순종이 시험을 이기는 첩경인데 왜 그리도 고집이 센지.

나는 교회 안에 살았기 때문에 전도사 부인도 되고 사찰도 되었다. 교회 청소랑 정리도 내가 해야만 했다. 어느 날 오후에 교회에 앉아 있는데 고등부 여학생이 후다닥 하고 튀어 들어왔다. 깜짝 놀라서 "왜 그러니?" 하고 물었다. 그런데 대답은 하지 않고 이리저리 눈을 굴리며 히죽히죽 웃고만 있는 것이었다. 이상해서 "애, 너 왜 그러니?" 해도 여전했다. 교회 안을 빙글빙글 돌아다니고 뭐라고 입에서 중얼거리는데 알아들을 수가 없었다. 손을 잡아끌며 내 옆에 앉히고 그 학생의 눈을 들여다보니 눈동자가 약간 위로 치솟은 것 같고 불안정해 보였다. 끊임없이 눈동자가 움직였다. 귀신 들렸나 보다 하고 생각하면서 손을 잡은 채 기도를 했다.

"귀신아, 이 학생으로부터 나가라. 예수 이름으로 명하노라." 하며 한참 기도하고 났더니 눈동자가 바로 되고 정상으로 되었다. 인사하고 그 학생은 갔다. 나는 이런 것은 처음 봤지만 예수님이 귀신을 쫓아내시는 장면을 생각하면서 예수님의 이름으로 명령했더니 정말로 귀신이 나갔다. 그런데 조금 있으니 아까처럼 또 튀어 들어와서는 불안정한 모습으로 오락가락하길래 또 손을 잡고 기도하고 귀신에게 명령했다. 또 정상이 되어 집에 갔는데 조금 있으니까 또 그렇게 되고, 그 날만 네 차례나 왔다 갔다 했다.

나중에는 그 학생에게 "너의 집에 가면 뭐가 있길래 또 이렇게 오곤 하느냐?" 물었다. "우리 집에 가면 온통 방 안이 시뻘겋고 가슴이 답답해요." 한다. 그래서 그 학생의 손을 잡고 그 집으로 갔다. 방문을 열어보니 사방 벽에 부적이 큼직큼직한 게 붙어 있었다. 그 학생의 아버지는 돌아가셨고 밑으로 남동생 둘과 여동생 하나, 그리고 어머니랑 살고 있었다. 어머니는 건설 현장에서 시멘트 위에 대리석을 깔면 그 위를 닦으면서 윤기 나게 하는 그런 일을 하면서 아이들을 가르치고 생활했다. 이 학생은 여상 3학년이라 직장에서 견습생으로 일을 시작한 지 두어 달 정도 되었다. 어머니는 교회에 나오지 않고 아이들 넷만 중등부, 유년 주일학교에 다니고 있었다. 신효순이란 학생이고 얼굴이 예쁘게 생겼다. 그 어머니를 만나서 "예수 믿고 예수님의 이름으로 기도하면 나을 테니 염려하지 말고 같이 예수 믿고 기도하자"고 권면했다. 그리고 "부적들을 떼어내자"고 했더니 대답을 머뭇거렸다. 그래도 그것들을 다 떼어내 찢어버리고 그 집에서 기도를 했다. 그런데 낫는 듯 하더니 또 그렇고, 낫는 듯 하더니 또 그렇고를 반복하기만 했다.

금식기도를 작정하고 효순이와 함께 오산리 기도원으로 갔다. 그때 오산리 기도원은 조그만 교회당 한 채와 몇 개의 방이 있었다. 금식하며 그를 붙잡고 소리를 질러가며 기도를 하니 목은 쉬고 허리가 끊어지는 것 같았다. 밤에는 최자실 전도사님도 함께 기도해 주셨고, 거기 온 많은 사람들이 함께 기도로 도와주었다. 그런데 나은 듯 하다가 또 여전하고 종잡을 수가 없었다.

토요일이 되어서 교회로 돌아왔다. 자기 집으로 보냈더니 밤에 또 그 엄마가 데리고 와서 내 옆에 두고 기도하다 자다 하면서 날이 샜다. 그 어머니가 죽을 끓여 와서 내가 떠먹여 주는데 거의 씨름을 하다시피 먹였다. 먹다가 퉤 하고 뱉어내기도 하고 침을 뱉고 난리를 쳤다. 귀신 들린 것을 처음으로 보면서 힘들다는 생각을 많이 했다. 그러나 우리가 할 일이라고 생각하고 내 옆에 끼고 있었다. 며칠인가 후에 목사님 사모님이 증가동 교회에서 부흥회를 하는데 데리고 가서 기도를 받자고 했다. 신억년 전도사님이 개척한 교회인데 그분은 능력이 많으시고 영력이 세기 때문에 나을 것이라고 했다. 그 어머니와 효순이, 사모님과 따님(연세대학 졸업반이었다), 나, 이렇게 여러 명이 함께 갔다. 제일 앞자리에 앉아야 한다고 가운데를 차지했는데 우리 바로 옆에 약간 이상해 보이는 사람이 있었다. 그 사람과 효순이가 눈이 마주치자 효순이가 갑자기 기를 쓰고 히쭉히쭉 웃으면서 난동을 부리기 시작했다. 알고 보니 그 사람 역시 귀신 들린 사람이었는데 둘이서 순식간에 전기가 통하듯 합심해서 난리를 부렸다. 같은 류가 만나니 둘이 힘을 합해 난리를 치는구나 싶어서 떼어놓았다. 그 사람은 왼쪽 줄 끝에 두고 효순이는 오른쪽 끝에 앉히고 내가 옆에 앉았다. 예배 시간 내내 손을 꼭 잡고 앉아 있었다. 그러더니 원래의 모습으로 돌아와서 얌전해져서 말도 잘 듣고 해서 얼마나 감사했는지 모른다.

그 날 밤 예배가 다 끝나고 교회당에서 특별히 기도 받을 사람들은 남으라고 해서 우리는 다 집에 가지 않고 남았다. 사람들이 빙 둘러앉아서 찬송을 힘차게 부르고 통성 기도를 하고 나서 예언의 은사가 있는 어떤 권사님이 한 사람씩 붙잡고 기도를 해

주셨다. 나는 그때까지 그런 기도 모임에는 한 번도 참석해본 적이 없어서 신기하기도 하고 겁도 났다. 진심으로 기도하면서 '하나님, 저 사람이 무슨 말을 할는지 모르겠는데, 나를 지켜주세요' 하고 열심히 아뢰었다. 효순이를 붙잡고 기도하더니 "애 엄마가 누구야? 엄마 이리 와서 애 손 잡아." 그러면서 "엄마, 회개해. 어미에게 붙었던 것이 아이에게 들어와서 난리로구면. 회개해." 하면서 등을 툭툭 쳤다. 그리고 나보고 데리고 가서 어미 회개하도록 도와주라고 했다. 그래서 다른 구석 쪽으로 가서 참회의 찬송을 몇 차례 부르고 생각나는 대로 회개하라고 했다. 그런데 순순히 하지 않고 얼굴이 시퍼렇게 되더니 입을 꽉 다물고 눈을 감고 뻗대면서 씩씩거리기 시작했다. 어이가 없어서 "효순이 어머니, 효순이 어머니!" 하고 불러대면서 정신 차리라고 했더니 흥흥 콧방귀를 뀌고 벌렁 드러눕더니 다리를 버둥댔다. 그런데 효순이는 깨끗이 나아서 옆에 앉아서 보고 있었다. 보혈 찬송을 한참 부르고 그 어머니에게서 작용하는 귀신을 대적하기 시작했다. 한동안 씨름하다가 그 어머니가 눈을 뜨고 바로 앉더니 자기 이야기를 하기 시작했다.

6·25 사변 당시 의과대학에 다니다가 피난 내려와서 집안이 풍비박산 되었다고 했다. 공부는 중단하고, 피난 생활 중에 결혼하게 되어서 어렵사리 자리 잡고 살게 되었다 한다. 아이들을 낳고 사는데 막내를 낳자마자 남편이 죽었다. 젖먹이를 데리고 간신히 살다가 아이 젖을 떼고 취직을 해보려고 했지만 잘 안 되고, 어쩌다 일거리가 생겨도 돈을 너무 적게 주고 해서 무척 어렵게 살았단다. 그러다가 공사현장에서 막노동을 하니 일당이 어느 정도 살 수 있도록 액수가 되었다. 그런데 막노동 일자리를

얻는 것도 보통 어려운 게 아니라 그 일의 책임자에게 힘을 좀 써야 해서, 선물도 때 맞추어 하고 눈에 들게 노력을 해야만 했다. 그런데 이 사람이 여자니까, 그 책임자가 요구하는 것을 해줘야 해서 본의 아니게 함께 잠자리까지 해주었다고 한다. 참 얌전하게 생겼고 목소리도 크지 않고 예의도 갖추어서 행동하는 사람으로 보였었다. "아이 넷 먹이고 입히고 공부시키려니 너무 너무 힘이 들어, 갈 데까지 간 거죠." 하면서 눈물을 흘렸다.

그 날 밤을 그 교회당에서 그렇게 보내고 새벽기도 하고 나서 주변을 살펴보니 효순이가 보이질 않았다. 그 엄마도 모르고 나도 모르고, 어디 갔는지 아는 사람이 없었다. 교회 바깥에 나가 보니 어디가 어딘지 알 수가 없다. 붉은 흙으로 된 언덕이 이리저리 굽이쳐 있고 집은 그리 많지 않고 동네는 좀 떨어져 있었다. 사방으로 다닐 수가 있게 생겨서 어디로 가야 만리동으로 갈 수 있을는지 감을 잡을 수가 없었다. 나는 참 어이가 없어서 한참을 둘러보다가 '아버지, 여기까지 인도해 주셨는데 이 아이가 없어지면 어떻게 합니까. 도와주세요. 효순이의 걸음을 지켜주세요. 머리털 하나도 다치지 않게 지켜주세요.' 눈물을 글썽이며 하나님께 간절히 기도했다.

"염려 마라. 집에 갔다."

이런 음성이 들렸다. 하나님께 감사하고 이불 보따리 싸서 그 어머니와 우리 일행은 집으로 왔다. 효순이는 집에 와서 자고 있었다.

그 어머니가 자기의 삶을 고백하긴 했지만, 예수님 영접하는 것을 잊어버려서 그런지 다시 이상한 행동을 하면서 나빠졌다. 하루는 방 안에다 촛불을 켜놓고 빌고 있기에 왜 그러느냐고 물었더니 누가 자기 귀에다 대고 '내가 시키는 대로 해라' 그러더란다. 그래서 시키는 대로 빌었다는 것이다. 그래서 그것은 귀신이 시키는 것이고, 귓전에서 속살거리는 것은 하나님의 음성이 아니니까 듣지 말라고 하고 다 집어치우게 했다. 그런데 이 사람이 귀신에게 잡히니 힘이 장사였다. 기도하기 위해 교회에 데리고 오려니 당할 사람이 없었다. 많은 사람이 우루루 가서 잡아끌고 해서 겨우 교회에 데리고 와서 가운데 앉히고 찬송하고 기도했다. 예수님께서 기도와 금식 외에는 이런 류가 나가지 않는다 하신 말씀이 생각나서 또 금식하기로 작정하고 시작했다. 굶으면서 기도하려니 힘이 들었지만 막상 귀신을 상대로 대적할 때는 힘이 솟아나는 걸 느낄 수가 있었다. 하나님께서 불쌍히 여기시고 순간순간 새 힘을 부어주셨다. 밤마다 교회에 모여 기도하기를 며칠간 계속하다가 금식 마지막 날 저녁에 또 집사님들이 그 사람을 데리러 가더니 손이 물리고 머리칼이 뜯기고 해서 그냥 왔다. "내가 어젯밤에도 얼마나 무서웠던지 책상 밑에 숨어 있었는데 또 잡으러 와. 안 가. 오늘 밤에 가면 나 죽어." 그러면서 집사님들을 물고 꼬집고 달려들었다고 했다. 하는 수 없이 내가 힘은 없지만 죽으면 죽으리라 하고 갔더니 방에서 얼른 뛰어나와 변소로 들어갔다. 시멘트로 네모나고 조그맣게 지어져서 이 사람이 안에 들어가서 두 다리는 뒤로 뻗치고 두 팔로는 앞벽을 꽉 누르면서 뻗치고 있었다. 그러니 당겨내려고 해도 할 수가 없어서 오른손으로 그 사람의 앞쪽 허리춤에 손을 넣고 "예수 이름으로 명하노니, 나와라!" 하고 소리를 질렀더니 휘청하고 끌려 나왔다. 그렇게 끌고 교회까지 데리고 와서 가운데 앉히고 찬송을 많이 부르고 성경을 읽고 기도했다. 그러기를 몇 차례

하고 밤 1시가 되었을 때 한 번 더 기도하고 났는데, 그 사람의 눈동자가 바로 돌아왔다. 내가 그 눈을 들여다보면서 "배고프지요?" 하고 물었더니 고개를 끄덕였다. 우리 집에 가서 식빵과 우유를 가지고 와서 먹으라고 했더니 먹으려고 입에 가져가다가 주춤 멈추었다. 내 맘속에 '아 이 사람이 정신이 돌아오니 아이들 걱정이 되는구나' 하는 생각이 들었다. 그래서 "애들 걱정하지 마세요. 아이들은 다 잘 먹고 잠 잘 테니 어머니만 잡수시면 됩니다." 했더니 먹고 힘을 내었다. 엎치락뒤치락하며 힘든 싸움을 했지만 하나님께서 우리를 훈련시킬만큼 하시고는 끝나게 해주셨다. 예수 그리스도의 이름의 권세가 이렇게도 위대하심에 감사했다.

"주는 그리스도시요 살아계신 하나님의 아들이시니이다. 내가 네 이름 위에 내 교회를 세우리니 음부의 권세가 이기지 못하리라."

천사를 동원해서 보호하시는 하나님

서울역에서 염천교 쪽으로 조금 오면 한진 고속버스 터미널이 시내버스 정류장과 붙어 있는 통에 얼마나 복잡한지 정신을 바짝 차려야 시내버스를 탈 수가 있었다. 저녁 어스름 때라 어둑어둑한데 자동차 불빛이 오가고 사람들은 붐비고 하니 시력이 좋지 않아서 이리 봤다 저리 봤다 하면서 버스를 기다리고 있었다. 그런데 갑자기 누군가 한쪽 팔을 뻗쳐서 나를 뒤로 재치듯이 밀었다. 나는 길에 있는 가드레일에 기대 넘어지고 순식간에 버스가 부딪칠 듯 내 앞을 지나갔다. 그냥 서 있었으면 버스에 그대로 밀려 치일 뻔했는데 누군가가 나를 보호해 주었다. 나는 깜짝 놀라면서 '주님 감사합니다.'라고 마음속으로 기도했다.

그런데 집에 돌아와 보니 아침에 멀쩡하던 사람들이 다 아파서 누워 있는 게 아닌가. 그날 나는 니트웨어 몇 벌을 가지고 사업의 문을 열어볼까 해서 한강아파트에 사는 아는 이에게 갔다 오는 길이었다. 나는 교회로 들어가서 주님께 회개하고 다시는 돈 벌 생각은 하지 않겠다고 다짐했다.

얼마 후 이석규 장로님이 학생들 몇 명 공부 좀 가르치라고 해서 중림동까지 가서 아르바이트를 했다. 한 달 하고 나니 과외비를 주어서 기분 좋게 집에 왔더니 대구에서 우리 친정 아버지가 위독하시다는 연락이 왔다. 이 과외비가 없었으면 대구에 갈 엄두도 못 냈을 텐데, 하나님께서는 그것을 미리 내다보시고 나의 쓸 것을 준비해 주셨다.

나의 하나님이 그리스도 예수 안에서 영광 가운데
그 풍성한 대로 너희 모든 쓸 것을 채우시리라 (빌 4:19)

하나님께서 나에게 금식할 것을 원하셔서 3일간 금식할 때의 일이다. 마지막 날이었는데 목사님과 우리 세 식구가 함께 생명의말씀사에 가서 성경책을 여러 권 샀다. 거기서 나올 때 길가의 리어카에서 목사님께서 사과를 사서 우리 아이에게 주시고 두 분은 신학교 쪽으로 걸어가시고, 나는 우리 딸을 데리고 시내버스를 타려고 광화문 크라운 베이커리 앞에서 기다렸다. 정말 많은 사람들이 거기 서 있었고 버스는 연방 오고 사람들은 우루루 밀려갔다 밀려왔다 했다. 드디어 우리가 기다리던 버스가 와서 내가 인덕이를 안고, 인덕이는 사과 봉지를 안고, 내가 막 한 발을 버스에 올려놓는데 차장이 "오라잇!" 하자 버스가 출발했다. 나는 뒤로 벌렁 나가떨어지고 버스는 가는데 길가의 사람들이 "와-" 하고 소리를 질렀다. 그런데 그 순간 누군가가 나를 팔로 싹 받아서 세워주었다. 거긴 버스를 기다리는 사람들이 서 있는 곳이 아니라 아무도 없는 길이었는데, 어떤 사람이 뒤로 떨어지는 나를 받아준 것이다. 그리고 버스도 저만치 달리다가 섰다.

인덕이 다리가 버스 계단에서 달랑달랑 거렸다. 아이는 내가 버스에 올라서는 순간 버스 문에 있는 기둥을 잡았는데, 버스가 출발하고 어미가 나가떨어지니 두 손으로 매달려서 갔던 것이다. 아이가 울면서 엄마를 불러대니까 차장이 스톱을 외쳤는지 버스가 서고 내가 달려가서 아이를 안았다. 인덕이는 "내 사과, 내 사과" 하면서 사과 쏟아진 것이 아까워서 소리쳤다. 참 어이없는 대형 사고가 발생할 뻔했는데 하나님께서 천사를 보내서 위기에서 우리를 건져주셨다.

어느 토요일 오후, 저녁녘이 다 되어 가는데 방에 들어가 보니 우리 인덕이가 없었다. 복숙이에게 "인덕이 어디 갔니?" 하고 물어도 모른다고 했다.

"방에 있는 줄 알았는데요."

"없어. 어떻게 된 거지?"

깜짝 놀란 복숙이가 골목에 나가서 "인덕아, 인덕아" 부르며 뛰어다녔다. 소의초등학교에 가서 운동장을 다 살펴봐도 없다면서 풀이 죽어서 돌아왔다. 학생회 모임이 있어서 조용히 교회 뒷자리에 들어가서 기도했다. "아버지, 인덕이가 어디 있는지 모르겠는데 어디 있든지 지켜주세요. 빨리 찾게 해주세요." 그런데 마음이 평안하고 하나님의 미소가 느껴졌다. 이상하다 싶어서 바깥에 나와서 아이가 돌아오기를 조용히 기다리기만 했다. 학생회가 끝나고 전도사님이 나오는데 인덕이가 아빠 손을 잡고 함께 나오고 있었다.

"얘 어디서 찾았어요?"

"찾기는? 나하고 같이 있었는데?"

"어디에?"

"내가 학생회를 인도하는데 요놈이 살금살금 강단으로 올라오더니 강대상 문을 열고 들어가 내 발 앞에 앉아서 여태껏 놀았어."

그러니 우리가 어떻게 찾을 수가 있었겠나. 하나님께서 참 재미있으신 분임을 알았다. 웃으시는 하나님. 참 좋으신 하나님.

하루는 우리 동네 하꼬방에 사는 집 딸이 없어졌다며 그 엄마가 나에게 뛰어왔다. 평소에 교회 오라고 하면 "그래야지요" 하고 대답만 하면서 못 나오더니 6살짜리 딸이 없어졌다며 좀 찾아달라고 했다. 그래서 "기도하자, 하나님께 부탁해야지. 하나님께서 찾도록 인도해 주실테니까" 하면서 그를 데리고 교회로 들어갔다. 한참 기도하니까 하나님께서 평안함을 주시고 만리동시장에 있을 것이라는 마음을 주셨다. 그래서 시장에 가자고 했더니 이미 시장에서는 다 찾아봤다며 안 가려고 했다. 그래도 내가 같이 가자고 권면하면서 데리고 시장에 갔다.

이 사람이 시장에서 좌판 놓고 장사하는 사람이라서 아이도 시장엘 자주 왔다갔다 하고 이 동네 지리를 잘 알았다. 시장에 가서 여기저기 보는데 자기 엄마 장사하는 근처에서 왔다갔다 하고 있는 게 보였다. "저기 있네!" 하니까 엄마가 아이의 이름을 부르며 뛰어가서 손잡고 왔다. 그것 보라고, 하나님이 함께하시니 금방 찾지 않느냐고 그랬더니 고개를 끄덕끄덕 했다. 그래도 자기는 교회에 오지 않고 아이는 유치부에 보냈다. 그 동네 꼬마들이 거의 다 우리 유치부에 다녔다고 생각한다. 내가 길에 가면 아이들이 놀다가 "저기 하나님 간다!" 하면서 손가락질 하

곤 했다. 얼마나 우습던지. 하나님 이야기를 해주고 성경 말씀을
가르쳐주니까 뭐라고 불러야 할지를 몰라서 그랬던 것 같다.

시험

하루는 저녁 때 우리 집에 최보익 권사님이 오셔서 여러 가지 이야기를 하다가 가셨다. 인덕이를 업고 인사하러 나가서 배웅을 하고 교회로 들어가서 아이를 벤치에 놓고 막 일어서는데 아이가 시멘트 바닥에 팍 엎어졌다. 코가 정면으로 바닥에 부딪혀서 피가 쏟아지는데 얼마나 많이 쏟아지는지 혼이 났다. 그런데 그날부터 아이가 아프기 시작하는데 몸이 붓고 밥을 먹기 싫어하고 그냥 드러눕기만 했다. 아주 명랑하고 잘 놀고 똑똑한 아이였는데 아파서 드러누워 있으니 기가 막혔다. 병원에 갈 형편이 못 되니 어떻게 할 도리가 없었다. 기도를 하고 하나님께 부르짖어 호소를 해도 하나님께서 아무 말씀을 하지 않으셨다. 약 살 형편도 못 되고 병원에 갈 형편도 못 되니 하나님께서 고쳐주셔야만 하는데 왜 안 고쳐주시고 시간만 가게 하시는지 알 수가 없었다. 아이를 들여다보면서 내가 하나님께 무슨 잘못을 저질렀나 싶어 곰곰이 생각해 봐도 생각나는 게 없었다. 하나님께 물어봐도 아무 말씀도 하지 않으셨다.

하나님께서 키워주셔서 건강하게 참 잘 자랐는데 이게 웬 일인가 싶어 기도도 많이 했지만 속수무책이었다. 그래서 가만히 생각해보니 여기까지만 이 아이와 살고 이제 헤어지라고 하시는가 싶어서 '주신 이도 아버지시고 거두시는 이도 아버지시니 데려가셔도 저는 할 말이 없습니다' 하고 선을 긋기 시작했다. 병원에 한 번 못 가보고 죽는가 싶었다.

> 내가 깊은 곳에서 주를 불러 아뢰니
> 주여 내 목소리를 들어주심 바라고
> 보좌 앞에 나아가니 은혜 내려줍소서

이 찬송을 부르며 울기도 많이 했다.

그 무렵 남편의 신학대학 졸업식이 있어서 퉁퉁 부은 아이를 데리고 졸업식장에 갔다. 대구에서 어머님도 오시고 형제들도 모였으나 '애가 왜 이러냐'고 물어보는 사람이 아무도 없었다. 시흥에 있는 시동생 댁에서 아버님의 추도식 겸 졸업 축하 겸 모여서 식사를 하고 헤어질 때 어머님이 우리와 함께 오셔서 그날 밤 우리 집에서 주무셨다. 밤새 아이가 잠을 못 자고 숨을 할딱할딱 쉬어도 아이가 아픈지 모르신 채 그 이튿날 대구로 가셨다. 전날 바람 쐬고 걷고 오랫동안 서 있었던 것이 힘들었는지 더 심해져서 아이는 거의 죽게 되었다.

이순영 목사님이 우리 방에 오셔서 아이의 머리에 손을 얹고 우시면서 기도해 주셨다. 그리고 이은규 집사님이 오셔서 아현교회 이 장로님한테 우리 이야기를 했더니 "이헌영 목사님 손녀가 그렇게 아프다는데 제가 봐드려야지요" 하면서 데리고 오라고 하셨단다. 그래서 인덕이를 업고 균명학교 언덕을 넘어 굴레방다리에 있는 성향사 병원에 갔다. 일주일 동안 그 병원에 다니면서 치료를 받았더니 깨끗하게 나았다. 하나님께서 그 장로님의 손을 빌리도록 하신 어떤 이유가 있으신 것 같았는데 어찌하였든 하나님의 다양하신 손길을 감사할 수밖에 없었다. 때로는 내 머리로 이해되지 않는 것이 있어도 하나님은 전능하시고 그 섭리의 깊이는 헤아릴 수가 없다.

남편은 1964년에 경북대학교를 졸업하고, ROTC를 거쳐 장교로 제대했다. 이후 교사를 하다가 컴퓨터 프로그래머 자격증을 따고 하더니 결국 하나님의 뜻에 따라 서울신학대학을 졸업하게 되었다. 그것이 1974년이다. 빙빙 돌다가 사명줄 잡고 헌신의 길 걷는 동안 남편은 학교에서 공부했고, 나는 집에서 호되게 훈련을 받았다. 남편이 학교에 있는 동안 일어나는 일은 모두 내가 경험하며 배워야 하는 나의 몫이었다. 우리 친정 어머니는 늘 나한테 "남편이 공부할 때는 이런저런 근심되는 소리 같은 것은 하면 안 된다. 여자가 잘해야 남편이 잘 되는기라." 하셨다. 그래서 아파도, 굶어도, 아이가 아파서 다 죽어가도, 말하지 않았다. 아무리 아픈 얼굴을 해도 말로써 "내가 아프다"라고 말해야만 아픈 줄 아는 사람이 내 남편이다. 여자들 옷만 바꿔 입으면 누군지 모르고, 내내 같이 앉아서 이야기하고 헤어진 후 무슨 옷 입은 사람이 어쩌고 하면 누군지 모른다. 머리를 잘랐는지 길렀는지 매일 보고 살아도 모를 정도다.

예언적인 꿈

남편이 신학대학을 졸업하기 직전인 1973년 12월 23일 밤에 꿈을 꾸었다. 큰 바위 두 개가 약간 포개진 듯하게 놓여 있고 골이 패인 곳에 물이 고여 있었다. 내가 들여다보며 '물이 있는데 고기가 없네' 하면서 부지런히 고기를 잡아다가 그 물에 넣었다. 남편도 함께 고기를 잡아다 넣는데 알록달록하고 예쁜 것, 작은 것, 큰 것, 검정색 등등 다양한 것들이었다. 그러는데 청와대의 일꾼들이 깨끗하게 다듬은 목재들을 메고 와서 그 물을 가운데 두고 바위에다 기둥을 세우고 서까래를 얹고 지붕 할 뼈대들을 착착 맞춰서 집 모양을 갖추어 놓고 갔다. 그것을 우리 둘이서 쳐다보면서 웃다가 '자, 우리 할 일은 끝났으니 우리도 가자' 하면서 배낭을 메고 떠나는데 꿈을 깼다.

그 이튿날이 크리스마스 이브였는데 눈이 펑펑 쏟아지고 있었다. 목사님께서 사모님과 함께 전도하러 가자고 오셔서 나는 집을 나섰다. 오전 내내 다니다가 시장 옆 골목길로 들어서다가 동은이 엄마를 만났다. 동은이와 심방 다니다가 만나면 늘 점심 잡수셨냐고 묻는다. 그리곤 자기 집에 가자면서 우리를 데리고 가서 라면 끓이고 밥하고 차려낸다. 동덕교회 신자들이 너무 가난한 것을 잘 알아서 그런지 늘 만나면 가서 라면이라도 잡수셔야지 굶고 다니시면 어떻게 하느냐고 걱정하셨다. 역시 그 날도 "어디 가세요? 이렇게 눈이 오는데 전도하러 가세요? 점심은요?" 하며 자기도 볼일 보러 나가는 길인데 도로 돌아서 집으로 들어가서 우리를 위해 상을 차려주었다. 그런데 내가 그걸 보니 목이 콱 메었다. '집에 있는 아이들이 오늘 점심 먹을 게 없는데' 하는 생각이 들었다. 속으로 '하나님, 아이들은 밥 먹을 게 없어요. 너흰 먼저 그의 나라와 그 의를 구하라, 그리하면 이 모든 것을 너희에게 더하시리라 했잖습니까. 내가 아버지의 일을 위해서 전도하러 다니니 아이들을 책임져 주세요.' 하고 간절히 목메이게 기도하고 먹었다. 저녁 때 집에 들어가면서 복숙이에게 점심 뭐 먹었느냐고 물었더니 국수가 한 줌 있어서 끓여먹고, 또 밀가루가 조금 있어서 팬에 부쳐 먹었다고 했다. 하나님께서 아이들을 먹여주셔서 감사했다. 그 날 저녁 남편이 학교에서 오더니 나에게 돈을 만 원이나 주었다. 도서실에서 누굴 만났는데 도서비 하라면서 주었단다. 역시 하나님께서 주님의 일을 위해 먼저 나를 드릴 때 모든 것을 더해 주시는 것을 알았다.

1974년 1월에 건축을 위한 부흥회를 열었다. 박병옥 목사님이 강사로 오셨다. 남편은 그 첫날부터 금식을 시작해서 10일간 했다. 부흥회 때 건축 헌금을 작정했다. 목사님은 1,000만원, 우리는 200만원을 작정했다. 어떤 집사님이 목사님과 우리가 작정한 헌금 액수를 보며 빈정거렸다. 돈 낼 형편도 안 되면서 신자들 돈 내게 하려고 바람잡이 한다고 했다. 드디어 4월이 되자 우리 교회가 도시계획 구역에 있기 때문에 헐어야 한다고 통지가 왔다. 서울시에서 보상금을 240만원 지불해 주었다. 목사님과 전도사님 둘이서 교회 할 만한 곳을 찾아서 여기저기 다니다가 청파동 1-94호, 140평짜리 양옥을 1,000만원에 사기로 결정하고 계약금 300만원을 지불했다.

그리고 우리에게는 효창공원으로 넘어가는 꼭대기에 있는 어떤 집의 작은 방 한 칸을 세로 얻어주었다. 방이 어찌나 작던지 남편과 나는 대각선으로 비스듬히 농에 기대거나 책장에 기대고 잠을 자고, 가운데 우리 딸을 바로 눕혀 재워야 했다. 그리고 바로 변소 옆에 붙어 있는 방이라 그 냄새가 정말 설명을 할 수 없을 정도였다. 교회는 철거되었고 주일이면 계약해 놓은 집 마당에서 예배를 드렸다. 비 올 때를 위해서 천막을 사서 잘 쳤다. 어느 비 오는 주일에 예배를 한 번 드렸는데 동네에서 가정집에 이런 천막을 쳐서는 안 된다고 신고를 해서 구청에서 나와 철거를 했다. 돈만 없애버렸다.

중도금 지불할 날이 되었는데 헌금 들어온 것을 다 합해도 100만원이 안 되었다. 기도하고 생각해 보니 우리 집에 9인치짜리 텔레비전이 있었다. 일제 히타치 텔레비전이라 어느 정도 돈을 받을 수 있으리라 생각하고 인덕이에게 물어봤다. "인덕아, 우리 텔레비 하나님께 바칠까? 아마 그렇게 하면 하나님께서 나중에 큰 것을 주실 거야." 한참 생각해보더니 "응, 하나님께 드리자." 했다. 그래서 그것을 들고 나오면서 5만원 받게 해달라고 간절히 기도했다. 하나님께서 5만원에 팔도록 길을 열어주셔서, 그 5만원을 합해 100만원이 되어서 간신히 약속한 날에 갚을 수 있었다. 시간이 늦어지니 집 판 사람이 얼마나 큰소리로 야단을 치는지 목이 빨갛게 되도록 난리였다. 안 되면 그만 두라고 동네가 떠나가게 소리를 쳤다. 목사님과 전도사님은 그런 걸 처음 당하니 완전히 죄인처럼 말 한 마디 못하고 계셨다. 그리고 나서 복덕방 아저씨의 조정으로 각서를 쓰고 오셨다. 내용은 '마지막 대금 600만원을 기한에 맞춰 지불하지 못할 시에는 지금까지 지불한 모든 금액과 집을 포기합니다.'라는 것이었다.

잔금 600만원이 남았는데 이것을 갚을 것이 정말 꿈만 같은 일이었다. 안 그래도 몇 명 안 되는 신자들이 교회가 헐리고 어려워지니 점점 줄어가고 있었다. 그러나 대학생들과 고등학생들이 리어카를 하나 구입해서 만리동시장 입구에서 땅콩 장사를 하였다. 호두, 밤 등등을 가져다놓고 열심히 팔아서 헌금하곤 했다. 또 꽃을 사서 싣고 다니며 장사하고 동명여고 앞에 가서도 꽃 팔이를 해서 교회에 건축 헌금을 했다. 그렇게 나름 힘을 다해서 했지만 역부족이었다.

청파동 구역장 홍 집사

우리가 세 들어 살던 집 주인은 순복음교회 청파동 구역장이었다. 남편 되시는 분은 남대문장로교회 안수집사님이었다. 그 안수집사님은 키도 크고 인물이 보기 좋게 생기셨고 부인 집사님은 좀 무허가 건물처럼 보이기도 했다. 그러나 기도 많이 하고 전도 많이 하고 인심도 좋아서 아주 괜찮은 사람이었다. 그런데 이 두 사람이 결혼하게 된 이야기가 참 재미있었다. 안수집사님은 평안도 선천에서 장로님의 아들이었다. 부모님의 권유로 혼자서 피난 내려오다가 일행 중에서 한 처녀를 만나 같이 오게 되었다. 산중에서 잘 때도 있고 강가에서 잘 때도 있었다. 또 어떨 때는 동네를 지나다가 방을 얻어 잘 때도 있었다. 아침이면 그 처녀가 밥이라도 끓여서 같이 먹었고 저녁도 같이 뭐든 먹도록 해주었다. 그러다보니 한 식구처럼 서로 의지하며 부산까지 가게 되었고, 방 한 칸 얻어서 같이 지내게 되었다. 부부생활을 하며 열심히 돈을 벌어서 서울이 수복 되어 함께 이사 와서 살았다. 자리가 잡히고 사업이 잘 되어가기 시작하니 그제야 정신이 들어 집에서 밥 해주고 빨래 해주는 여자의 얼굴이 눈에 보이기 시작했다. 그래서 자기 부인을 구박하기 시작하고 젊고 예쁜 아가씨들과 시간을 보내기도 했다. 이 부인은 원래 교회라곤

가 본 적이 없는 불신자였는데 남편이 남대문교회에 나가니까 따라갔다. 그런데 학교 문 앞에도 가본 적이 없어서 글자를 모르니 성경을 읽을 수도 없고 뭐가 뭔지 도무지 아무 것도 모르지만 남편이 예수 믿으니 나도 믿어야겠다고 열심히 다녔다. 어느 주일 날 목사님이 광고시간에 커다란 성경책을 보여 주시면서 40일 새벽기도에 한 번도 빠지지 않고 출석하는 사람에게 상으로 준다고 하셨다. 그래서 자기 마음속으로 '옳지 저건 내꺼다' 하고 다음 날 새벽부터 열심히 참석하였다. 주기도문을 간신히 외워서 다른 사람 기도할 때 자기는 주기도문을 암송했다. 40일 마지막 날 새벽에도 부지런히 골목을 뛰어서 큰길로 막 나가는데 택시 한 대가 달려오더니 그대로 들이받았다. 저 만큼 튕겨서 나가 떨어져서 정신을 잃고 있다가 눈을 뜨니 택시 기사가 자기를 들여다보면서 이게 죽었나 살았나 하며 건드렸다. 그 순간 '아차 오늘이 40일 마지막 날인데' 하고 일어나려는데 갑자기 자기 입에서 이상한 말이 나오기 시작하였다. 그러자 그 택시 기사가 미친년이구나 하고 그냥 가버렸다. 그러거나 말거나 본인은 '주여' 하며 이상한 말을 지껄이며 벌떡 일어나서 막 달려갔다. 교회에 들어서니 예배는 이미 시작했고 설교 말씀을 하시는데 자기 입에서는 줄기차게 이상한 말이 나오고 정말 죽을 지경이었다. 그리고 기도가 시작되니 더 큰 소리로 그런 말이 막 쏟아지는데 참 이상했다. 이상한 말이 죽 나오고 나면 우리말이 나오고, 이상한 말이 한 줄 나오면 이어서 우리말이 나오고 그렇게 하기를 계속했다. 우리말은 '내 종아 들어라 내 종아 들어라 너희는 회개하라' 뭐 이런 말들이었는데 자기는 무슨 뜻인지도 모르겠고 왜 그러는지도 몰랐다. 그런데 하루는 목사님이 오시더니 '우리 교회는 이런 기도를 하는 교회가 아니니 다른 교회로 가라'고 하셨다.

그래도 성경책 상은 받았다. 집에 와서 너무 좋아서 성경을 열어서 한 장 한 장 넘기는데 글자가 읽어졌다. 태초에 하나님이 천지를 창조하시니라, 이런 글이 읽어졌다. 얼마나 좋은지 성경을 막 읽기 시작했다. 그로부터 그 사람은 글을 읽고 쓰고 다 할 수 있게 되었다. 어느 교회로 가야 하나 하고 생각하다가 사람들한테 물어봤더니 순복음교회 가면 된다고 해서 찾아갔다. 최자실 전도사님을 만나서 이야기를 했더니 어디 기도해보자 하셨다. 이 사람이 기도하는 것을 듣고 보시더니 등을 툭툭 치며 "오냐, 인물은 못나도 하나님은 너를 사랑하신단다, 나와 함께 전도하며 살자." 그러셨다. 그때부터 순복음교회 신자가 되어서 신앙생활을 하였다. 청파동에 산다고 했더니 "그럼 청파동 구역장 해라" 해서 그때부터 청파동 구역장 노릇을 해왔다. 그런데 신자는 하나도 안 보내주고 네가 전도해서 청파동 구역을 만들어서 구역장을 하라는 것이었다. 그러면서 구역 노트, 구역 공과책을 주셨다. 한 사람씩 전도해서 구역을 만들어 열심히 해나가면 연말에는 그 사람들을 다른 구역으로 보내 구역장으로 만들어 떼어 놓고, 또 전도해서 구역을 만들어서 구역장 하라고 하였다. 그렇게 하면서 힘차게 신앙생활을 하고 있었다.

그러는 동안 남편은 다른 여자들하고 놀러도 다니고 술도 먹고 집에 오면 소리 지르고 하기를 계속했다. 한 번은 술을 잔뜩 먹고 와서 "이 못난 년이 나를 망쳤다"면서 땅바닥에 그를 던져서 넘어지니까 구둣발로 얼굴을 밟아 문질렀다. 그래서 "주여!" 하고 소리를 질렀더니 남편이 픽 하고 넘어지면서 다리가 부러졌다. 다리에 깁스를 하고 몇 달을 집에 있는 동안 그 다리에 손을 얹어 기도해주고 마사지도 해주고 지극정성으로 잘 돌봐주었더니 예상보다 빨리 나았다. 한동안 술도 안 먹고 제법 착실하게 잘 지내더니 또 술을 먹고 옛날 생활로 돌아가 버렸다. 어느 날 또 술이 잔뜩 취해서 집에 왔다. 행패를 부리다가 땅바닥에 그 사람을 내다 던지더니 전에처럼 얼굴을 발로 밟아 문질렀다. 이 구역장이 "주여!" 하고 또 소리를 지르자마자 머리에서 피가 팍 솟아올라서 쏟아져 내렸다. 온 얼굴이 피로 덮이고 옷이 다 젖었다. 얼마나 놀랐던지 병원으로 달려갔더니 의사가 "큰일날 뻔했다. 밖으로 피가 쏟아지지 않았으면 당신 죽었다."고 하였다. 그러고 난 뒤부터 다시는 폭력은 행사하지 않았다고 한다. "내 얼굴이 못나도 나는 하나님의 사람이요, 그렇게 구박하면 안 돼요" 하면서 그는 그 남편을 위한 막강한 중보자로 깨어 있는 사람이었다.

우리가 그 집에 살 때 양식이 없어서 아침에 밀가루를 풀어서 죽을 쑤고 있으니 와서 보고는 "양식이 없어서 이걸 잡수십니까, 좋아해서 이걸 끓입니까?" 하고 물었다. 내가 "예, 우리는 크림 수우프를 좋아하거든요. 그래서 종종 해 먹어요." 그랬더니 고개를 끄덕끄덕했다. 그 밀가루도 다 떨어져서 아침도 못 먹고 금요일이라 구역 예배 인도하러 마포네거리 지나서까지 가서 예배를 인도했다. 예배 후에 진한 커피를 한 잔 대접하길래 안 마실 수가 없어서 마셨다. 설탕도 타지 않고 크림도 없이 한약보다 쓴 커피를 마시고 집으로 향해 오는데 속은 쓰리고 다리에는 힘이 하나도 없었다. 마포에서부터 만리동 언덕까지는 오르막길이라 참 힘이 들었다. 땀을 뻘뻘 흘리며 집에 와서 방문을 열고 들어가서 방바닥에 깔아놓은 담요 자락을 들추고 다리를 뻗는데 발에 뜨거운 것이 닿았다. 깜짝 놀라 일어나 담요를 확 재치니 밥통이 하나 놓여져 있었다. 뚜껑을 열어보니 밥이 한 통 들어 있었다. 눈물이 핑 돌았다. 하나님께 감사했다. 그러나 나 혼자 먹을 수가 없어서 남편이 올 때까지 기다리는데 그 집사님이 방문을 살짝 열면서 "사모님, 금식기도 작정한 것은 아니지요? 쌀독을 열어보니 하나도 없기에 밥을 좀 해 넣어 드렸습니다. 성미도 좀 넣어 드렸습니다." 하더니 문을 닫고 가셨다. 우리가 세들어 사는데도 전도사님 댁이라고 참 잘 섬겨주셨다. 우리가 심방 나가면 우리 딸아이를 자기 방에 데리고 가서 잘 봐주셨다. 언제나 잊을 수 없는 고마운 분이었다. 하나님은 외모로 사람을 취하지 않으시고 중심을 보시는 분이시다. 그 분의 남편은 외모 때문에 갈등을 그렇게 심하게 했지만 아내가 그를 위한 파수꾼이요 믿음의 복병이었다.

교회 건물 매입 문제로 날마다 애태우며 기도하고, 또 남편에게 성령 불세례가 임하기를 염원하며 온 힘을 다해 기도하던 때였다. 그 무렵엔 순복음교회에 가서 은혜 받고 안수기도 받기를 무척 사모했다. 남편에게 조르고 졸라서 조용기 목사님께 기도 받으러 여의도까지 갔다. 가지 않겠다는 사람을 억지로 졸라서 갔는데 조 목사님과 몇몇 외국 목사님들이 함께 차에 올라타는 것을 보았다. 어떻게 할 수가 없어서 그냥 먼발치에 서서 떠나는 것을 보기만 했다. 눈물이 날 정도로 실망한 채 집으로 돌아와서 피차 아무 말도 하지 않고 누워 있다가 잠이 들었다. 꿈을 꾸었다. 조 목사님이 남편을 마주 보며 십자가와 지휘봉을 주시며

"승리하라." 하셨다. 꿈에서 깨어나니 하나님의 마음이 느껴졌다. 감사했다. 사모하는 마음을 만족시키시는 하나님!

동은네 집에서 성화산기도원으로

어느 날 집주인 홍 집사님이 오시더니 "사모님, 어떻게 하지요? 이사를 가셔야겠어요. 집사님들이 방 얻을 때 한 달만 살고 나갈 거라면서 한 달치 세만 냈어요." 했다. 그래서 우리는 짐을 꾸리고 이사를 가야 하는데 갈 곳이 없었다.

그때 마침 동은이 어머니를 길에서 만났다. "어디 가세요?" 하기에 "우리가 이사하게 되어서 나가봅니다." 했다. "갈 데가 있습니까?" 하기에 "아니오"라고 했더니 방 구할 때까지 자기 집에 오라고 하셨다. 그 집은 만리동시장 안 제일 높은 곳에 있었는데, 땅이 6,000평이나 되는 굉장히 큰 집이었다. 할아버지가 양계도 하고 부화장도 하던 곳이란다. 그래서 우리 세 식구가 짐을 싸서 그 집으로 들어가고, 목사님 댁 일곱 식구도 그 집으로 들어갔다. 목사님 식구는 방에서 주무시게 하고 우리 세 식구는 뒷마당에 스펀지 요 두 단을 깔고 하늘을 보며 잠을 잤다. 별들이 아름다운 밤이 그런대로 낭만스럽고 좋았다. 한참 하늘을 보고 있노라니 별 같은데 굉장히 빠르게 지나가는 것이 보였다. 별은 아닌데 뭘까 하고 생각하다보니 인공위성이구나 하고 깨달아졌다. 우리가 그 집의 마당에서 잠을 자는 동안 비가 한 번도 오지 않았다.

가난이 뼛속 깊이 스며드는 것 같아도

가난에 얽매이지 않게 해주시니 감사합니다.

가난이 일상이 되어도

구차스럽지 않게 해주시니 감사합니다.

가난이 삼킬 듯이 날이면 날마다 엄습해 와도

절망하지 않게 해주시니 감사합니다.

가난 때문에 불편한 것이 이루 말할 수 없이 많아도

우주보다 크신 아버지의 사랑 때문에 제가 웃을 수 있습니다.

아버지의 말씀이 생명의 만나가 되니 오히려 부요함을 누립니다.

성령의 생수가 배에서 흘러나오니 나는 풍성합니다.

이 모든 것이 다 아버지의 은혜입니다.

병아리 부화장 하던 창고에 짐을 두고 그 옆에서 하루 종일 찬송하고 기도하며 하나님께 매달렸다. 하루는 우리 큰 시누님 한테서 연락이 왔다. 영락교회 마당에서 12시에 좀 만나자고 했다. 그래서 영락교회에 가서 기도도 좀 하고 시누님을 만났다.

"너희는 건축 헌금을 얼마나 작정했니?"

"예, 200만원 했습니다."

"지금 얼마나 진행이 되고 있니?"

"예, 기도하고 있습니다."

이 말밖에 할 말이 없었다. 한참 있다가 "우리가 목장을 그만 두면서 시흥동 코카콜라 공장 건너편에 채비지 땅을 사 두었는데, 시가가 600만원이야. 이것 팔리도록 기도 좀 해줘." 그러셨다. 그래서 "네" 하고 대답하고 헤어져 집에 와서 남편에게 누님이 한 이야기를 전했다. 동은네 마당에서 하루 종일 기도하고 찬송을 불렀다.

'믿음은 바라는 것들의 실상이요 보지 못 하는 것들의 증거니.'라는 히브리서 11장 1절의 말씀을 입에 달고 살았다.

> 이 눈에 아무 증거 아니 뵈어도
> 믿음만을 가지고서 늘 걸으며
> 이 귀에 아무 소리 아니 들려도
> 하나님의 약속 위에 서리라
> 걸어가세 믿음 위에 서서 나가세 나가세 의심 버리고
> 걸어가세 믿음 위에 서서 눈과 귀에 아무 증거 없어도

이 찬송을 부르고 기도하고, 땡볕에 앉아서 기도하고, 나무 그늘에 앉아서 기도하고, 이렇게 하다가 저녁때가 되어 해그림자가 길어지면 하늘나라 아버지 계신 곳은 얼마나 좋을까 하고 문득 생각되곤 했다.

> 잠시 세상에 내가 살면서 항상 찬송 부르다가
> 끝날에 나를 오라 하시면 주께 곧 올라가리
> 열린 천국문 내가 들어가 십자가를 내려놓고
> 빛난 면류관 받아 쓰고서 주와 함께 다스리리

이 찬송을 부르고 또 부르며 눈물 닦고 응답의 날을 손꼽으며 잠이 들곤 했다.

그렇게 보름이나 남의 집에서 기거한다는 게 쉬운 일이 아니었다. 아침마다 부엌문 열고 들어가기가 얼마나 미안한지 사모

님과 둘이서 내미락 네미락 하며 간신히 열고 들어갔다. 우리는 아이가 어리니 학교에 갈 학생이 없지만 목사님 댁은 전부 학생이었다. 딸 셋 아들 둘이었다.

생각다 못해 우리 식구는 기도원으로 가기로 결정하고 밥솥 작은 것 하나, 수저와 밥공기 세 개, 얇은 이불, 옷가지 몇 벌 챙겨서 성화산기도원으로 향했다. 78번 버스 종점에 내려서 왼쪽 산길로 한참 올라가면 기도원이 있었다. 방 한 칸을 얻었다. 밥은 해 먹지 말라고 해서 식당에서 사먹게 되었다. 나와 남편은 수시로 금식하며 기도하느라 밥을 매 끼마다 사먹지 않고 딸애 때문에 한 판만 사곤 했더니 부엌에서 뭐라고 좋지 않게 말했다.

이석규 장로님의 꿈 이야기

우리 시누님 남편 되시는 이석규 장로님이 하루는 꿈을 꾸었는데 참 이상하다고 하면서 말씀하셨다. 어떤 언덕배기를 말 한 마리가 마차를 끌고 올라가는데 어찌나 힘들어 보이는지 옆에 가서 거들어 주었단다. 말의 발굽을 보니 발 디딜 때마다 뒤로 다 까져서 거의 다 떨어져 나갈 것 같고, 말의 얼굴을 보니 이순영 목사님 얼굴이더라고 했다. 그래서 마차 안을 들여다보았더니 동덕교회 식구들이 오부래기 앉아있더란다. 그래서 자기가 있는 힘 다해서 밀고 당기고 하면서 간신히 언덕 꼭대기까지 올라갔는데, 그만 말이 푹 고꾸라져 죽어버렸다고 했다.

그러면서 자기네 땅 문서를 가지고 가서 은행에 담보로 잡히고 대출 받아서 잔금을 지불하라고 했다. 그때부터 남편은 구청으로 은행으로 여기저기 서류 수속 하느라 뛰어다니다가 밤 열두 시가 넘어야 기도원으로 올라오곤 했다. 잔금 기한은 점점 다가오는데 웬 할 일은 그리 많은지, 밥도 제대로 먹지 못하면서 다니니 밤에 기도원에 올라오는 모습을 보면 파김치 같이 되어 있었다.

그러던 어느 날 내가 기도하러 교회에 들어가면서 우리 인덕이에게 "엄마가 교회에 들어가서 기도할테니 엄마가 보이지 않아도 걱정하지 말고 교회로 들어오너라. 알았지?"하고 교회로 들어갔다.

"아버지, 이럴 수가 있습니까? 주님의 몸 된 교회가 이렇게 없어질 수가 있습니까? 마지막 약속한 날에 잔금을 못 갚으면 집도 없어지고 지금까지 지불한 돈도 없어진대요. 아버지! 어떻게 합니까?"

눈물을 줄줄 흘리며 소리를 지르고 있는데

"네가 왜 걱정이냐, 10일이다."

하는 음성이 사람의 목소리처럼 또렷하게 들렸다. 깜짝 놀라며 "안 돼요, 8일까지에요, 8일요!" 그러는데 다시

"내가 하면 되지 않느냐!"

하셨다. "아! 아버지가 하시면 돼요. 맞아요! 예수님 이름으로 기도합니다, 아멘!"하고 기도를 끝냈다. 내가 지금까지 살아오면서 하나님의 음성을 이렇게 사람의 목소리처럼 듣기는 이것이 두 번째다. 맨 처음은 용문산기도원 꼭대기에 앉아서 하나님께 질문을 할 때였다.

1964년 여름 어느 날, 집에서 엄마하고 말다툼이 있었다. 우리 아버지의 사업이 망해서 엄마는 나를 시집보내려고 했고 나는 공부를 더 하려고 했다. 공부도 제대로 못하고 가고 싶은 대학도 못 가고…. 돈 한 푼 안 내고 장학생이라며 신생 대학교에서 한 2년 공부하다가 그만두고, 내년에 다시 시험쳐야지 하고 벼르기만 하던 와중이었다. 게다가 그 즈음엔 좋은 일은 하나도 없고 계속 나쁜 일만 생겼다. 나하고 가장 친하던 친구마저 고려대학을 졸업하고 며칠 만에 죽었다. 사는 게 재미도 없고 흥미 있는

것도 없었다. 아무하고도 말하고 싶지 않았다. 어딘가 훌훌 떠나고 싶던 차에 엄마하고 다투었겠다, '그래 떠나자. 모든 것 벗어던지고 떠나자.' 하면서 하루 종일 아궁이 앞에 앉아서 공책들을 불태웠다. 종이 조각들을 다 태우고 나니 저녁이 되었다. 가방에 작은 성경 한 권 넣고 얇은 잠바 하나 넣고 대구역으로 갔다. 밤차를 타고 어디쯤 왔는지 무조건 사람들 따라서 내려서 대합실에 앉아 있었다. 새벽녘이 되자 사람들이 또 기차를 타기에 따라서 나도 기차를 타고 새벽 들판을 가로질러 가며 어둠이 서서히 물러가는 모습 가운데 희뿌연하게 밭고랑, 나무들, 흙더미들, 작은 집채들을 보며 멍하니 앉아 있는데 차가 서고 사람들이 내렸다. 나도 따라 내려서 그들을 따라서 산길로 올라가기 시작하는데 내 입에서 '천부여 의지 없어서 손 들고 옵니다' 하는 찬송이 나오기 시작했다. 한 번도 불러 본 기억도 없는데 계속해서 술술 나왔다. 그리고 눈물도 흘렸다. 얼마만큼 올라가니 초가집 마을이 산 속에 있었다. 어떤 부인이 나를 쳐다보면서 "우리 집 여긴데, 멀리 가지 말고 기도하다가 여기 와서 자라." 하셨다. 생전 처음 보는 사람인데 호의를 베풀어 주었다. 나중에 알고 보니 거기가 용문산기도원이고, 그 부인은 전도사님이었다.

산꼭대기에 올라가니 바로 옆에 돌로 쌓아서 만든 기도실이 있었는데 거기가 구국기도소였다. 24시간 기도자가 끊이지 않고 줄 지어 있었다. 한 사람이 끝나면 다음 사람이 베옷을 입고 들어가서 기도하고, 또 그가 끝나면 다음 사람이 들어가고, 그런 식으로 빈 시간 없이 연이어 나라를 위해 기도했다. 나는 그 옆 봉우리에 앉아서 사람들의 "주여 주여" 하는 목쉰 소리를 들으며 '나는 뭐라고 하나, 뭘 기도하나, 기도는 무슨 기도?' 하다가 가만히 생각해보았다. 나서부터 지금까지 교회에서 자랐고 하나님은 사랑이라고 들으며 자랐다. 교회, 집, 학교밖에 몰랐고 요절 암송, 성가대, 유년부 교사 등 모든 삶의 패턴이 교회를 중심으로 이어졌다. 그런데 대학 문 앞에서부터 제대로 되어가는 게 없이 내 생각, 내 계획이 이지러지기 시작했다. 나는 혼란을 겪게 되며 모든 게 맞지 않고 차지 않고 짜증나고 보기 싫고 아무하고도 말하기 싫고 결국은 죽고 싶다는 생각으로 끌려들어가기 시작했다. 나의 흔적을 없애고 아무도 모르는 곳에 가서 죽으면 아무도 모르겠지 하고 집을 나섰는데, 결국은 사람을 따라갈 수밖에 없는 것은 혼자서 살아본 적이 없으니 홀로 떨어지는 데 대한 무서움이 있었기 때문일 것이다. 어머니의 치마폭을 떠나본 적이 없고 가족을 떠나 혼자 살아본 적이 없었다. 그렇다면 하나님은 정말 계신가? 나를 사랑하시는가? 나를 버렸는가? 나는 이걸 알아야겠다고 결심했다.

그런데 왜 자꾸 눈물은 나고 뚱딴지 같이 내 입에서 회개하는 말이 자꾸 나오는지 모를 일이었다. 부모님께 잘못한 게 회개가 되고 이런저런 것들이 다 잘못했던 것 같고, 여하튼 자꾸 회개가 나왔다. 그러다가 마음을 다잡고 자세를 바로하고 "하나님, 나를 사랑합니까? 버렸습니까? 이것을 알아야 살 수도 있고 죽을 수도 있습니다. 말 좀 해주세요." 했다. 그렇게 하기를 사흘 밤낮 계속했다. 나흘 째 되던 날 이른 새벽에 일어서서 하늘을 보니 별들이 금방 쏟아질 것처럼 느껴졌다. 너무너무 반짝거렸다. 밤이슬이 머리에 떨어졌다. 밤공기가 습습했다. 어둠의 깊이 속으로 빠져들어가며 하늘이 가까워 별들이 더 고운가, 내 마음이 텅비어 별 빛이 더 아름다운가, 어둠을 품은 하늘 끝으로 훨훨 날

아가면… 하는 순간, '아니야, 내가 지금 이런 감정에 빠질 때가 아니야. 하나님이 날 사랑하는지 버렸는지 모르고는 아무 것도 할 수 없어.' 하면서 깔고 앉았던 보자기를 꽉꽉 털어서 바로 펴고 그 위에 똑바로 꿇어앉았다. 성경도 바로 앞에 놓고 손을 모으고 하늘을 보며, "하나님!" 하고 있는 힘을 다해서 불렀다. 그때,

"내가 너를 사랑한다."

하는 음성이 내 귀에 들렸다. 그리고 그 순간 내 눈 앞에 십자가가 보이며 거기서 예수님의 생명이 내 속으로 들어오는 것을 느꼈다. "감사합니다."란 말이 저절로 입에서 흘러나왔다. 눈물이 쏟아졌다. "감사합니다 감사합니다 감사합니다 감사합니다 감사합니다."

하루 종일 얼마나 눈물을 흘렸는지 헤아릴 수가 없었다. 사람의 눈 속에 어찌 그렇게도 많은 물이 있는지 놀라웠다. 죄악의 물이었는지 그것이 다 쏟아지고 나서 그런지 세상이 참 아름답게 보였다. 나뭇잎이 아름답고 풀포기도 아름답고 하늘도, 땅도, 바람도, 모든 것이 아름다웠다. 그리고 나서 하나님께서 나를 일으켜 세우시더니 "이제부터는 사명을 위해서 살겠습니다."라는 고백을 하도록 하셨다. 그 순간 가치관이 바뀌었다. 참 놀라운 일이었다.

그 날 이후 나는 지금까지 후회 없이 앞을 향해 걸어왔다.

그때처럼 또 이렇게 하나님의 음성을 사람의 목소리처럼 들으니 너무나 감격스러웠다. 교회 밖으로 나오니 우리 인덕이가 잘 놀고 있었다. 그날 밤, 남편이 기도원에 돌아왔을 때 오늘 하나님께서 말씀하신 것을 이야기했다. 그는 깜짝 놀라며 "안 돼.

8일까지 안 되면 다 끝나." 그러더니 눕자마자 잠이 들었다. 매일 은행 서류며 뭐며 한다고 여기저기 다니느라 시간은 가는데, 일은 빨리 안 되니 신경이 무척 날카로워져 있었다.

청계산기도원에서

그 이튿날이 주일이었다. 예배 끝나고 인덕이와 나는 먼저 기도
원에 돌아와서 짐을 싸놓고, 내려와서 고속도로 건너편 산에 있
는 청계산기도원에 갔다. 방을 예약해 놓고 다시 내려와서 원지
동 종점에서 전도사님이 올 때까지 기다렸다. 캄캄해져서 버스
에서 내리는 아빠를 보고 인덕이가 "우리 이사 갈 거야?" 했다.
청계산 기도원으로 가기로 했다고 말하고 다시 성화산으로 올
라갔다. 꾸려 놓은 짐을 가지고 내려와서 굴다리를 지나 청계산
기도원으로 한참 올라가서 아빠는 남자 숙소로, 우리는 여자 숙
소로 갈라져서 자게 되었다. 청계산 기도원은 남자 여자 한 방
에 있을 수가 없었다. 가족이라도 따로 써야 한다. 그날 밤, 인덕
이가 잠을 자다가 일어나서 "엄마 다리 가려워." 해서 다리를 긁
어 주고 잠을 자라고 했다. 그런데 얼마 있더니 또 "엄마, 다리 가
려워!" 해서 긁어주었는데 또 두 번 세 번 연거푸 그래서 이번에
는 물 나오는 데를 데리고 가서 찬물을 다리에 끼얹어 주었다. 산
에서 나오는 물이라서 얼음물처럼 찼다. 그 물을 덮어 쓰면 너무
차서 얼얼해진다. 그랬더니 감각이 마비되어 가려운 줄을 모르게
되어 한동안 가만 있더니, 시간이 좀 지나자 또 가렵다고 했다.
  그제야 가만히 생각해보니 아이가 모기에게 물려서 가려운

것이 아니라 그날 너무 많이 걷고 오르락내리락 해서 근육통이 었던 것이다. 그래서 아이를 등에 업고 기도원 마당에서 오락가 락 하며 밤새도록 기도했다. '아버지 우리는 사명이 있어서 고생 해도 괜찮지만 이 아이는 고생해야 할 이유가 없잖아요. 이 아이 가 걷는 것 고생하는 것 아버지께서 다 보시잖아요. 이 모든 것 을 갚아주세요.' 하고 울어가며 기도했다. 그랬더니 하나님께서 이 아이가 앞으로 걸어 갈 길과 학업의 길, 결혼의 길을 보여주 셨다.

날이 새자 남자 숙소 있는 데 가서 서 있다가 남편이 나가려 고 나오는 것을 보고 "오늘 돈이 나오지 않더라도 기분 나빠 하 지 말고 참으세요."라고 했더니 아무 말도 안 하고 그냥 갔다. 하 루 종일 기도하며 기다리고 있었는데 밤이 되어도 소식이 없었 다. 기다리다 궁금해서 남자 숙소 쪽으로 가니 수돗간에서 누가 푸르륵 푸르륵 하며 세수를 하고 있었다. 혹시 남편인가 싶어서 자세히 보았지만 캄캄해서 알 수가 없었다. "저 인덕이…" 하는 데 "왜?" 그래서 맞구나 싶어 가까이 다가갔다. "어떻게 되었어 요?" 했더니 "응, 오늘 4시쯤 다 되어 가는데도 서류가 덜 되어 서 복덕방에서 쓰고 있는데, 집 주인이 옆에 앉아서 보고 있다가 '10일까지 해 주세요' 하더라. 그래서 쓸 것만 다 쓰고 은행에는 내일 가서 서류를 넣기로 했어."

"할렐루야!"

8일이 다 지났는데 하나님께서 그 주인의 마음을 만지시니 하 나님이 말씀하신대로 이루어지고야 말았다. 10일에 은행에서 돈이 나오고, 우리는 마지막 대금을 지불하고, 그 길로 보따리를 들고 사놓은 그 집으로 들어갈 수 있었다.

문간에 있는 작은 방을 우리가 쓰고, 뒤쪽에 따로 지어진 방 두 칸짜리 별채에 목사님네 식구가 살게 되었다. 그리고 본채의 큰 방과 마루와 다른 방을 교회로 사용하게 되었다. 마당이 넓어서 유년 주일 학생들 뛰어 놀기도 좋았다. 소제를 하고 주일날 예배를 드리니 눈물이 나고 그 감격스러움을 표현할 길이 없었다.

그렇게 1974년의 7월이 가고 8월이 되었다. 안정감을 찾고 서서히 그 집에 적응이 되어 가는데 어느 날 마음속에 '너희는 떠날 때가 되었다'라는 부담감이 가슴을 눌렀다. 털어버리려 해도 안 되고, 잊어버리려 해도 안 되었다. 하나님으로부터 사인(sign)이 온 것이다. 이 문제를 가지고 씨름하듯 엎드려 기도했다.

"떠나라."

그러자 작년 12월 23일 밤 꿈이 생각났다. 꿈에서도, 기초를 잡고 기반이 완성되자 우리는 떠났었다.

한얼산기도원에서

1974년의 8월 하순 어느 날, 목사님께 말씀을 드리고 떠날 준비를 했다. 어디로 가야 할지는 전혀 정해진 것이 없었다. 장롱과 책장을 그 방에 그대로 둔 채 이부자리 한 채와 솥, 냄비 하나, 수저, 옷가지 몇 개 챙겨서 한얼산기도원으로 세 식구가 들어갔다. 그리고 남편은 31일부터 금식기도를 시작했다. 이천석 목사님이 밥은 해먹어도 된다고 해서 돌을 쌓아 부엌을 만들고 나뭇조각 줍고 불 피워 밥을 해먹었다. 남편이 금식을 하니 세 끼 꼬박꼬박 밥 다 먹기가 송구스러워서 아이에게만 주고 나도 한 끼씩 혹은 두 끼씩 금식하며 지냈다.

　그때가 한얼산기도원 창립한 지 4주년 예배를 드리던 때였다. 아직 건물들이 많지 않고 개울물도 맑아서 그 물로 쌀을 씻어서 밥을 해먹곤 했다. 전도사님은 기도실을 하나 얻어서 거기서 기도하고 밤에 잠도 잤다. 산 속이라서 9월, 10월인데 한겨울 날씨였다. 인덕이는 내가 기도하는 동안 내 옆에서 기도하다가 잤다. 날씨는 겨울같이 추워도 모기는 얼마나 많은지 청바지 같이 두꺼운 옷을 입어도 물리곤 했다. 새벽기도 하고 남편의 기도실 앞에 가서 가만히 귀를 기울여 숨소리를 들어본다. 숨소리가 나면 살았구나 하면서 교회로 가서 또 감사하고, 얼마 있다가 밥을 해서 아이를 먹이고 낮이면 집회에 참석하고 산에 올라가서 기도하고, 그렇게 기도원 살림을 살았다.

이천석 목사님이 입이 거칠어서 말씀을 험하게 할 때도 많았지만, 말은 그렇게 해도 그의 눈을 보면 사랑이 가득한 것을 느낄 수 있다. 사람들을 참 사랑하는 것을 보면서 고마운 마음이 들었다. 그 기도원의 식당을 맡아 보며 전체 기도원 살림을 돌보는 분이 있었는데, 목사님의 처제 되시는 변 권사님이었다. 물론 총무 집사님이 계셔서 행정적인 것과 대외적인 것은 그 분이 맡아 보셨다. 변 권사님은 아이들이 셋이었는데 남편과 이혼하고 언니 댁에 와서 살림을 맡아 해주면서 살았다.

그 변 권사님에게 일어났던 이야기다. 어느 주일 날, 모든 식구가 다 교회에 예배 드리러 먼저 가고, 혼자 남아서 청소를 하고 늦게 교회에 가려고 하는데 마음속에 '흥! 나만 매일 쉴 새 없이 일만 하고 식모 취급 하는구나. 에이 모르겠다! 집에서 잠이나 잘란다.' 하는 생각이 들면서 드러누웠단다. 누워서 보니 이 목사님 사진이 정면에서 보였다. 좀 민망한 생각이 들어서 이층에 올라가서 방문을 닫고 누웠다. 그냥 누우니 또 좀 그랬다. 그래 기도나 하고 자자, 그러고 앉아서 "하나님 아버지" 하자마자 자기 입에서 이상한 말이 나오고 몸이 저절로 펄쩍펄쩍 뛰면서 머리가 천정에 닿았다가 내려오고, "주여, 용서해 주옵소서. 주여, 잘못했습니다." 하는 회개가 나왔다고 한다. 자기 주먹으로 입도 때리고 머리도 때리고, 다리도 두들기고, 얼마나 그러고 있었는지, 이 목사님 가족이 예배 끝나고 집에 와서 이모를 찾았으나 보이질 않고 이층에서 쿵쾅거리는 소리만 났다. 사모님이 이층에 올라가서 방문을 살그머니 열어보다가 얼른 도로 닫고 내려가서는 목사님께 "이제 됐습니다." 했단다.

그날 이후 변 권사님은 하나님의 사랑에 이끌리어 늘 기도하고 찬송하며 범사에 감사하는 생활을 하면서 살았다. 한얼산기도원 자리를 사고 공사를 시작하게 되면서 변 권사님이 와서 일꾼들을 위해서 밥도 하고 여러 가지 일들을 돌보게 되었다. 밤에는 큰 바윗돌에서 기도하고 잠시 눈 붙이고 일어나면 아침이 되고, 쉴 새 없이 일하고 바빠도 감사하며 살았다.

어느 날 어떤 사람이 와서 기도하겠다고 해서 허락했는데, 여기저기 돌아다니기만 하고 기도는 하지 않고 이런저런 것을 자꾸 물어보다가는 산에 올라가 앉아 있곤 했다. 그런데 낮에 "아이고, 사람 살려요. 사람 살려요!" 하는 소리가 들렸다. 놀라서 일꾼들하고 우르르 몰려가 보니 그 남자가 바위에 앉아서 땀을 뻘뻘 흘리면서 "나 좀 떼어 주시오. 도와주시오." 했다. 그래서 손을 잡고 당겼는데 바위에서 떨어지지 않고, "아이고 다리야, 나 죽겠네" 하며 난리가 났다. 그래서 변 권사님이 그 사람 머리에 손을 얹고 기도를 하려는데 '도둑놈' 하는 글자가 변 권사님 눈에 보였다. 그래서 "회개하라, 이 도둑놈아! 너 도둑질 하러 왔구나!" 하고 소리쳤다. 그러자 "아이고, 잘못했습니다. 예 예, 내가 도둑놈입니다. 용서해주세요." 했다. 그리고는 울면서 그동안 자기가 지은 죄를 다 고백하고 용서를 구하니, 그제야 엉덩이가 바위에서 떨어지고 걸어서 내려올 수가 있었다. 그 사람은 그렇게 회개하고 예수님을 영접하더니 나중에 훌륭한 사역자가 되었다고 한다. 그런 일들이 그 기도원에서 수도 없이 많이 일어났다.

어느 날 그 변 권사님이 내게 기도원 떠나기 전에 심령기도를 해달라고 부탁했다. 꼭 해줘야 한다며 보챘다. 나는 덜컥 겁이 나서 "하나님, 나는 여태껏 심령기도란 말은 들어보지도 못했는데, 어떻게 합니까? 나에게도 변 권사님 같은 은사를 주셔서 심령기도도 하고 능력도 행하게 해 주세요." 하고 밤새 열심히 기도했다. 하나님께서 나에게 변 권사님의 현실적인 상황을 보여주시고, 나의 형편을 보여주시면서,

"너는 남편을 보필하면서 때를 따라 돕는 은혜로 산다."

라고 하셨다.

또 이런 꿈도 보여주셨다. 작은 예배당 안에 모든 사람들이 둘러서서 손을 잡고 빙글빙글 돌면서 '형제여 서로 사랑하자 우리가 서로 사랑하자 사랑의 주님 계명 지켜 우리가 사랑하자' 찬송을 부르기도 했다.

시간이 흘러 금식한 지 32일째 되면서 남편의 눈에 모든 물체가 겹쳐져 흐릿하게 보인다고 했다. 지팡이를 짚고 걸었다. 옆에서 기도하기도 했다. 우리 딸은 기도원 여기저기를 돌아다니고 식당에 가서 놀기도 하는 등 잘 지냈는데, 아빠 옆에 좀 있으라면 싫다고 했다. 왜 그러느냐고 물으니 "아빠는 아빤데 무서워." 라고 했다. 너무 살이 빠지니 얼굴이 해골처럼 보였다.

기약한 날짜가 다 차서 금식기도를 마칠 때가 되었다. 남편은 계란 기름 한 찻술을 먼저 마시고, 맑은 미음을 찻잔 3분의 1 씹어서 먹고, 사과 4분의 1쪽을 꼭꼭 씹어서 먹었다. 그렇게 다시 먹기 시작하자마자 남편은 먹고 싶어서 몹시 재촉을 했다. 그러나 내가 옆에 지키고 앉아서 두 시간 후에 맑은 미음 찻잔 2분의 1을 꼭꼭 씹어서 먹게 하고, 사과 4분의 1쪽을 씹어서 천천히

먹게 하는 식으로 보식을 시작했다. 그다음 날에는 조금 더 짙게 미음을 끓이고, 양을 조금 늘리고, 그 다음 날에는 더 짙게 하고…. 정말 정성을 다해서 관리했다.

기도가 끝났으니 한얼산기도원에서 내려와야 하는데 차편이 문제였다. 이 문제를 알아보려고 서울에 갔다가 돌아오는데 해가 지고 캄캄했다. 콩나물 사고 굴도 좀 사고 사과도 사서 보따리를 들고 산길을 걸어 올라가는데 어찌나 캄캄한지 정말 앞이 하나도 보이지 않았다. 길 전체에 큼직큼직한 자갈이 깔려 있어서 얼마쯤 걷다가 샌들의 끈이 끊어지는 것을 느낄 수가 있었다. 숲에 바람이 지나가는 소리가 쐬아 하고 나면 귓가에 소름이 돋았다.

> 태산을 넘어 험곡에 가도 빛 가운데로 걸어가면
> 주께서 항상 지키시기로 약속한 말씀 변치 않네

찬송을 부르며 헐떡헐떡 걸어가다 보니 또 신발끈이 끊어졌다. 그래도 멈추거나 돌아갈 수는 없었다. 그렇게 허위허위 올라가니 마침내 불빛이 보이고 두런두런 사람 소리도 들렸다. 나를 찾으러 사람들을 내려보내고 남편은 위에서 지팡이를 짚은 채 서 있었다. 내 온몸은 땀으로 젖고 신발은 끈이 하나만 남고 다 끊어진 상태였다. 숨이 찼지만 급하게 불을 피워서 콩나물 끓인 물에 쌀 불린 것을 넣고 죽을 묽게 끓여서 찻잔 하나 정도를 먹도록 했다. 이튿날 아침 기도하는데 하나님께서 강일구 목사님께 전화할 것을 일깨워주셨다. 그래서 청평으로 내려가서 우체국이 어디 있는지 사람들에게 물어서 찾아갔다. 강일구 목사님

댁 번호를 찾아서 전화를 했더니 두 말 하지 않고 "예, 가겠습니다." 하지 않는가. 얼마나 감사한지 눈물을 닦으며 또 산으로 올라왔다. 짐을 싸고 내려갈 준비를 하고 기다리고 있었더니 강일구 목사님이 승용차를 가지고 오셨다. 8월 31일에 올라와서 10월 15일에 하산했다.

강 목사님이 우리를 자기 집으로 데리고 가셨다. 목사님의 어머니인 권사님이 장기 금식기도 하고 내려오시는 목사님은 무조건 집으로 모시고 오라고 하셨단다. 그 댁에서 머물면서 가족같이 대접을 받고 너무나 편하게 잘 지냈다. 그러다 일주일 후에 대구로 가서 시댁에 머물게 되었다.

남편이 온 금식을 하는 동안 나도 반 금식은 한 셈이라, 시댁에서 여러 가지 일들을 하는데 어찌나 몸이 고달픈지 자꾸만 눕고 싶고 쉬고 싶었다. 어머님 생신이 되었는데, 친정 아버지께서 편찮아 친정엘 갔다. 막내 여동생이 "언니, 나는 공무원 시험에 합격해서 이제 곧 발령이 날텐데, 아버지께서 편찮아서 어떻게 해? 몇 년 전에도 발령 날짜 기다리다가 아버지 때문에 못 했는데, 이번에 또 그러면 안 되는데, 어떻게 해?" 했다. 그 소리를 듣자마자 내 입에서 저절로 "걱정하지 말아라. 이번에 아버지 돌아가시고 모든 일 정리하고 나면 너 발령 난다."라는 말이 튀어나왔다.

아버지께서 누워계시는 방에 가서 남편과 나는 다시 한번 더 아버지의 구원을 확인하고, 요한복음 14장 1절부터 죽 읽어드리고 머리에서부터 발끝까지를 어루만지며 마지막 회개의 중보기도를 했다. 그리고 하나님께 영원한 안식을 부탁드렸다.

친정식구들

우리 아버지는 옛날에 일본에서 초등학교 교장선생님 사모님에 의해 예수님을 믿게 되셨고 한국에 오셔서 우리 엄마와 결혼해서 봉산 성결교회에 다니셨다. 우리 엄마는 봉산교회에서 하시는 성경학교에도 다니셨고 나에게는 가장 좋은 성경 선생님이셨다. 저녁 먹고 마루에 앉아서 성경 이야기를 해주시기도 하고 때로는 전설의 고향도 해주셨다.

배추 다듬으면서도 옆에 앉아있는 나에게 사무엘 이야기, 모세 이야기, 다윗 이야기를 해주셨다. 그리고 방 안에는 방문 위에 성경의 파노라마 그림을 붙여 놓고 작대기로 가리키면서 '천지창조, 아담과 하와, 뱀이 곧 마귀라, 노아 방주… 마지막 예수님의 재림, 마귀는 몽땅 무저갱에 들어가고, 심판' 등등의 장면을 우리에게 가르쳐주셨다.

우리 아버지는 봉산교회에서 '강시영' 목사님을 보내드리는 문제와 관련하여 마음이 몹시 상하시는 일을 당하셨는데, 그때부터 마음으로 믿는다 하시면서도 교회에는 나가지 않게 되셨다. 내가 어렸을 때 말을 잘 하지 않아서 동네 사람들은 벙어리인 줄 알았단다. 성격이 소극적이고 말이 없었기 때문에 아버지께서 특히 나를 많이 데리고 다니셨다.

하루는 낮에 아버지께서 무엇을 가지러 집에 오셨는데, 하필 그때 내가 엄마의 경대를 깨뜨리고 말았다. 대문을 나서려던 아버지께서 다시 들어오시더니 어서 치워라 하시면서 마루에 앉아 계셨다. 내가 빗자루로 쓰는 것을 보시고 함께 거들어주셨다. 그리고도 집에 머물러 계셨다. 엄마가 집에 오셔서 대문 열어라 하시길래 내가 나가서 문을 여는데 엄마가 내 얼굴을 쓱 쳐다보자마자 "너, 저지레했구나." 하셨다. 내가 속으로 '귀신이다, 귀신.' 하는데 우리 아버지께서 "내가 경대 깼다. 나중에 사줄게." 하셨다. 엄마는 내 얼굴과 아버지 얼굴을 번갈아 쳐다보더니 아무 말도 하지 않으셨다.

나는 그때의 일이 너무나 생생하게 기억난다. 아버지께서는 사업 때문에 무척 바쁘던 분이셨다. 낮에 집에 오셔서 그렇게 계실 시간이 없었지만, 나의 실수를 대속해 주시려고 엄마가 오실 때까지 기다리고 계셨던 것이다.

나는 예수님이 나의 구세주라고 믿고 섬기면서 대속제물이 되신 것을 생각할 때마다 너무나 이해가 잘 된다. 내가 저지른 일을 대신 덮어쓰기 위해서 기다리셨다가 내가 깼다고 하시던 아버지의 모습이 바로 십자가에서 내 죄를 짊어지고 나 대신 죽으신 예수님과 흡사하다고 나는 생각한다. 물론 예수님이 하신 일이 어찌 우리 아버지와 비교가 되겠는가만, 같은 맥락인 것은 맞다.

우리 아버지는 그때 대구시청 직원이면서 산판을 하셨다. 안동에 산이 88만 정보가 있어서 산을 잘 가꾸면서 조직적으로 나무를 자르고 숯을 구워야만 한다고 하셨다. 나는 어려서 잘 몰랐지만 며칠에 한 번인지 한 달에 한 번인지 아침 일찍 누가 우리 대문에 와서 "차 왔다!" 하고 소리를 질렀다. 그러면 우리는 막 뛰어 나가서 신작로 가에 줄 서 있는 트럭을 본다. 장작을 내리고, 숯 푸대를 내리고, 집으로 사람들이 옮기고, 또 사람들이 와서 구루마로 실어가기도 하고, 그런 날 아침은 부산했다. 뛰어다니느라 재미도 좋았다. 나는 아침 일찍 잠이 깨는 편이라 할 일이 없으면 공연히 동네를 몇 바퀴씩 뛰어서 돌고 집에 오기도 했다. 감꽃이 필 무렵이면 감꽃 주우러 온 동네를 다니곤 했다.

우리 엄마는 교회에 열심히 봉사하면서 우리에게 주일 예배 준비를 철저하게 해주셨다. 새 옷을 입혀주시고, 새 돈으로 헌금할 돈을 주시고, 신주머니도 챙겨주셨다. 나는 주일이면 으레 그렇게 교회에 가는 줄로 알았다. 아버지께서는 교회에 나오셔서 예배생활을 못하셨지만 늘 우리의 후원자셨다. 내가 중학교에 다닐 때 어떤 사람이 와서 아버지랑 이야기하는 것을 들었다. 그분이 무슨 회사를 시작하게 되었는데 아버지께 함께하자고 설득하셨다. 아버지는 실제로 그 사업에 많은 현금을 투자하셨고 나중에는 부동산까지 팔아서 돈을 댔다. 그러나 내가 고등학교 1학년 때부터 집이 기울기 시작했다.

중학교 3학년이 시작된 지 얼마 되지 않아서, 내 쌍둥이 동생 중 큰 아이가 아프기 시작했다. 자주 토하고 경기를 했다. 한의원에도 가고 이 병원 저 병원 모두 다녔다. 경북대학 부속병원에도 입원하여 이런 조사 저런 조사를 다 했지만 일주일이 지나도 병명이 무엇인지 나오지 않아서 하는 수 없이 퇴원했다. 대구에서 꽤나 유명하던 권내과에도 갔지만 병명을 찾아내기가 어려웠다. 그 무렵 중앙통 YMCA 건너편에 새 병원이 생겼는데, 거기

입원시켜서 여러 가지 조사를 한 결과 '결핵성 뇌막염'이라고 했다. 이 병명을 찾아내기까지 거의 반 년이 지나서 가을이 되었다.

친구들은 모두 고교 입시 준비하느라 바쁜데 나는 엄마를 따라다니며 동생을 돌보느라 많은 시간을 보냈다. 마침 YMCA에 '임옥식영어'라고 하는 학원이 생겨서 병원에서 동생 지키다가 엄마가 오시면 나는 집에 간다고 나와서 학원에 들러 한 시간씩 영어 공부를 하고, 다시 집에 가는 길에 '대구영수학원'에서 수학 1시간을 듣고 집에 가곤 했다. 캄캄한 밤길을 걸어가면서 나는 마음속으로 동생을 낫게 해달라고 기도했다. 어떨 때는 내가 걸어가면서 기도하는데 점점 나는 조그만해져서 어떤 큰 우주 속으로 들어가는 것 같은 것을 느끼며 누군가가 나를 감싸고 있는 것을 느끼곤 했다.

그 병원에서도 최선을 다해 치료했으나 결국에는 약을 주면서 퇴원하라고 해서 동생은 집으로 왔다. 율이(그 동생 이름이 승율이어서 집에서는 율이라고 불렀다)만 돌보는 여자아이 하나를 두어서 죽 먹이고 옆에서 지켜보고 하는 일을 했는데, 언제나 찬송가를 불러주었다.

웬 말인가 날 위하여 주 돌아가셨나
이 벌레 같은 날 위해 큰 해 받으셨나

유난히 눈이 컸고 얼굴이 둥글납작한데 목소리가 고왔다. 그 아이는 엄마가 돌아가시고 새엄마가 와서 살다가 이 아이를 남의 집에 보내서 일하게 했다. 처음에 아이를 우리 집에 맡길 때 몇 년 치 월급을 다 달라고 해서 다 주었다. 그런데 어느 날 아침에 보니 아이가 없어졌다. 그 새엄마가 아이를 몰래 데리고 가서 또 다른 집에 그런 식으로 맡기면서 돈을 받고 두세 달 지나면 빼어내 가곤 하였다. 키가 나이에 비해 몹시 작았다. 나는 그 아이에게서 이 찬송을 배웠고 우리는 함께 율이를 위해서 열심히 기도했다. 율이가 "이번 크리스마스에 나는 꼭 교회에 갈꺼야!" 하면서 그렇게 기도했다. 그렇게 주사를 맞고 병원에 다녀도 차도가 없더니 12월 들어서면서 점점 나아지기 시작했다.

크리스마스 날 옷을 두둑히 입히고 담요를 가지고 모자를 씌워서 교회에 갔다. 율이의 소원을 하나님께서 들어주셨다. 우리는 얼마나 감사했는지 말로 다할 수 없었다. 다리를 약간씩 절룩거렸지만 다 나은 것처럼 보였다.

그럼에도 엄마는 별로 감사하는 것 같지 않았다. 거의 일 년이 지나면서 동생이 다시 아프기 시작했고 아빠의 사업이 기울기 시작했다. 그리고 내가 고1이던 12월 9일 주일날의 일이다. 하루 종일 동생 율이 곁에 앉아서 찬송을 불러주고 성경 이야기도 들려주고 기도하며 있다가 엄마가 방에 들어오시기에 일어나서 교회에 저녁예배를 드리러 갔다. 앉아서 기도하기 위해 눈을 감았는데 저녁노을이 붉게 물든 강물 위로 돛단배 한 척이 떠가는 것이 보였다. 그 순간 전도사님이 내 등을 건드리는데 '아, 율이가 죽었구나' 하는 생각이 들며, 그 아이가 배를 타고 천국으로 가는 것이 느껴졌다. 나는 집으로 뛰어갔다. 엄마는 아무 말이 없고 그저 죽은 아이의 옷깃을 만지작거리고 있었다. 나는 찬송가를 폈다.

천국 문에서 만나자 그 아침이 될 때에

순례자여 예비하라 시간이 안 늦도록
만나보자 만나보자 그 날 아침 그 문에서 만나자

이 찬송을 부르고, 또 한 곡을 더 불렀다. 그러고 나니 교회에서 목사님이 오셔서 예배를 드렸다. 몹시 개구지고 부산한 동생들인데 그 날 밤은 조용히 있었다. 쌍둥이 하나는 잠이 들었다. 아침에 일어나더니 꿈 얘기를 했다. "나 꿈꿨다. 있잖아, 우리 집 대문 앞에 헬리콥타가 왔는데 율이가 지만 타고 갔다. 내가 같이 타고 싶다고 해도 안 태워주고 지만 타고 갔다."

그 이야기를 들으면서도 아무도 웃거나 맞장구를 쳐주지 못했다. 그 이후 나의 뇌리에서는 죽음이 무엇인가 하는 문제가 떠나지 않고 맴돌았고 조금씩 우울한 생각들이 쌓여갔다.

나와 남편이 아버지를 위해 마지막 중보기도를 해드리고 나서 저녁에 다시 시댁으로 갔다. 나는 아버지 곁에서 밤을 새웠으면 하는 마음이었지만 그렇게 할 수가 없었다. 하지만 밤새도록 잠이 오지 않고 아버지께서 오늘 천국 가시는구나 하는 생각이 마음에 꽉 차서 일어나 앉아서 소리를 죽여가며 기도하고 있었다. 새벽녘이 되었는데 멀리서부터 뛰어오는 발자국 소리가 점점 가까워지고 있었다. 나도 모르게 '아! 율이가 오는구나, 아버지 돌아가셨구나' 하는 생각이 막 드는데, 대문 두드리는 소리가 났다. 아버지가 새벽에 임종하셨다고 동생이 연락하러 왔던 것이다. 나는 맏딸이라 아버지의 사랑을 가장 많이 받고 자랐다. 그런데도 아버지께 효도다운 효도를 하지 못했다.

2

부르심

임지를 향해

아버지 장례식 끝나고 친정에 와서 큰방을 빗자루로 쓸고 있는데 갑자기 내 마음속에

　'소식 왔다.'

하는 음성이 들렸다. 나는 얼른 남편이 쉬고 있는 문간방으로 뛰어갔다. 내가 방문을 여는데 남편이 벌떡 일어나 앉더니 "꿈에 편지가 왔던데, 집에 가봐야겠네!" 했다. 그래서 나도 음성을 들었다고 하면서 시댁으로 가봤더니 정말로 서울에서 편지가 와 있었다. 하나님께서 남편과 나에게 동시에 말씀하신 것이었다. 편지는 우리의 목회지 건으로 좀 만나자며 친구 전도사님이 보낸 것이었다.

　남편은 그 이튿날 바로 서울로 가고 나는 시댁에 있었다. 12월 초에 막내 시누이의 혼인날을 잡았기 때문에 이런저런 자질구레한 일들이 많았다. 그리고 김장때도 되어서 배추 150포기를 절이고 씻고 하는 일이 보통이 아니었다. 너무 피곤하고 힘이 들었지만 어쩔 수가 없었다. 사람과 사람의 관계 속에 사랑이 없으면 부대끼는 소용돌이가 사막의 회오리바람처럼 삭막하고 따갑다. 여러 가지를 많이 겪은 기간이었다. 그러는 사이 남편은 서울에서 사람들을 만나고 우리의 목회지를 충청남도 보령군 남

포면 신흥리로 결정하고 돌아왔다.

시누이의 결혼식은 영주시 영주제일교회에서 하기로 되어서 모든 것을 준비해서 영주로 갔다. 우리는 대구에서 영주로 갔고, 서울에서도 식구들이 내려와 그날 밤에 다 모였다. 한 겨울 날씨가 유난히 추웠다. 그 밤에 이불 호청을 녹여서 다림질해서 입히고 늦게 잠을 잤다. 아침 일찍 일어나서 둘째 시누님과 함께 풍기 시장엘 갔더니 모든 것이 꽁꽁 얼어붙었고 시장은 열리지도 않았다. 폐백감을 사러 갔으나 도무지 난감하기만 하고 모든 것이 어려웠다. 고깃간에서 천엽과 간을 사고, 해물전을 두드려서 잠자는 주인을 깨워 동태포 뜨고 조개 좀 사고, 과일 몇 가지 사서 하루 종일 혼자서 그걸 부치고 다듬고 손질해서 5합을 채웠다. 석유곤로 앞에서 종일 서서 일했더니 발이 통통 부어서 걷기도 힘들었다.

그다음 날 결혼식 끝나자마자 우리 세 식구는 교회 개척을 위해 길을 떠났다.

우선 서울 동덕교회에 가서 방에 쌓아둔 우리 짐을 챙겨서 1974년 12월 10일에 보령군 남포면 신흥리로 떠났다. 논밭이 눈으로 덮여 있고 시골길에 대나무 담장이 푸릇하게 보이는 낯선 동네로 들어서니 그제야 헌신하겠다고 다짐, 다짐하던 것이 실감이 나는 듯했다. 남편이 "여기가 맞는 것 같은데… 왜 아무도 보이질 않지?" 하면서 짐차에서 먼저 내렸다.

허름한 집 한 채가 거의 기울어질 듯 위태롭게 보인다. 연숫대에 둘러싸여 있고 사람 사는 기척이 느껴지지 않았다. 남편은 집안으로 들어가서 휘이 둘러보더니 안쪽 동네로 가보겠다며 뛰어갔다. 조금 있으니 시골 아이들 셋이 뛰어 와서 "이리로 오시래유"하는데 어찌나 웃음이 나던지. 한바탕 웃고 나서 아이들에게 차 뒤에 타라고 하니 너무나 좋아했다. 꼬불꼬불한 길을 따라 한참을 들어가니 남편과 동네 아낙들 몇이 기다리고 서 있었다. 남자 어른도 두어 사람 보였다. 내가 내려가서 인사를 하니 남편이 누구 누구라고 설명을 했다. 이삿짐을 다 내려주고 짐차는 떠났다.

초가집 방 한 칸을 얻어서 짐을 넣고 나니 해가 넘어갔다. 건너편 큰 집에서 식사하러 오라고 해서 갔더니 한 상 차려서 우리 식구에게 주었다. 오랜만에 구수한 밥 냄새를 맡으며 맛있게 잘 먹었다. 농사철이 끝나고 이 집 저 집에서 이엉을 할 때라 매일같이 이 집 저 집 다니면서 대접을 받았다. 저녁이 되니 아낙들이 고구마 삶은 것과 동치미를 가지고 마실을 왔다.

이틀이 지나고 수요일이 되어서 저녁예배를 드리기로 하고 우리 세 식구가 둘러앉았는데, 건너편 큰 집의 부인과 두 딸이 왔다. 작은 아이는 초등학교 6학년이고 큰 아이는 중학교 1학년이라고 했다. 신흥리 봉촌 마을에서 첫 예배가 시작되는데 그렇게 두 가족 6명이 모였다.

사도신경 고백하고 찬송가 455장을 몇 번 부르고 성경 말씀을 읽고 설교하고 찬송 502장을 부르고 주기도문하고 예배를 마쳤다. 건너편 집 부인은 처음부터 끝까지 내내 졸았다. 여학생들은 킥킥 웃으면서도 끝까지 따라했다. 이로써 남편의 첫 담임 목회가 시작되었다.

건너편 큰 집이 그 동네에서 실제로 제일 큰 집이었다. 집주인은 따로 있고, 그 조카네 식구들이 거주하고 있었다. 집주인 가운데 바깥양반은 돌아가시고 그 부인인 송정자 집사님이 장항에서 사는데, 자기 시댁 마을에 교회를 세우는 게 그녀의 소원이었다. 그 시댁은 1만 3천 석이나 하던 엄청난 부자여서, 장항에서 보령군 일대까지 다 자기 땅만 밟고 다니며 살았다고 했다. 그런데 자식이 없어서 남편이 죽자 모든 재산이 그 부인에게로 양도되었다. 장항에도 국가 도정공장이 있어서 송정자 집사님에게 들어오는 수입은 대단하다고 했다.

그 당시 장항에 여성 국회의원이 한 분 있었는데, 항상 남장을 하고 다녔다. 그냥 보면 남자인지 여자인지 구별이 되지 않았다. 그가 송정자 집사님과 각별한 사이였고, 집사님이 시댁이 있던 봉촌마을에 교회를 세우고 싶다고 하니 앞장서서 일을 추진시켰다.

주일이 되면 우리는 얼른 아침을 해먹고 방을 치웠다. 그 방에서 먼저 유년 주일학교를 시작하고, 끝나면 얼른 방을 한 번 닦고 어른 예배를 드렸다. 점심 먹고 좀 쉬다가 저녁예배 때가 되면 또 그 방에 다시 모였다. 주일에는 세 번 모이고 수요일 저녁 예배, 토요일 학생 예배, 이렇게 정규 예배를 가졌다.

12월 10일에 처음 그 마을에 들어가서 얼마 있다가 장항에 있는 동부교회에서 한 번 다녀가라는 전갈을 받고 크리스마스 전날인가 해서 다니러 갔다. 그 남장 여성 국회의원이 장로로 있는 교회였다. 나와 인덕이는 남겨두고 전도사님 혼자서 갔는데 밤 12시가 넘었는데도 돌아오지를 않았다. 길도 아직 서툰데 이 밤중에 어떻게 오려나 싶어 걱정을 하다가 다섯 살 배기 아이에게 집에 있으라고 손전등을 주고 평촌마을까지 간신히 찾아가서 버스를 기다렸으나 여전히 오지 않았다. 거기 있으니 집에 혼자 두고 온 아이가 또 걱정이 되어서 도로 집으로 왔다. 거기까지 오고 가는 거리 또한 만만치 않았다. 정말 허겁지겁 어둠 속을 왔다갔다 했다. 집에 오니 아이가 방문을 띠로 꽁꽁 묶어 놓고 인기척이 나면 손전등을 켜고 "엄마야?" 하고 물을 뿐 결코 방문을 열지 않았다. 집주인이 저런 아이 처음 본다면서 혀를 내둘렀다. 내 목소리가 나니까 "엄마?" 하더니 끈을 풀고 문을 열었다. 그래서 방에 들어가 호롱불을 켜고 둘이서 기도하는데 그제야 남편이 땀을 흘리며 들어왔다.

이사올 때 가지고 온 돈이 거의 바닥이 나서 장항에 갈 차비만 가지고 갔다고 했다. 그런데 그 국회의원 장로님은 서울 가고 없고, 동부교회 목사님도 군산에 다니러 가시고 없더란다. 하는 수 없이 그 길로 돌아서서 장항역으로 오니 완행열차표 값은 겨우 되어서 기다렸다가 그 기차를 탔다. 남포역에 내렸지만 버스비가 없어서 마을 들어오는 차를 탈 수가 없었다. 물론 점심도 굶은 채였다. 그런 상태에서 집에까지 수십 리를 걸어오느라고 그렇게 시간이 걸렸다고 했다. 어찌나 캄캄한지 지척을 분간할 수 없는데, 간간이 아이들이 볏단에 불을 지펴놓고 놀고 있어서 그 불빛에 길을 물어 찾아왔단다. 눈이 퀭하니 들어가서 고생한 모습이 역력했다. 그 소리를 듣는데 목구멍에 무엇이 꽉 치밀어 오르는 것을 느꼈다. 콧등이 시큰거렸다.

다음날, 라디오에서는 크리스마스 캐럴이 경쾌하게 흘러나오는데, 우리는 왜인지 한없이 쓸쓸했다. 인덕이는 6살짜리 친구를 사귀어서 놀러가고, 우리 두 사람은 논둑에 앉아서 주님이 가셨던 영문 밖의 좁은 길을 묵상하면서 눈시울을 닦았다. 일어서서 마을 사람들이 '아홉 마지기'라고 부르는 들판까지 가는 길을 따라가면서 '저 멀리 뵈는 나의 시온 성 오 거룩한 곳 아버지 집' 찬양을 했다. 내 평생 그렇게 쓸쓸한 크리스마스는 처음이었다.

기도를 하려고 해도 교회 건물이 없어서 논둑길로 걸어 다니며 부르짖어 기도하고, 산에 올라가서 기도하고, 집에서는 조용조용하게 하곤 했다.

열심히 기도하고 전도한 덕분에, 시간이 흐르면서 예배에 나오는 신도님들의 숫자가 조금씩 늘어갔다. 나중에는 어른만 열여섯까지 모이게 되었는데, 그 비좁은 방에 어른 열여섯이 모여 앉으니 서로 무릎이 맞닿아서 허리를 숙이고 기도조차 하기 어려울 지경이었다.

인수 할머니

하루는 전도사님이 성경책과 구역 공과를 사러 서울에 가고, 내가 수요 예배를 인도하게 되었다. 그날 낮에 전도하러 동네를 한 바퀴 돌다가 인수 할머니를 만났는데, 나를 보고는 휙 돌아앉았다. 예수 믿는 사람이라 부정 탄다며 가급적 마주하지 않으려는 것이었다. 내가 "오늘 저녁에 우리 집에 놀러오세요" 했더니 빙긋이 웃음은 띄는데 말은 하지 않았다.

저녁에 현민이 엄마가 그 인수 할머니를 모시고 왔다. 안 들어오려고 한동안 버둥거리다가 결국 방으로 들어왔다. 그런데 그 얼굴빛이 낮에 보던 것보다 훨씬 더 검고 인상도 사나워져 있었다. 예배 시간에 복음을 제시하고 영접을 시켰다. "예수님을 믿습니다"라고 고백한 후 찬송을 부르는데, 그 얼굴에서 시커멓던 것이 벗겨지고 맑아지면서 인상이 곱게 변해갔다. 예배 끝난 후, 사람들이 인수 할머니 얼굴빛이 달라졌다며 모두들 좋아서 웃고 기뻐했다. 그날 이후 인수 할머니는 늘 교회에 빠지지 않고 나오셨다.

이 인수네 할머니에게는 말못할 고민이 있었다. 아들, 그러니까 인수 아빠는 부지런한 농사꾼이라 걱정할 일이 별로 없었다. 반면에 며느리, 그러니까 인수 엄마는 시집온 지 얼마 되지 않아서부터 정신병으로 고생을 많이 했다. 얼굴이 거의 흑색이었다. 정신과 약을 오랫동안 먹어서인지 말씨도 분명치 않고 그저 애기만 업고 왔다갔다 할 뿐 집안일도 거의 하지 못했다.

어느 날인가 나 혼자 집에 있는데 인수 엄마가 또 발작을 일으켰다고 연락이 왔다. 인수 엄마가 한번씩 병이 도지면 아무 거나 마구 집어 던지는데 더러 시어머니도 번쩍 들어서 던져버린다고 사람들이 말했었다. 나는 인수네 집까지 밭둑으로 걸어가면서 "아버지, 여기서는 아무도 저를 도와서 함께 기도할 사람이 없는데, 그 사람이 사나워지면 어떻게 해요? 성령께서 먼저 가셔서 그 사람을 유순하게 만져주세요, 도와주세요." 하며 기도를 드렸다. 눈물을 닦아가며 부지런히 달려갔더니 한낮이라 마당에 햇볕은 가득한데 사람은 아무도 없었다.

방문이 빠끔이 열려 있길래 마루에 걸터앉아서 "인수 어머니, 인수 어머니, 계세요?" 하고 불러보았다. 분명히 안에 누군가 있는데 아무 대답이 없었다. 금방이라도 그 캄캄한 방에서 확 뛰쳐나와 나를 휙 던져버릴 것만 같았다. 쿵쾅거리는 가슴을 억누르고 용기를 내어 문을 활짝 열고 들여다보니 방 한쪽 구석에서 눈만 반짝반짝 반사되었다. "어디 아파요?" 하면서 주께서 지켜주실 것을 믿고 안으로 들어갔다. 죽으라면 죽으리라 하는 마음도 있었다.

내가 들어가서 머리를 짚어보고 손을 만지며 "머리 아파요? 왜 여기 이렇게 쪼그리고 있어요? 이리 나와서 나하고 같이 기도해요." 하고 끌어내었다. 반항하지도 않고 순순히 따라나왔다. 마루 가운데 앉혀놓고 찬송을 부르고 기도를 했더니 씩 웃었다. "괜찮아요? 이제 머리 아프지 않지요?" 했더니 고개를 끄덕였다.

하나님께서 나의 기도를 들으시고 그 사람을 만져주셨고 아무 일도 일어나지 않도록 도와주셨다.

얼마 후, 주일 예배를 드리고 있는데 동네 사람이 뛰어와서 인수 엄마가 우물에 뛰어들었다고 했다. 황급히 예배를 마치고 모두들 뛰어가 봤더니 우물 안 물 위에 동동 떠서 앉아있었다. 뛰어들어갈 때 하나님께서 치마에 공기를 많이 들어가게 하셔서 치마가 봉긋하게 공기를 품으니 가라앉지 않고 떠 있었던 것이다. 얼마나 감사했는지.

인수 엄마는 그렇게 정신이 혼미해지면 귀신에게 잡혀 끌려다니며 사람 노릇을 못하곤 했다. 우물에서 건져내어 집에 데리고 가서 기도해주었더니 또 멀쩡해졌다.

인수네 집에는 아이들이 넷이나 되었다. 하루는 낮 11시쯤 되어서 그 집에 갔다. 그때는 나 혼자서 집집이 들여다보며 인사하고 전도도 하고 심방도 했다. 그런데 학교에 있어야 할 인수가 마루에 앉아 눈물을 찔끔찔끔 닦고 있었다. 왜 그러나 물었더니 할머니가 방에서 나오며 "얘가 아침에 일어나면서부텀 이 다리를 펼 수가 없대유. 만지면 아프다고 야단이니, 뭔 일이래유? 핵교도 못 갔슈." 하는 것이다. 인수에게 많이 아프냐고 묻고 다리를 펴보라니까 펴지지 않고 아프기만 하다고 했다. 나는 그 아이의 다리에 손을 얹고 간절한 마음으로 기도했다. 이어 "일어나라! 예수 이름으로 명하노라" 했더니 다리가 쭉 펴지면서 아이가 벌떡 일어나 뛰어 나가버렸다. 인수 할머니가 좋아하면서 소리를 질렀다.

"야! 하나님이 고쳤다!"

    인수 할머니에게 이름이 뭐냐고 물었더니 "윤가유." 했다. 그래서 다시 물었다. 그래도 또 "윤가유." 했다. 시골에서 그 옛날에 딸이라 이름을 따로 지어주지 않았다고 한다. 이 할머니가 나중에 교회 다 짓고 나서 내가 철야기도 할 때 언제든지 내 뒤에 앉아서 같이 기도하곤 했다. 한번 교회에 나오기 시작하고부터는 한 번도 빠지지 않고 눈이 오나 비가 오나 밤이나 낮이나 다 참석했다. 그래서 이름을 '윤 보배'라고 지어드렸다.

마실 오는 신자들

우리가 세들어 사는 집 바로 가까이에 상이군인으로 제대한 사람이 살았다. 그 부인은 처녀 때 교회에 다니다가 시집와서 쉬었는데 동네에 교회가 생겨서 너무 좋다면서 열심히 나왔다. 어느 주일 저녁예배 때 그 상이군인 아저씨가 술을 잔뜩 마시고 취해서 우리 집 싸리문을 발로 차서 다 부수고 "전도사 놈 나와라!" 하고 소리소리 질렀다. 그 부인이 안에 있다가 얼른 나가서 데리고 집으로 갔다. 그런데 한 주 지나자 예배 시간에 또 와서 소리를 지르고 행패를 부렸다.

그런데 그 이튿날 대천여고에 다니는 그 집 딸 미옥이가 학교에서 집으로 오던 중 그만 오토바이에 발을 밟혀 발등에 금이 가서 병원에 입원까지 하게 되었다. 우리가 심방 가서 기도해주고 얼마 되지 않아서 아이는 무사히 퇴원을 했다.

그 사람은 군대에서 다쳐 한 쪽 손이 없었는데, 매일 술을 마셔서 얼굴이 자줏빛이고 취하지 않은 얼굴은 본 적이 없었다.

어느 토요일인가에도 대낮에 누가 소리를 질러대서 무슨 일인가 했더니, 주인댁 부인이 "아이구 나오지 마셔유. 저 뒤에 그냥 계셔유." 하고 우리를 뒤 안으로 떠다밀었다. 그 상이군인이 와서 빨랫줄 장대를 휘두르며 "전도사 놈 나와라, 전도사 놈은 뭐 하는 거여? 동네 애새끼들이 볏단에 불지르는데, 전도사 놈은 뭐하는 거여? 때려 죽인다!"하고 소리를 질러대었다. 잠시 후 동네 사람들이 와서 끌고 나갔다.

그런데 바로 그날 저녁 그 집 둘째아들이 대천경찰서에 잡혀갔다. 무슨 일인지 잘 모르겠지만 청년들 문제에 휘말린 것 같았다.

그다음부터 그 아저씨는 교회에 와서 다시 욕하고 행패부리지 않았다. 그의 딸 미옥이는 열심히 교회에 출석했고 그 어머니도 자유함을 얻었다.

1974년의 마지막 날, 전도사님은 전도지를 가지고 아랫뜸 윗뜸 집집이 다니며 전도를 했다. 뚝 떨어져 있는 둥구산 밑에까지 가서 한 집 한 집 다니다가 어떤 집에 들어갔는데 여든 넘은 할아버지가 방에서 나오셨다. "할아버지, 저는 서울에서 이사 온 전도사입니다. 예수 믿으시고 축복 받고 나중에 천당에 가십시다. 이것 좀 읽어 보시고 꼭 예수 믿으세요." 하며 전도지를 건네드렸더니 "나, 안 보여서 못 읽어유." 했다. 그 할아버지는 그렇게 눈이 안 보이게 되어 더듬더듬 하면서도 이런 일 저런 일 거들어주며 손주들도 봐주고 비교적 건강하게 지내시는 분이었다.

그 이튿날이 1975년 1월 1일이었다. 아침식사로 라면을 끓여서 먹으려고 물을 끓이는데 어떤 낯선 사람이 찾아왔다.

"여기가 서울서 온 전도사님 댁이유?"

"네, 맞습니다. 어떻게 오셨지요?" 하고 물으니 "나, 저기 둥구산에서 왔이유. 전도사님께 물어볼 일이 있어서 왔는디, 지금 만나봐도 될까유?" 한다.

그래서 방으로 들어가시도록 문을 열어드렸다. 남편이 반갑게 맞아들여서 마주앉았다. 전날 전도사님이 찾아갔던 집이 자기네 집이고, 눈 먼 할아버지가 자기 아버지이며, 본인은 그때 방 안에 누워 있었다고 했다. 부친인 노인은 연세가 80이 넘었고 자기는 54세인데, 아버지는 눈만 보이지 않을 뿐 건강한 반면 자기는 죽을병에 걸려 젊어서부터 일도 못하고 매일 누워 지낸다고 했다. 그러면서 찾아온 이력을 자세히 얘기했다.

알고보니 그 남자는 무당이 굿을 할 때 대나무를 잡는 일을 하는데, 금방 신이 올라서 걷잡을 수 없이 뛰게 된다고 했다. 아파서 매일 누워만 있어야 하는 사람이 신이 오르면 대나무를 잡고 온 동네를 뛰어다니고 때로는 둠벙을 뛰어넘을 때도 있다는 것이다. 늘 집에 누워서 경을 읽고 담배를 피우는데, 하는 일이라곤 그게 다였다. 오늘 죽을지 내일 죽을지 알 수 없는 나날을 보내고 있었다. 그런데 전날 아버지가 방에 들어오시는데 보니 조끼 주머니에 무슨 종이가 있길래 빼보니 전도지였다. 빡빡 찢어버리고 누워 있는데, 자꾸만 아버지에게 낮에 전도사가 와서 하던 말이 귀에 뱅뱅 돌아서 견딜 수가 없었단다. 그래서 가만히 생각을 해보았다고 한다

'그래, 내가 할 수 있는 일이란 건 지금까지 다 해보았지만 아픈 건 똑같고 별 수가 없었다. 이렇게 죽을 날만 기다리느니 전도사한테라도 한번 가보자. 교회 다니는 사람은 담배를 피우면 안 된다던데… 담배를 어떻게 하지? 다 없애려니 아깝고…. 오늘밤에 다 피워서 없애고, 내일 전도사한테 가보자. 이게 마지막 할 수 있는 한 가지 길이다.'

그렇게 혼자 결정하고, 밤새도록 남은 담배를 줄담배로 다 피워 없애고, 날이 밝자 세수하고 지팡이를 짚고 달려왔던 것이다.

전도사님이 본격적으로 4영리 소책자를 보여주면서 복음제시를 했다. 다 설명하고 나서 영접하겠느냐고 물으니 하겠다고 해서 전도사님이 따라 하라고 해서 간절한 마음으로 따라했다. 그리고 나서 전도사님이 자기를 위해서 기도해 주실 때 눈물을 흘렸다. 그 날 이후 그 사람은 한 번도 빠지지 않고 예배 시간마다 참석했다.

사람들이 길 가다가 만나서 "어이 봉조, 몸은 좀 어떤감?" 하고 물으면 "응, 다 나았네. 괜찮여." 하고 말했다. 우리가 볼 땐 아직도 다 나은 것 같지는 않은데, 그 분은 언제나 다 나았다고 말했다. 그리고 나중에 교회 건물 지을 때도 매일 같이 나와서 지켜보고 앉아 있고, 우물 팔 때도 들여다보며 지시하고 모든 일을 열심히 관여하며 충성했다. 그러는 사이 그는 건강해졌고 정말로 교회의 기둥이 되었다.

그렇게 신자가 늘고 비좁은 방에 무릎이 맞닿을 정도가 되자 더는 그 방에서 예배를 드릴 수가 없었다. 우리는 그 마을에서 제일 큰 김원석 씨 댁으로 이사를 했다. 그 집 사랑방에서 우리 식구가 살림을 하고, 예배는 그 집 안방과 그 옆방 사이에 있는 문을 열고 두 방에서 드리게 되었다. 4명이 8명 되더니 16명이 되고 32명이 되어서 사람들이 자꾸만 모여들었다.

주일 저녁예배와 수요일 저녁예배를 하고 나면 사람들이 집에 갈 생각은 않고 "마실 왔으니 놀다 가자" 하면서 윷가락을 꺼내놓곤 했다. 고구마 삶은 것도 내어놓고, 그걸 먹어가며 윷놀이를 한다. 이 사람들이 예배가 뭔지 아직 잘 모르니까 저녁예배는 마실 가는 것으로 알고 저녁 먹고 한 사람 두 사람 모여서 예배

후에는 반드시 놀곤 했다. 겨울철이라 특별히 할일이 없으니 모여서 시간 가는 줄 모르고 논다. 보름달이 밝게 뜨면 윷놀이 하다가 갑자가 바깥에 나가서 술래잡기를 하느라 우루루 우루루 뛰면 돌담이 무너지는 소리같이 들린다. 윷놀이 해서 지면 벌로 노래를 불러야 되는데 김원석 씨 부인 강일순 씨는 꼭 자기가 한 자락 불러야 된다고 일어서서 한 손은 앞으로 내어 밀고 고개를 숙였다 들었다 하면서 '두만강 푸른 물에 노 젓는 뱃사공'을 부른다. 곡은 자유다. 작곡가와는 전혀 무관하게 부르는데 신기한 것은 찬송가 455장이나 502장이나 다 똑같은 것이다.

어느 날 저녁, 그 사람들의 마실 놀이가 다 끝나서 집으로 돌아가고 우리도 방에 들어왔는데 갑자기 전도사님이 '두만강 푸른 물에' 하면서 노래를 하는 게 아닌가. 내가 놀라서 "당신도 이 노래 알아요?" 물었더니 "들으면 저절로 다 아는 거지, 뭐 배워야 아나. 아이구 속이 답답해서 죽을 뻔 했네. 어쩌면 노래를 그렇게도 못하냐." 하고 웃는다. 속이 하도 답답해서 속 풀어지라고 자기도 불러본 거란다. 어찌나 우스운지 한참을 웃었다.

어느 저녁예배 시간에 사람들이 둘러앉아 예배를 드리는데 전도사님의 설교 중에 갑자기 상돈이란 사람이 앉은 채 그 자리에서 꽝 하고 그대로 쓰러졌다. 하루 종일 나무 해오고 쇠죽 끓이고 이런 일 저런 일을 하다가 저녁 먹고 와서 따뜻한 방에 앉아 있으니 졸음이 쏟아진 거였다. 그 사람은 안계수 씨네 머슴이었다. 일 잘한다고 소문이 난 사람이다.

또 어떨 때는 젊은 처녀들과 여학생들이 예배시간에 킥킥거리고 웃다가 웃음이 퍼져서 다들 웃을 때도 있었다. 대개 누군가

방귀를 뀌어서 냄새가 번져나가면서 일어나는 일이었다.

원재라고 불리는 고개 넘어가는 중간에 할머니 한 분이 살았다. 동네 사람들은 그 사람을 꼬작집 할머니라고 불렀다. 성질이 고약해서 젊은 사람들은 좀 덜 좋아하는 노파였다. 처음에 우리가 교회를 시작하러 왔다니까 빈정거리고 사람들한테 뭐라고 야단도 치고 했다는 소리를 전해들은 적도 있었다.

그 노인이 피부병이 생겨 대천 병원에도 다니고 이런저런 약을 써봐도 효험이 없어서 고생한다고 하기에 캄비손 연고가 있어서 가지고 찾아갔다. 예수님 이야기를 해주고 캄비손도 발라주고 기도를 해드렸다. 그랬더니 고맙다고 했다. 다행히 내가 찾아갔다 온 후 그의 피부병이 다 나았다. 그래서 그 할머니도 예배 시간이면 지팡이를 짚고 꼭 참석했다.

꼬작집에서 조금 내려오면 젊은 부인이 한 명 살았다. 그 무렵 애기를 낳고 집에 있었는데 어지럼증이 심해서 아무 것도 못하고 누워만 있다고 했다. 기도하면서 생각해 보니 아이 낳고 제대로 못 먹고 젖 물리니 빈혈이란 생각이 들었다. 부산 이병혁 장로님에게서 받아온 약 중에 영양제가 있어서 갖다주고 좀 돌봐주었다. 나중에 그 부인이 건강을 회복하더니 열심히 교회에 왔고 궂은일도 말없이 늘 해주었다.

교회 건축

1975년 초봄에 송정자 집사님이 오셔서 건축을 해야겠다고 하면서 봉촌마을과 새말과 매네, 둥구산마을의 중간쯤 되는 언덕의 보리밭을 하나 샀다. 맨 위에 보리밭이 있고 중허리 아래로는 소나무가 보기 좋게 둘러싸고 있는 곳이다. 그 옆으로 길이 나 있어서 아홉 마지기라 불리는 곳으로 버스를 타러 갈 때는 이 길로 다닌다. 그 언덕에서 서쪽으로 서서 멀리 바라보면 바다가 보인다. 동네 사람들은 이 마을을 '해변 산골'이라 한다. 부활 주일 새벽예배를 이 언덕에서 드리고 이어서 건축 공사를 시작했다.

보령지역 국회의원인 장로님이 땅값 얼마를 헌금하시고 건축에 대한 모든 것을 지휘하기 시작했다. 이 교회는 빨리 지어야 하니까 주일날도 공사를 해야 한다고 했지만 전도사님은 안 된다고 말렸다. 그렇게 공사 시작한 지 얼마 지나지 않아 주일 예배를 드리는데 매네마을 사람이 뛰어와서 벽돌 실은 차가 논바닥에 넘어졌으니 빨리 와서 벽돌을 실어 나르라고 성화였다. 사람들이 술렁거리자 전도사님이 예배 끝나기 전에는 아무도 움직이지 말라고 하고 예배를 그대로 진행했다. 예배 다 끝나고 가보니 매네마을 앞에서 트럭이 논바닥에 처박혀 있고 벽돌은 논이며 길바닥에 다 쏟아져 있었다. 국회의원 장로님이 서울에서 실어보낸 것이었다.

지게를 빌려서 전도사님이 벽돌을 수북이 얹어 일어서려는데 지게가 꼼짝을 하지 않았다. 몇 장을 내리고 다시 지는데 또 안 되어서 또 내리고, 결국은 6장을 지고 갔다. 몇 차례 그렇게 하고 나니 어깨에 피멍이 맺혔다. 오지 벽돌이라 다른 벽돌보다 훨씬 무거웠다. 나는 대야에 두 장씩 담아서 머리에 이고 날랐다.

그러고 나서도 다음 주일날 또 벽돌을 실어보냈다. 그 트럭도 역시 논바닥에 처박히고 우리 모두 고생을 실컷 했다. 그런 이후에야 주일날 일 하지 말라고 해서 쉬게 되었다. 처음 신앙생활을 시작하는 사람들에게는 먼저 믿은 사람들이 좋은 본을 보여주어야 하는데 여러모로 어려움이 많았다.

새해 들어 1월에 전도사님이 십일조에 대해 설교를 하셨더니 그 다음 주일 아침 일찍 유 권찰이 찾아왔다. 유 권찰은 방아다리 동네의 장로교회에 다니다가 이 동네에 교회가 생겼으니 여기 다녀야 한다며 열심히 나오는 분이었다.

"전도사님, 십일조 설콸랑 허들 마셔유. 방아다리교회 목사님이 십일조 설교 해서 신자들이 많이 떨어졌슈. 우리 교회서는 아예 허덜 마셔유."

그 말을 하려고 일찍 찾아온 것이었다. 전도사님이 "아, 그래요? 우리 교회는 이제 시작하는 교회니까, 처음부터 바로 가르칠 겁니다. 십일조 하면 하나님이 복 주신다고 약속하셨는데, 우리 교회 신자가 몰라서 못 하고 복 못 받으면 내가 책임져야 하니까, 나는 처음부터 가르칠 테니 그리 아세요." 하고 교회로 나가셨다.

시골 아이들이 우리 뒤를 졸졸 따라오다가 우리가 뒤를 돌아보면 싹 숨어버리고, 걸어가면 또 따라오고, 어떨 땐 돌을 던지고, 돌아보며 부르면 숨어 나오지 않고, 한 동안 아이들이 어렵게 했다. 대천중학교에 다니는 아이들, 대명고등학교에 다니는 학생, 초등학생들, 학교에 다니지 않고 힘이 세어서 아이들을 조종하는 아이, 욕쟁이…. 전도사님이 태권도 가르쳐 주겠다고 했더니 한 명 두 명 모였다. 둥구산으로 데리고 가서 태권도 가르치고, 사냥도 하고 학생들과 청년들을 사귀었다. 어느 날 꿩을 잡아왔기에 요리를 해주었더니 맛이 좋다고 했다. 토끼도 잡아왔기에 요리를 잘해 줬더니 아주 좋아했다. 자기네들은 잡아서 그냥 물 붓고 끓여서 고기를 뜯어 먹고 국물을 마시는데 찜으로 해주었더니 맛이 차이가 난 것이다. 그리고 커피를 끓여주었더니 신기해 했다. 중학생들에게는 영어를 가르쳐주고, 고등학생에게도 영어를 가르쳐주고, 어른들에게 국어를 가르쳤다. 때로는 아이들 머리도 깎아주었다. 이병혁 장로님이 약 상자를 주실 때 조제하는 것도 써주셔서 때로는 병원 노릇도 해주었다. 송집사님네 아들이 낫으로 다리를 찍어서 살이 쩍 벌어진 채 피를 철철 흘리며 찾아왔다. 소독약으로 씻고 약을 바르고 거즈로 잘 덮어 싸매주었더니 잘 나았다. 며칠 동안 매일 소독하고 약 바르고 치료한 셈이다. 바늘로 꿰매지 않아서 살이 좀 벌어진 채 나았다. 감기몸살, 대장염, 이질 등이 많았고 다쳐서 치료하는 일도 종종 있었다. 병원에 가려면 아홉 마지기 가서 버스를 기다렸다가 타고 대천에 가야 하니 누구나 급할 때면 나에게 찾아오곤 했다.

그 동네에 간 지 며칠 안 되었을 때 일이다. 나는 방에 있고 우리 인덕이가 부뚜막에 앉아서 신옥이하고 소꿉장난을 하고 있었다. 인덕이는 다섯 살, 신옥이는 여섯 살이었다. "자 이제 우리 자자, 꿈나라 가는 기차를 타요." 하면서 인덕이가 말하니까 신옥이가 "싫어. 나는 잠자기 싫어. 잠 잘 때마다 무서운 꿈을 꿔서 난 싫어." 하고 말했다. 그러자 인덕이가 "나도 전에는 무서운 꿈을 꾸었거든, 그런데 지금은 안 꾸어. 있잖아, 기도하면 돼. '하나님 아버지, 오늘 밤 잠잘 때 지켜주셔서 무서운 꿈 꾸지 않게 도와주세요'라고 하면 돼. 자, 기도하자." 이러더니 둘이서 함께 기도하는 소리가 들렸다. 인덕이는 매일 신옥이와 함께 손잡고 동네를 돌아다니며 '주 안에 있는 나에게 딴 근심 있으랴', '태산을 넘어 험곡에 가도'라면서 찬송을 힘차게 불렀다. 내가 "너 왜 그렇게 큰 소리로 찬송 부르고 다니니?" 하면 "아, 우리가 찬송을 부르면 동네 사람들이 예수 믿게 될 거 아니야. 전도 하려고 부르는 거야." 했다. 어린아이지만 우리가 여기로 온 것이 전도하러 온 것임을 알고 있으며 자기 나름대로 전도하겠다고 노력하는 것이 참 기특했다.

신옥이네 이야기

신옥이 아빠는 남포면사무소 호적계장인데 다음번 면장 후보라고 했다. 근방에서 제일 영향력 있는 사람이었다. 그 부인, 그러니까 신옥이 엄마가 안계수 씨인데, 그 동네에서 한자를 읽고 신문을 읽을 수 있는 사람이라고 했다. 친정이 부자였는데 이런 산골로 시집오게 된 것은 일제 때 위안부로 잡혀갈까봐 멀리 시집을 온 거란다. 그 동네가 원래 통천김씨(송정자 집사 남편 집안)의 땅이었고, 동네에 많은 한씨들은 소작농이었다. 신옥이네가 통천김씨이고, 김원석 씨네(우리가 살던 집) 건너편 새말 사는 신옥이네 친척이 통천김씨이고, 그 외에는 대부분 한씨다. 타성으로는 오치곤 씨 네, 그리고 이씨가 한집, 신옥이네 머슴 이씨가 한집 있을 뿐 청주한씨 집성촌이다. 우리가 교회 건물을 짓고 얼마 있지 않아서 교회 건너편 마주 보이는 곳에 한씨집안 제실을 지었다. 교회 가는 것을 거부하고 방해하려는 것인데 상관하지 않고 사람들이 잘 나왔다.

　신옥이 할머니는 84세였다. 신옥이 작은아버지는 서울 모 은행의 지점장이었다. 신옥이 엄마 안계수 씨가 여전도회장이 되고 구역도 3개 구역으로 나누어서 구역장 훈련을 시켰다. 처음에는 내가 교회 회계장부를 정리하고 은행에 입금하고 지출내역을 쓰는 등 전부 했다. 새말동네의 한일순 씨가 들어와서 세례를 받은 뒤 김원석 씨와 함께 재정 관리를 맡겼다. 그 동네는 남자들은 공부를 많이 못했는데 안계수 씨와 이 사람은 장부 정리도 할 수 있고 신문도 읽을 수 있어서 교회 일의 여러 가지를 맡길 수 있었다. 두 사람은 사촌동서 간이었다.

그 사람의 아들은 공주사대를 나와서 고등학교 교사였고 딸은 결혼해서 공주사대 출신의 미술교사와 행복하게 살고 있었다. 막내딸은 우리 교회에 좀 다니다가 인천으로 시집을 갔다. 사람이 참 점잖고 양반이었다. 안계수 씨하고 둘이서 살림꾼이었다.

안계수 씨 남편, 신옥이 아빠인 호적계장이 어느날 몸이 안 좋다며 병원에 갔다 오더니 위암이라고 했다. 이후 병원에도 다니고 약도 먹고 했지만 점점 악화되어 갔다. 그래서 안계수 씨가 남편을 설득해서 기도를 받으러 가기로 했다. 서울에 있는 현 권사 제단으로 가서 거기 있으면서 매일 몇 번씩 기도 받으며 지냈다. 그러는 가운데 그의 마음속에 믿음이 생기게 되었고, 얼마나 자기의 삶을 회개하는지 참 마음이 아팠다. 하나님께서 자기의 병을 고쳐주시면 전도사님 도와서 열심히 전도하리라고 말했다. 우리가 생각해도 그 사람이 병 고침 받고 고향에 오면 엄청난 영향력을 끼칠 수가 있을 것이라고 여겨졌다.

현 권사님이 서울에서 일주일, 대구에서 일주일, 광주에서 일주일 돌고 다시 서울로 오셨다. 대구에 가실 때 대구까지 따라갔다. 마침 내가 친정에 가야 할 일이 생겨서 대구에 같이 간 것이다. 간 김에 그 분들을 만나러 현 권사님 사역하는 교회에 찾아갔다. 그 교회가 있는 동네 사람들은 기도 받으러 오는 환자들에게 방세를 놓았다. 집주인들은 "우리 집에 세 들었던 암 환자가 지난 금요일에 깨끗이 나아서 자기 집에 갔어요. 이 방에 있으면 잘 나아요." 하면서 자기 집이 무슨 영험 있는 집인 것처럼 소개했다. 사실은 현 권사님의 기도를 받고 죽을병에 걸렸던 사람들이 많이 나았다. 자기들은 그런 것을 다반사로 보면서도 예수는 믿지 않았다. 자기네 집에 세들 것은 권유하면서. 들어도 믿지 못하고 보아도 믿지 못한다더니 정말 그랬다.

내가 예배에 참석했을 때 설교가 끝나고 권사님의 기도가 시작되었다. 사람들이 줄을 지어 앞으로 나가서 기다리다가 자기 차례가 되면 권사님 앞에 선다. 그러면 권사님이 가슴 한번 툭 치고 등 한번 툭 치면서 "예수 이름으로 암은 떠나가라, 병은 떠나가라" 혹은 "깨끗이 나을지어다." 이렇게만 하는데 갖은 병들이 낫는다. 이렇게 기도한 후 간증할 사람들 나오라고 한다. 그러면 사람들이 나와서 이렇게 저렇게 병 나은 이야기들을 저마다 한다. 내가 있을 때, 권사님이 "어디 갔어? 문어 다리, 일어나 봐." 그러니까 어떤 사람이 비틀비틀 하면서 천천히 일어섰다. "손 들어봐, 뒤로 돌아서 봐, 걸어 봐." 시키는 대로 다 했다. 그 사람이 문어처럼 축 늘어져 일어나지도 못하고 앉지도 못했던 뇌성마비 환자였단다. 부모님이 데리고 와서 기도하며 같이 있었는데 어제 기도 받을 때 마비가 풀어지고 팔다리에 힘이 생기고 앉고 일어서고 걷게 되었단다. 두 손을 번쩍 들고 할렐루야 하고 외쳤다. 태어나서 지금까지 한 번도 걸어본 적이 없었는데 하나님께서 고쳐주셨다.

대구에서의 집회가 끝나면 주일 예배 드리고 월요일에는 광주로 가서서 일주일 동안 신유집회를 하고 그 다음 월요일에는 서울에서 또 시작하셨다. 호적계장 댁은 대구집회까지 따라가고, 서울로 올라가서 여관방에서 기다리다가 서울 집회 시작하면 또 참석하고, 이렇게 고생을 하면서 기도했는데 병은 점점 더 악화되어 갔다. 그러나 호적계장의 마음에 구원의 확신이 서고 그 고통 가운데서도 기쁨이 충만하고 감사하는 시간 시간을 보냈다. 질병의 통증은 느끼지 못하도록 하나님께서 만져주셨는데 병 자체는 고쳐주지 않으셨다.

우리가 남포에서 개척하던 시절, 호적계장님 암을 고쳐주셔서 내려오게 해주시면 온 동네, 아니 면 전체가 예수 믿게 되는 일이 일어날 텐데 하면서 참 기도 많이 했다. 만약 죽어서 오면 어떡하나 마음 졸이기를 얼마나 했는지. 그러다가 나는 대구 친정 아버지 추도식 때문에 대구에 가고 전도사님만 남아 있는데 영구차에 실려 호적계장이 돌아온 것이다. 내가 너무 마음을 졸이니까 하나님께서 내가 대구에 가고 없을 때 그를 불러 가셔서 나는 못 보도록 하신 것 같았다. 그 가족들이랑 정말 엄청난 장례식을 치루었다고 했다. 전도사님이 먼저 발인 예배를 드리고 나면 자기네들은 자기네 식으로 하고, 또 하관 예배 드리고 나면 자기들 식으로 상을 차리고 절하며 유교식으로 했단다. 그 동네 생기고 처음으로 마을 사람들이 기독교식 장례식을 구경한 셈이다.

시어머님, 시동생들, 친척들이 원하는 대로 방에 상청을 차려 두고 아침저녁으로 상을 차려 그 앞에 두고 교회 다니지 않는 사람들은 와서 곡을 하거나 절을 하고 유교식 예를 갖추었다. 모든 사람들이 다 가고 자기네 식구만 남게 되자 밤에 잠을 자는데 안계수 씨 꿈에 상청 밑에서 시커먼 손이 나와서 그의 손을 잡아당겨서 한참동안 씨름을 했다고 한다. "안 돼, 안 돼. 물러가라!" 하는데 말이 안 되고 끙끙거리기만 했는데 옆방에서 자던 큰딸 갑순이가 놀라서 방문을 열어보니 엄마가 땀을 비 오듯 흘리며 버둥거리고 있었다고 했다. 놀라서 "엄마, 엄마! 왜 그래?" 하고 흔들어 깨웠다. "야 갑순아, 성경책 하고 찬송가 가져오너라." 하더니 '주 안에 있는 나에게 딴 근심 있으랴'를 한참 부르고, 또 '태산을 넘어 험곡에 가도 빛 가운데로 걸어가면'을 한참 부르고, 사도신경 고백하고 기도하고 잤단다. 그런데 그 이튿날 밤에 자는데 또 방문 밖에서 문고리를 잡아당기며 '같이 가자' 하고 들어오려고 해서 또 얼른 일어나서 갑순이를 불러 둘이서 어젯밤과 같이 찬송하고 기도했단다. 그 이튿날 우리 집에 와서 그 이야기를 하며 걱정을 했다. 시어머니가 계셔서 상청을 치울 수도 없는데 이 일을 어떻게 하면 좋으냐고 했다. 그래서 우리가 가서 예배를 하고 상청의 사진 밑에 '김○○ 신위'라고 써 붙여 놓은 것을 떼어 내고, 대신 내가 '김○○ 성도'라고 써붙였다. 그리고 요한복음 3장 16절 말씀과 요한복음 11장 25절 말씀을 모조지에 크게 써서 벽에 붙여놓았다. 그날 밤부터 그런 소동은 일어나지 않았다.

치곤이 엄니 천당 갔다!

신옥이네 바로 옆집에 사는 사람이 오치곤 씨였다. 타성으로 한
씨 동네에 와서 소작농으로 가난하게 살았다. 그 부인이 절에 다
녔는데, 서울 공장에 가 있는 딸이 편지에 예수 믿으라고 했다.
우리 동네에 교회가 생겼으니 잘 된 일이라며 교회에 나갈 것을
권했다. 군대에 가 있는 큰 아들도 예수 믿으라고 했다. 그러나
남편 오치곤 씨도 교회에 가는 것을 반대하고 자기도 여태껏 섬
기던 신을 그만둘 수는 없다고 생각했다. 그러나 딸이 계속 말하
니까 갈등이 생겼다.

삭망 때 떡을 한 시루 해서 머리에 이고 늘 다니던 절에 갔다.
아침 일찍 일어나서 목욕하고 갔다. 부처 앞에 떡 시루를 얹어놓
고 절을 하는데 갑자기 코피가 터졌다. 놀라서 얼른 밖에 나와
절 앞에 흐르는 작은 도랑에 가서 씻고 한참 있다가 다시 들어
와서 절을 하는데 또 코피가 쏟아졌다. 다시 나와서 씻고 왜 그
런가 하면서 좀 있다가 다시 들어갔다. 절을 하는데 또 피가 쏟
아지니 이제 더는 할 수 없다고 생각하는데 마음속에서 이 길이
내 길이 아닌데 잘못 왔구나 하는 생각이 들었단다. 그 길로 집
에 와서 다시는 절에 가지 않고 주일에 교회로 왔다.

한 몇 주 다녔는데 어느 주일 날 보이지 않았다. 예배 끝나고

점심 먹고 슬슬 나와서 밭둑으로 가다 보니 그가 밭에서 김을 매고 있었다. 가까이 갔더니 그만 눈물을 뚝뚝 흘리면서 남편이 "못난 년이 못난 짓 한다"며 쥐어박아서 교회에 못 왔다고 했다. 어찌나 안 됐던지 밭에 서서 손잡고 기도해주었다. 그렇게 남편한테 야단을 맞아가며 열심히 나왔다. 그 사람에게도 이름을 물었더니 "한 구룩이유." 했다. 그래서 "네?" 하며 또 물어봐도 "한 구룩이유." 해서 무슨 뜻이지 알 수가 없었다. 그 사람이 약간 언청이여서 못났으니 복이나 받으라고 '구룩이'라고 지어 주셨단다. '구럭'은 끈으로 얼기설기 엮어서 만들어 어깨에 메고 다니는 가방 같은 것이다. 시골에서 감자랑 고구마랑 담아서 울러메는 그런 것이다. 이 사람이 얼마나 정성껏 신앙생활을 하는지 우리가 보기에는 참 예뻤다. 딸이 돈을 보내오면 십일조를 꼭 했다. 그리고 내가 밤에 철야기도 할 때면 윤보배 할머니와 같이 내 뒤에서 꼭 기도했다. 그래서 우리가 이름을 '한은혜'라고 고쳐주었다.

어느 날 저녁, 이 자매님이 헐레벌떡 우리 집에 뛰어오더니 "우리 시어머니가 다 돌아가시려고 하는데 구원받고 천당 가게 해 드려야겠어유. 우리 시어머니 참 불쌍해유. 지금 우리 집에 모셔 놓았으니 좀 같이 가시지요." 했다. 부리나케 달려갔더니 그 집 딸들이 모두 내려와 있었다. 노인은 말은 할 수가 없고 해소증이 심해서 숨도 간신히 쉬었다. 의식은 있는지 없는지 분간이 안 갔다.

앉아서 잠시 기도하고 찬송을 부른 뒤 성경말씀을 읽고 나서 할머니에게 전도했다. "할머니 죄 없는 사람은 이 세상에 한사람도 없지요?" 반응이 없었다. "다 죄가 있습니다. 그래서 천당에 갈 사람이 하나도 없는데 하나님께서 하나뿐인 아들 예수님을 이 땅에 보내서 할머니의 죄, 저의 죄를 대신해서 십자가에 못 박혀 죽게 하시고 우리의 죄를 용서해 주셨습니다. 이 사실을 몰라서 못 믿는데 할머니께서 믿으시고 예수님을 마음속에 모셔 들이세요. 그러면 하나님께서 할머니의 아버지가 되시고 모든 죄를 용서해 주십니다. 그리고 천당에 갈 길을 열어주십니다. 믿으시겠습니까?" 아무런 반응이 없었다. 그래도 하나님께서 구원해주시기를 기도하고 '아직은 이 생명을 부르지 마세요, 기다려주세요' 하고 기도를 끝냈다. 그리고 집에 왔다.

　그 이튿날 일찍 또 그 집에 갔다. 또 복음을 말씀해 드렸다. 또 반응이 없어서 하나님께 '아직은 불러가지 마세요'라고 기도하고 집에 왔다. 그날 저녁 때 그 집에 또 갔다. 동네 사람들이 이 방 저 방 가득 앉아서 지켜보고 있었다. "할머니, 하나님께 예배 드립시다." 그랬더니 몸을 꿈틀꿈틀 하면서 손을 젓는데 자기를 좀 일으켜 달라는 것 같았다. 그래서 딸들보고 좀 일으켜 드리라고 했더니 한 사람이 일으키고 한 사람은 등을 할머니 쪽으로 내밀어 할머니를 기대게 해드렸다. 사도신경 고백하고 찬송을 부르고 복음 제시하고, 예수님을 모셔 들이겠느냐고 물으니 고개를 끄덕끄덕 했다. 그리고 나서 기도하는데 이 할머니가 구원받았구나 하는 확신이 내 마음속에 강하게 느껴졌다. 그런데 할머니의 얼굴에서 빛이 나기 시작했다. 그래서 기도하면서 '하나님께서 육신의 고통을 벗겨주시고 하늘나라의 영생의 복을 누리도록 이제는 불러가 주세요'라고 기도하고 찬송을 부르는데 할머니는 임종했다. 할머니의 숨이 끝나자 할머니의 얼굴이 환하게 빛났다. 방에 둘러섰던 사람들이 이구동성으로 "야! 치곤이 엄니 천당갔네!" 하고 소리를 질렀다.

그 다음부터는 오치곤 씨도 교회에 잘 나오고 우리 떠난 후에도 그 교회의 기둥 노릇을 했다고 한다. 큰아들은 제대 후 원양어선 선장이 되었고, 둘째아들 역시 고등학교 졸업하고 원양어선을 타다가 나중에 선장이 되었다. 우리가 둔촌동의 아파트 살 때 몇 년에 한 번씩 우리 집에 왔었다. 그 때마다 커피와 말린 문어를 가져오곤 했다.

그러더니 한 번은 장가 보내달라고 해서 간절히 기도하고 난 후 우리 교회(서울제일교회) 처녀를 소개시켜줬더니 좋아했다. 유치부장인데 좀 덩치가 있었고 오원식(둘째아들)이는 키가 작고 마른 편이어서 나는 누가 키가 더 큰가 하고 봤더니 그래도 남자가 더 컸다. 휴가 왔기 때문에 시간이 많지 않다고 하면서 자기 부모님이 처녀를 한 번 보러 오리라고 했다. 서울역에 처녀랑 나가서 기다리다가 부모님을 만나보았는데, 그 분들이 우리에게 식사 대접을 하겠다고 해서 영동백화점에서 식사를 했다. 농사철이라 바빠서 또 올 여유가 없으니 온 김에 약혼식을 했으면 좋겠다고 했다. 우리는 식사 후에 또 심방 약속이 있으니 그러면 교회 가서 사무실에서 기다리라고 했다. 심방 갔다 교회에 오니 오치곤 씨, 한은혜 집사, 오원식, 그리고 이쪽 집에선 윤병기 집사, 마복순 권사, 윤해숙 그리고 그 오라비들이 기다리고 있었다. 원식이 어머니가 아예 시골에서 올 때 원식이 장가갈 때 색시에게 주려고 사놓은 시계를 가지고 왔다. 윤해숙 오빠가 케이크 한 상자를 사다 놓고 카메라도 가지고 왔다. 그래서 목사님이 주례하고 약혼식을 거행했다. 그리고 사진 찍고 약혼식이 번갯

불에 콩 구워 먹듯이 끝났다. 오원식이와 윤해숙이를 데리고 마 권사님은 약혼 예물을 사러 갔다.

그리고 나서 그 이듬해 원식이가 귀국해서 결혼식을 했다. 오 원식은 원양어선 선장 하면서 아파트 한 채도 사두었기 때문에 어려움 없이 결혼생활이 시작되었다. 아들들은 대학 졸업 후 직 장 생활 잘하고, 둘째는 장가 가서 잘 산다. 오원식 장로 장립식 때 우리가 가서 목사님은 안수위원도 하셨고 장로 가운도 입혀 드렸다.

오원식 장로 장립식 지나고 얼마 되지 않아 한은혜 권사가 소 천 하셨다. 영안실에 가보니 6남매가 다 교회 충성하고 믿음이 좋은 성도들이었다. 이 동네에서 4년제 대학을 나온 사람들은 이 댁 자녀들뿐이었다. 홍식, 미자, 대식이.

헌당식

교회 건축은 순조롭게 잘 되어가서 7월에 완공이 되었다. 장항
동부교회 국회의원 장로님과 송정자 집사가 와서 교회 헌당식
을 해야겠다고 해서 8월 15일로 날짜를 정했다. 8월 14일날, 그
사람들이 헌당식 식순을 인쇄해서 가지고 왔다. 표지에 '개척자
김○○ 장로, 송정자 집사'라고 되어 있고, 담임 전도사 이름은
아예 없었다. 사회자는 충서지방회장, 기도는 모모 씨, 설교는
교단 총회장 등 시골 개척교회 건물 헌당식치고는 화려한 식순
이었다. 그러나 어디를 봐도 담임 전도사 이름은 한 군데도 없었
다. 그리고 그 장로님이 전도사님께 청이 있다고 하면서 송정자
집사를 내일 헌당식 때 남포성결교회의 권사로 임명하고, 권사
취임식도 하자고 했다.

　전도사님이 자기도 청이 있다고 하면서 그 장로님께 몇 가지
를 요구했다.

　"여기 오실 때마다 우리 집 앞을 지나쳐서 먼저 교회로 올라
가서 '어이, 전도사 불러와.' 하시던데, 전도사에 '님' 자를 붙여
서 말해주시오. 장로님이 한 번씩 왔다 가면 초신자들이 자기들
도 '전도사!' 하고 부릅니다. 그들 앞에서 본이 되어 주셔야지요."

　장로님은 아무 말이 없었다. 전도사님이 다시 "헌당식 순서에

담임 전도사 이름이 없던데…, 담임이 없으면 모르겠으나, 도대체 왜 이렇게 해 왔습니까?"하니, 건성으로 "어디 적당한데 써넣으시오."했다. 전도사님은 필요없다고 했다. 대신 다른 조건을 꺼냈다.

"송정자 집사는 장항 신창장로교회의 집사인데 어떻게 갑자기 남포성결교회의 권사로 취임을 할 수가 있습니까? 안 되지요."

그리고 또 몇 가지를 더 말했다. 그랬더니 그 장로님은 화가 머리 끝까지 나서 장항으로 돌아가버렸다.

8월 15일이 되자 청한 손님들이 서울은 물론 전국 각지에서 몰려왔다. 도시락 500개를 거의 새벽까지 준비했다. 전도사님과 나는 교회 창밖에서 헌당식 퍼포먼스를 조용히 구경했다.

헌당식 이후 그 장로님은 송 집사가 보내주던 월 3만원과 장항 동부교회에서 보내주던 1만원의 헌금을 끊어버렸다. 당시 우리 교회의 총수입이 그 후원금을 포함해서 한 달에 6~7만원이었다. 그 중에 우리 자급으로 4만원을 주었다. 후원금이 없으면 우리는 자급조차 받을 수가 없었다.

그런데 그 후원금이 끊어지고 나자 새 신자들이 스스로 십일조를 하기 시작했다. 십일조 설교는 1월에 한 번 하고는 더 이상 하지 않는데, 신도들이 자원하는 마음으로 하였다. 그렇게 되니 교회의 재정이 9만원에서 10만원, 또 11만원, 12만원으로 점점 더 불어나기 시작했다.

문제의 그 장로님이 12월에 개척 1주년 부흥회를 하라고 했다. 강사 사례는 보내주겠다고 하면서 강사님도 정해서 보내셨다. 그래서 부흥회를 은혜롭게 잘 마치고, 사례는 우선 우리 교회 재정으로 3만원을 드렸다. 그러나 결국 그 장로님은 사례금을 보내주지 않았다. 그럼에도 우리 재정은 풍성해서 동네 사람들을 모아놓고 특별강사를 초청해서 영농 강습을 시켰다. 비닐하우스 짓는 법과 고소득 작물을 재배해야 아이들 공부도 시킬 수 있다는 내용 등등 1박 2일 동안 알차게 훈련을 시켰다. 그리고 강사에게 사례금 2만원을 드렸다. 그래도 우리는 풍성한 재정으로 교회교육, 도서, 상품 등 여러 가지를 준비하고 동네 계발을 위해 열심히 노력을 해나갈 수 있었다.

내가 그때 깨달은 것이, 시골 목회는 상록수처럼 해나가야 한다는 것이었다. 그래서 교회 마당 한켠에 공중목욕탕을 짓고, 또 유치원과 어린이 놀이터 등을 만들려고 계획을 세우고 기도를 시작했다.

한편, 헌당식 이후 그 장로님이 우리 전도사님을 여기저기 다니며 비난한다는 소문이 들렸다. 군산의 어떤 원로 목사님이 이 전도사를 불러서 그 장로님과 무슨 일이 있었느냐고 물으면서 조심하라고 하셨다. 나는 헌당식 이후부터 우리의 나아갈 길을 열어달라고 하나님께 기도했다. 처음 이 동네에 와서 논둑에서 기도할 때 하나님께서 내게

"너희는 여기서 오래 있지 않을 것이다. 교회 건축하고 얼마 있지 않아 떠날 것이다."

라고 말씀해 주셨다. 그래서 이제는 떠날 때가 되어 간다 싶어서 기도를 시작했다. 그런데 그 장로님이 우리가 이 교회를 차지하고 떠나지 않을까봐 염려가 되어 그러는지 사람들에게 이 전도사가 교회를 차지하고 교회를 건축한 송 집사를 못 오게 한다

고 소문을 내었다. 그 장로님은 더는 우리 동네에는 오지 않고 지방회 임원들을 조종만 했다.

우리는 남편이 신학대학에 가면서부터 세계 선교를 가슴에 품고 주의 명령 따라 어디든 가리라고 기도하면서 살아왔다. 어떤 건물이 탐나는 사람들이 아니고 이제 겨우 사역을 시작하는 판에 시골 교회에 안주할 생각은 추호도 없었다. 일일이 다 설명을 할 수는 없지만 참 서운하게 취급했다.

나는 새로 지은 교회에 들어가서 혼자서 하나님께 부르짖었다. 하나님께서 말씀해 주신 대로 이제 이곳을 떠나게 해주십사고. 그리고 또 나쁜 소식이 들리면 하나님께 아뢰었다. "아버지, 우리는 돈도 없고 권력도 없고 가진 것 없는 연약한 사람입니다. 아버지 하나님 외에는 의지할 데 없는 저희입니다. 권력도 가졌고 돈도 가졌고 이 세상 모든 것을 가진 장로님이 우리를 비난하고 대적합니다. 강한 자와 약한 자 사이에는 주님밖에 없습니다. 아버지, 누구를 더 사랑합니까. 아버지 도와주세요." 하고 부르짖었다. 9월 한 달 기도하고 10월 어느 날인가 신문을 보니 그 장로님이 국회에서의 발언이 문제가 되어 국회의원에서 제명되었다는 기사가 실려 있었다. 기사를 보며 하나님은 시골구석 아무도 알아주지 않는 작은 전도사를 사랑하시고 돌보고 계시며 불꽃 같은 눈동자로 살피고 계심을 알았다.

게다가 우리는 외롭지 않았다. 동네 사람들이 우리 사택을 짓는다며 개량 벽돌을 가져다가 집을 지었는데, 벽돌 위에 그냥 진흙을 이겨서 발라가며 집을 지었다. 다른 무슨 재료로 안 벽에 바르는 것도 없이 맨 벽에 그저 진흙 좀 바른 것이 전부였다. 바람은 막을 수 있겠지만 추위는 전혀 막을 수 없었다. 연탄 부엌을 해본 경험이 없는지라 자기네들 나름대로 열심히 했지만 연탄을 피워서 넣으면 연기가 온 방 안에 가득 차게 되거나 불이 꺼졌다. 그래도 우리는 그 집에 이사 들어가 살게 되었다. 그리고 연탄가스 중독으로 두 번이나 죽을 뻔했다. 겨울에는 방 안에 물을 떠놓으면 냉동실처럼 물이 꽁꽁 얼었다. 스펀지 요를 벽에 세우고 자고나서 아침에 보면 스펀지와 벽 사이에 하얗게 얼음이 끼어 있었다. 그래도 그 겨울에 우리는 감기 한 번 걸리지 않고 잘 지냈다.

100일 철야기도

얼마 있지 않아 우리는 떠나게 될 것이고 교회 건물은 지어졌는데 이 교회를 위해 중보기도를 해야겠다는 생각이 들어서 100일을 작정하고 철야기도를 시작했다. 매일 밤 교회에서 아랫뜸으로부터 가운데뜸, 웃뜸 집집이 이름 불러가며 그들의 구원을 위해서 기도했다. 그리고 새말로 가서 한 집 한 집 위해서 기도하고 그 다음에 매네동네로 이렇게 차례차례 그 지역을 훑으며 기도했다. 우리를 떠나게 해달라는 기도는 하지 않고 오로지 이 교회와 이 지역을 위해서만 기도했다. 11월이 다 가고 12월이 가고 1월이 가고 2월이 되자 전도사님은 충서지방회가 열리는 예산으로 갔다. 월요일에 가서 하룻밤 자고 화요일에 온다고 했다. 월요일 밤에 또 강단 앞에 앉아서 기도를 시작하려는데

  "떠날 일을 위해서 기도하라."

  하는 음성이 들렸다. 90일째 되는 밤이었다. 그리고

  "전도사는 떠날 임지 문제로 서울로 간다."

  라고 하셨다. 내가 놀라서, 아 그렇구나 하나님께서 나의 기도를 받으시고 이제는 떠날 준비를 시키시는구나 하는 맘이 들고 눈물이 흘렀다. 찬송가 434장을 반복해서 부르고 또 불렀다. 그리고 이 지역을 위한 기도를 먼저 하고 나서 우리의 임지를 예

비하셔서 보내달라고 기도했다.

밤에 기도하다가 때로는 졸기도 하고 잠자기도 했다. 그래도 하나님께서는 기뻐하신다는 것을 나는 안다. 위로하실 때도 있고 힘을 주셔서 쉬지 않고 기도하도록 인도하시기도 했다. 연탄난로를 교회에 피웠기 때문에 밤중에 연탄을 갈아야 한다. 연탄을 빼서 바깥으로 나가려고 문고리를 돌리면 저절로 문이 바람에 밀려 획 하고 열린다. 때로는 문고리도 채 놓기 전에 문에 딸려 뛰쳐나갈 때도 있었다. 눈이 바람에 펑글펑글 돌면서 내리고 멀리 바다 쪽에서 불어오는 바람은 나를 떠밀어부친다. 소나무 숲에서는 윙윙 하는 소리가 들리고 연탄을 가지고 들어오는 발길은 잽싸게 움직여야 했다.

때로 나는 연탄불을 갈아놓고 바깥으로 다시 나와 바다 쪽을 바라보며 마당 가운데 선다. 멀리 희끄무레하게 바다가 보이고 가만히 서 있는 나의 발밑 땅이 진동하는 느낌을 느낀다. 그리고 멀리서 바다를 구르며 파도치는 엄청난 물소리가 밀려오는 것을 느낀다. 요한계시록에 나오는, 주님의 소리가 '많은 물소리와 같고' 하는 구절을 떠올리며 우리 주님의 위엄 앞에 가슴 떨림을 느꼈다. 한참 서서 하나님의 임재하심 가운데 있으며 그 끝없이 크고 넓은 품의 아늑함을 누리기도 했다. 아버지와 나만의 깊이 있는 사귐의 시간이었다.

화요일에 온다던 사람이 오지 않아도 나는 걱정하지 않았다. 서울에 간다고 하셨으니 그렇게 알고 있었다. 수요일 저녁예배는 내가 인도하고 낮에는 전도 겸 심방도 다녔다. 토요일 낮이 되어서야 전도사님이 신문과 전보 두 장을 가지고 돌아왔다. 예산을 떠나면서 전보를 쳤고, 서울에서 사람들 만난다고 전보를 쳤는데, 전보와 사람이 같이 온 것이었다.

서울의 모 교회에서 오라고 하고, 또 다른 교회에서도 오라고 했단다. 그리고 어떤 학교에서 교목으로 오라고 했다면서 기도하자고 했다.

주일 지나고 그 문제를 가지고 기도하는데 아무 곳에서도 연락이 오지 않았다. 이 세 곳을 염두에 두고 '어디가 우리의 갈 곳입니까' 하고 하나님께 물었더니 이사야 55장 8~9절의 말씀을 주셨다.

여호와의 말씀에 내 생각은 너희 생각과 다르며
내 길은 너희 길과 달라서,
하늘이 땅보다 높음 같이
내 길은 너희 길보다 높으며
내 생각은 너희 생각보다 높으니라 (사 55:8~9)

'아, 이 세 곳이 아니구나.' 하고 느꼈다.

100일 기도가 끝나고도 계속해서 철야기도를 하면서 하나님께서 보내시려고 예비하신 임지를 찾으려고 노력했다. 그러는 중에 3월이 되어서 인덕이가 초등학교에 입학하게 되었다. 동네 아이들과 함께 논둑길로 학교에 가는 것이 마당에 서면 다 보인다. 재를 넘어가는 모습을 보면서 마음이 짠하고 아팠다. 학교에 갔다 와서 하는 말이 고개를 세 개나 넘어가야 학교가 있다고 했다. 비오는 날 가는 모습을 보면서 눈물이 났다. 우산이 바람에 떠밀려 아이가 비틀거리며 가는 모습에 얼마나 가슴이 미어지는지 교회에 들어가서 한참을 아버지 앞에서 울었다. "아버지, 인덕이 학교 가까운 곳으로 인도해주세요. 어린 것이 안 그래도 우리 따라다니며 고생 많이 했는데, 학교 가는 길은 좀 가깝고 편하게 해주세요."라며 울고 울었다.

그러던 어느 날 택시 한 대가 우리 교회 쪽으로 오는 것이 보여서 내려다보는데 아니나 다를까 우리 교회 마당으로 올라왔다. 목사님 장로님들이 한 차 타고 오셨다. 전도사님이 교회로 모시고 들어가서 얼마 동안 이야기를 하더니 그분들은 다시 나와서 그 차를 도로 타고 가셨다.

그들은 충서지방회 임원들이셨고, 장항의 그 장로님이 보내서 오셨다고 했다. 이 전도사가 떠나지 않으면 송 집사가 이 교회를 장로교단으로 넘기겠다고 해서 의논하러 왔단다. 그래서 알겠다고 하면서 떠나겠다고 하니 얼른 언제 떠날 거냐고 물었단다. 그러는 중에 당시 지방회장이던 송헌빈 목사님께서 '그게 아니고…' 하시면서 곤란한 듯 말씀을 하셨단다. 그러나 요지는 우리가 언제 떠날 것인가를 타진하러 온 것이어서 이 전도사가 "3월 말에 떠납니다."라고 분명히 말했다. 그제야 그들은 일어나서 그만 가보겠다면서 떠났다.

우리는 집중적으로 하나님께 물으며 기도했다. 이 전도사님이 확실하게 알아보기 위해 서울에 가겠다고 하기에 내가 그곳은 아니라고 했다. 나는 하나님께 분명하게 응답해주실 것을 간청했다.

"아버지, 우리를 위하여 예비한 곳이 아니면 아무데서도 연락이 오지 않게 해주시고, 우리가 가야 할 곳에서만 연락이 오게 해주세요. 금요일까지 확실하게 해주세요."

그런데 금요일 오전 11시쯤 되었을 무렵 우체부가 왔다. 누런 봉투의 편지 한 장을 주길래 받는 순간

"여기다."

라는 음성이 들렸다. 깜짝 놀라서 보니 군산중앙교회 박이완 목사님이 보내신 편지였다. 내가 엄지 검지 두 손가락으로 들고 흔들거리면서 방에 들어가 "여깁니다. 군산중앙교회로 하나님이 보내십니다." 그랬더니 전도사님이 "무슨 소리!" 하면서 편지를 받아 뜯어보았다. 역시나 군산중앙교회 당회에서 우리를 청빙하기로 가결했다는 소식이었다. 그러나 전도사님은 다시 월요일에 서울로 떠났다. 3일 만에 돌아온 그는 아무런 이야기도 듣지 못한 채 집으로 왔다. 우리는 신자들에게 예수 잘 믿을 것을 다짐하게 했다.

남포교회를 주께 맡기고

4월 1일에 우리는 군산으로 떠났다. 아쉬운 마음 이루 말할 수 없었다. 조금 더 있으면서 교회에 어린이 집도 마련하고 공중 목욕탕도 만들고 야학 교실도 하려고 했는데 떠나게 되어서 서운했다. 그 지역을 개발하여 좀 잘사는 곳으로 만들어 주고 싶었다. 아이들 공부를 제대로 못 시킬 정도로 가난했다. 그런데도 쌀, 보리, 고구마 농사만 짓고 겨우 자급자족할 정도의 푸성귀나 재배할 뿐이었다. 사과 과수원 일구는 것을 가르치고 전도사님이 청년 몇 사람을 데리고 산비탈로 다니며 구덩이를 깊게 파고 개똥을 넣고 볏단으로 덮고 하면서 애써 해놓았더니 그 이듬해 호박만 심고 말았다.

또 미꾸라지 키우는 법을 가르쳐 주었다. 송장호 씨댁 마당에 둥그런 우물 아구 같은 것이 있어서 두꺼운 비닐을 맨 밑에 깔고 그 위에 모래, 겨, 흙을 차례로 잘 깔아두고 물을 채웠다. 그리고 아이들에게 논에 가서 미꾸라지를 잡아오게 했다. 거기다 넣어 두었더니 얼마 안 있어서 미꾸라지가 가득 차서 펄쩍펄쩍 뛰니까 그 집 오리가 열심히 잡아먹었다. 논 한 구석에 이런 식으로 미꾸라지 양식장을 만들어 서울에 팔면 수입이 괜찮다고 해도 "소용 없이유." 하면 그만이었다. 진취적인 생각이 전혀 없었다.

우리가 김원석 씨네 사랑방에서 살고 예배는 그 집 안방과 건넌방에서 드릴 때 유년 주일학교는 우리 방에서 모였다. 유치, 유년, 초등부 다 합해서 예배를 드리는데 아이들이 약 90명 모였다. 방도 컸고 아이들이라 덩치가 작아서 꽉 끼어 앉아서 예배를 드릴 수 있었다. 그런데 중학생 이상 큰 아이들이 우리 예배 시간에 길에 서서(길이 우리 방 높이보다 높아서 대나무 사이로 보였다) 돌멩이를 우리 방으로 던졌다. 그런데 신기하게도 하나도 방 안으로 떨어지지 않고 문지방을 맞고 바깥으로 떨어졌다. 신발을 숨기기도 하고 오줌 누어서 적셔놓고 시끄럽게 유행가를 불러대고 무척 애를 먹였다.

유난히 애 먹이는 키가 큰 어떤 아이가 있었다. 내가 머리도 깎아주고 좋은 선물도 주며 기도를 해주어도 약간 모자라서 그런지 참 어렵게 했다. 교회가 바로 그 아이의 집 옆에 제일 가까이 세워져서 우리 교회 신자들이 그 집 앞으로 지나다녔다. 그랬더니 그 아이 아버지가 하루는 인분을 그 밭과 길에 마구 뿌려놓았다. 그것이 마르고 냄새가 거의 나지 않게 되니 바로 길가에 가시나무를 죽 꽂아두었다. 또 얼마 있더니 가시나무는 다 뽑고 옻나무를 꽂아두었다. 나는 옻나무가 어떻게 생겼는지 몰랐는데, 불 때서 밥해 먹는다고 주운 것들이 그 옻나무였다. 사람들이 보고 놀라서 괜찮으냐고 물어서 괜찮다고 했다. 정말 아무 일 없었다. 하나님의 은혜라고 생각한다.

주일날 예배 드리고 집에 간 사람들 중에 옻이 올라서 고생하는 사람들이 생겼다. 심방 가서 보니 얼마나 기가 막히는지, 속에서 분노가 치밀었다. 길로 사람 다니는데 왜 그렇게나 심통을 부리는지 알 수가 없었다. 그리고 그 아이가 몰래 교회에 들어와서 상품거리 사 놓은 것을 도둑질해 간 것을 발견했다. 이래저래 그 집 때문에 화가 났다. 그래도 내가 그 집에 가서 그 아이 아버지께 예수 그리스도는 우리의 구원자라고 설명하고 예수 믿자고 했더니 씩 웃기만 하고 나갔다. 집에 와서 교회 안에 들어가서 하나님께 그 집을 구원해 주시든지 아니면 아버지께서 책임 지시든지 해달라고 기도했다.

내가 갔다 온 그 이튿날인가, 그 사람이 쓰러져서 실려 들어왔다. 목에서 피가 쏟아지고 사경을 헤매다가 대천 병원으로 갔는데 결국 일주일 만에 죽어서 택시에 실려 우리 교회 마당으로 새벽 일찍이 들어왔다. 그렇게도 자기 집 앞길로 사람들 못 다니게 훼방을 놓더니 자기는 시체가 되어 우리 집 마당으로 들어왔다. 친척들이 모여들더니 한 여자가 나와서 옻나무를 다 뽑아버리고 그 길을 쓱쓱 쓸어두었다. 장례가 끝나고 부인이 무당을 불러서 굿을 했더니 무당이 제 명에 못 죽었다고 했단다.

군산중앙교회에서

1976년 4월 1일, 군산중앙교회에 도착해서 안으로 들어가 기도 했다. 하나님께서

 "여기서는 너희들이 좀 쉬게 된다."

 라고 하셨다. 그 동안 교회 건축이니 개척이니 하면서 쉴 새 없이 달려온 셈이긴 했다. 다행히 새 교회는 차분하고 정원이 정취가 배어나는 듯 고풍지면서도 아름다웠다. 어린 단풍잎이 여린 빛을 띠고 새 잎이 싱그럽게 돋아나는 모습들이 아름다웠다. 교회 쪽문 입구에 사찰이 살고, 중간쯤에 창문이 보이고 굴뚝이 나 있고 천리향 나무가 창밑에 서 있는 집이 우리가 살 집이었다. 앞에 수도가 있고 검은색 페인트칠을 한 교육관을 따라 쭉 들어가면 담임 목사님이 사시는 길쭉한 집이 있었다. 교회 울타리 안에 세 집이 살고 있었다. 우리는 방 한 칸에 부엌이 있었다. 장로님들 가운데 목재사업 하시는 분들이 계셔서 나무는 무진장 많이 쌓여 있었고, 그걸로 불 때서 국도 끓이고 라면도 큰 솥에 끓이고는 했다.

 4월 1일에 이사하고 며칠 지나지 않아 어머님이 서울에서 다니러 오셨다. 남포의 개척 교회에서는 우리의 자급으로 4만원밖

에 주지 않았지만 푸성귀랑 쌀 등등은 신자들이 많이 공급해 주어 항상 넉넉했다. 심지어 고구마는 농사 지은 사람들보다 우리가 더 많을 정도였다. 군산에 오니 교회에서 자급으로 6만원을 주었다. 엄청 많게 느껴져서 은행에 적금을 넣고 시골에서처럼 살림을 꾸렸더니 며칠 되지 않았는데 쌀이 떨어지고 돈도 바닥이 났다. 교회에서 성미를 따로 주지 않았는데 쌀값이며 푸성귀값 등에 대해 전혀 예상을 못했던 것이다.

어머님이 오셨을 때가 마침 돈이 떨어지고 양식도 떨어져서 난감하던 차였다. 어머님께 차 한 잔을 타서 드리고 나는 얼른 교회로 뛰어갔다. "아버지, 큰일 났어요. 우리 어머님이 40년 만에 우리들 때문에 군산에 오게 됐다면서 너무너무 좋아하시는데, 저는 돈도 없고 양식도 없으니 어떻게 해요? 말할 곳도 없고 의지할 데도 없으니 어떻게 해요? 아버지, 도와주세요."라고 간절히 기도했더니 성령께서 찬송가 342장을 부르도록 하셨다. 내가 이 찬송을 언제 불러보았는지 생각도 안 나는데 입에서 저절로 나왔다.

어려운 일 당할 때 나의 믿음 적으나
의지하는 내 주를 더욱 의지합니다
세월 지나갈수록 의지할 것 뿐일세
아무 일을 만나도 예수 의지합니다

4절까지 거침없이 내 입에서 나왔다. 참 신기한 일이었다. 찬송을 부르고 또 부르고, 한참동안 부르고 나니 나가보라는 느낌을 받아서 일어나 나왔다. 교회 마당을 어슬렁어슬렁 걸어나오는데 쪽문으로 두 사람이 짐을 잔뜩 이고 지고 들어오고 있었다. 누 군가 싶어서 쳐다보는데 "사모님, 사모니임!" 해서 "누구세요?" 하면서 다가갔더니 남포교회의 안계수 집사와 최일순 집사가 아 닌가. 어찌나 반가운지 손을 잡으려 했으나 든 게 많아서 잡 을 수가 없었다. 웬 일인가 물었더니 "보고싶어서 왔이유." 했다.

쌀 찧은 게 서너 말 정도나 되었고, 조개젓 담고, 양념게장 담 고, 미역, 산나물, 도라지, 생선 등 얼마나 많이 바리바리 가져왔 는지 입이 딱 벌어질 정도였다. 금방 찧아온 쌀로 밥을 짓고 가 져온 반찬으로 점심을 먹으니 우리 어머님이 너무너무 좋아하 셨다. 그 후 우리 어머님은 종종 "얘야, 그때 그 시골교회 신자들 이 담아온 조개젓 같이 맛있는 조개젓은 볼 수가 없더구나." 하 셨다.

이 사람들이 군산까지 오려면 며칠 전부터 전날 저녁까지 모 든 것을 다 준비해 두어야 한다. 새벽 일찍 나서서 짐을 이고 한 시간도 넘게 걸어서 남포역에 와서 기다렸다가 장항선 완행열 차를 타고 장항에 내려서 짐을 가지고 도선장까지 가서 배를 타 고 군산에 내려서 버스정류장까지 걸어와서 버스를 타고 시청 앞에 내려서 우리 교회까지 다시 걸어와야만 되는 것이다. 나중 에 혼자서 그런 걸 곰곰이 생각해보았더니, 내 마음에서 감사의 눈물이 끊임없이 흘렀다. 나는 내가 처한 상황만 보고 하나님께 큰일 났다고 도와주지 않으면 안 된다고 그 난리를 쳤었다. 하나 님께서는 어머님이 오실 것도 미리 아시고, 나에게 돈이랑 쌀 없 는 것도 미리 아시고, 그 사람들에게 온갖 것을 갖추어 가기를 명하셨다. 이미 하나님께서는 그들을 출발시켜 놓으셨는데 나는 애가 타서 울고불고 하니 찬송이나 불러서 믿음이나 키우라고 하셨던 것이다. 이미 응답은 오고 있는 중인데, 나는 눈앞의 상황에 시달리고 있었던 것이다.

'여호와 이레'의 하나님은 얼마나 신실하신지 감사 감사할 뿐이다.

이튿날 새벽기도 끝나고 집에 오니 부엌문 앞에 꾸러미가 하나 놓여 있었다. 펴보니 싱싱한 도미가 한 마리 들어 있었다. 방금 배에서 가져온 것 같았다. 회를 뜨고 매운탕을 끓이고 해서 어머님께 드렸다. 그 이튿날 새벽기도 끝나고 집에 왔더니 또 꾸러미가 있었다. 이번엔 싱싱한 조기 큰 것 한마리가 들어 있어서 또 회를 뜨고 매운탕 해서 드렸다. 그렇게 매일 새벽마다 고기, 계란 등 끊임없이 공급해 주셨다. 이스라엘 백성들이 광야에서 매일 아침 만나를 거두어들이듯 나도 매일 새벽마다 거두어들이기만 했다. 다양한 메뉴로 즐겁게 먹도록 해주셨다. 얼마나 좋으신 아버지신지, 경험하지 않은 사람은 상상도 못 할 것이다.

주일이 되어서 어머님 오신 것을 알게 되니 장로님들이 어머님을 서로 모셔가려고 난리였다. 만물의 주인이시고 공급의 원천이신 하나님을 찬양하고 기대하며 산다.

우리 어머니

장로님들이 우리 어머님을 서로 모셔가려고 한 데에는 그럴 만한 이유가 있었다. 우리 어머님은 상해에서 유치원과 초중고, 대학까지 다니셨고 상해의 제일 큰 영국 회사에서 사장 비서를 하면서 영어 문장을 속기로 받아쓰시던 분이었다. 그 시절에 테니스를 배우고 롤러스케이트를 타러 다니셨다고 한다.

어머님의 아버지, 그러니까 우리 남편의 외할아버님은 상해 임시정부의 재정장관이셨다. 임시정부의 모든 재정을 공급하고 관리하시던 분이다. 그 사위가 되신 우리 시아버님은 중산대학 영문과를 수료하고 그 당시 상해에서 가장 인기 있던 전차공사에 근무하셨다. 그러다가 우리 어머님과 결혼하셔서 경성신학교(현재 서울신학대학)에 유학하셨고, 다시 상해에서 교회를 개척하셨다. 중일전쟁이 터져 위험하게 되자 성결교단 본부에서 한국 내 군산중앙교회로 파송하셔서 부모님 내외가 처음으로 도착한 목회지가 바로 군산이었다.

그 당시 교회의 사정이 어려워 빚도 많고 해서 어머님이 가지고 오신 돈으로 교회의 빚을 갚고 어렵사리 목회를 하셨다고 한다. 아버님이 부흥강사를 초빙하여 부흥회를 시작하셨다. 강사님을 목사님 댁에서 모시고 대접을 해야 하는데 밥상을 어머님이 차려놓고 아버님을 모시러 교회에 가셨더니 아버님께서 "나는 오늘부터 응답받을 때까지 금식합니다."라고 하셨단다. 강사 목사님 식사 대접하는 것을 비롯해 아버님이 집에 계셔야 불편하지 않을텐데 어머님 입장이 난감해지셨다. 어머님이 "기도 제목이 무엇입니까?" 하고 물으시니 "사택을 살 수 있게 재정을 주시지 않으면 강단에서 내려가지 않을 것이오."라고 하셨단다. 그 당시 교인들은 모두 가난하고 살기가 어려웠다. 아무도 크게 헌금할 만한 사람이 없었다. 몇 번씩이나 강단으로 집으로 왔다 갔다 해도 아버님은 내려오실 기미가 보이지 않으셨다. 그래서 어머님이 "내가 헌금 할테니 내려오세요."라고 말씀하시니 "할렐루야!" 하시면서 내려 오셨단다. 그래서 그 부흥회 끝나고 사택을 사서 교회에 바치셨다. 일본 사람들에게 연행되어 가기도 여러 번 하셨고 여러 가지 군산에 얽힌 추억이 많으시니까 우리가 여기 오게 되었다니 어머님도 얼른 오신 것이었다. 또 교회의 그런 과거사를 아는 장로님들이 어머님을 서로 모셔가려고 다투었던 것이다.

군산으로 와보니, 교회가 크고 예배 시간에 많은 사람들이 모여서 예배하는 모습에 눈물이 저절로 났다. 얼마나 좋았던지. 한 주 두 주 지나면서 예배 끝나고 나가는 사람들을 보다가 내 눈에 사람들이 보이기 시작했다. 한 주일에 예배 한 번 드리고 나면 그만이고 교회에 봉사를 전혀 하지 않는 사람들이 많았다. 충분히 교회를 섬길 수 있는 사람인데 아무 것도 맡지 않고 지나쳐버리는 사람들이다. 그들이 내 마음속에 자꾸 어른거리고 이상한 부담으로 느껴지기 시작했다. 대심방이 시작되어서 따라

다니며 집집이 사람들 사는 형편도 알게 되고 내 눈에 뜨인 사람들의 삶의 모습도 보게 되었다. 하루는 집에 혼자 앉아 있는데 문득

"전화해라."

하는 말씀이 들렸다. "누구에게요?" 했더니,

"그 사람들."

하신다. 긴 말도 아니고 설명도 없었는데 나는 누구인지를 알 수 있었다. 그래서 한 사람씩 전화를 했더니 반가워했다. 그렇게 만나기 시작해서 성경공부도 하고, 교제도 하고, 또 발전해서 여전도회 성가대도 조직하게 되었다. 남편들은 전도사님이 따로 매주 토요일에 '그레이 맞춤집'에서 만나서 학생회 교사 공부를 시켰다. 그 당시 학생회는 중등부 교사 한 명, 고등부 교사 한 명이 전부였고 학생들은 몇 명 모이지 않았다. 교사 성경공부를 시켜서 그 사람들에게 한 학년씩 반을 맡겼다. 처음 내가 맡은 반이 중학교 3학년 남학생 반이었는데, 3명의 이름이 출석부에 있었다. 3명 중 2명은 잘 나왔지만 한 명은 영영 나오지 않았다. 한 학기 동안 맡아서 열심히 돌보았더니 35명이 되었다. 그 다음 학기에 이희정 선생에게 넘겨주고 나는 학생회에서 손을 떼었다. 이희정 선생이 열심히 전도해서 그 반이 70명이나 되었다. 겨울 방학에 전도사님이 CCC전도 훈련을 학생들에게 했다. 우리 집에서 라면 끓여서 아이들에게 먹여가며 열심히 훈련해서 마지막 날 총력 전도를 하러 나갔다. 이렇게 하면서 학생회가 부흥이 되고 따라서 남전도회가 부흥이 되었다. 학생회 교사가 된 사람들을 매주마다 미리 훈련을 시켜서 한 주일 한 주일 진행해 나가는 동안 그 분들이 은혜를 받고 교회의 중진들로 자리를 잡아

가기 시작했다.

보신약국의 황광원 집사님은 나중에 장로님이 되어 교회 신축할 때 충성을 다하더니, 훗날 결국 목사님이 되어 서울 풍납동에서 예수사랑교회를 개척하고 몇 년 시무하다가 천국 가셨다. 제중약국의 변동환 집사님은 학생 수련회 때 불 받으시고 헌신하셔서 관양동에서 목회를 잘 하고 계신다.

그레이 맞춤을 하시고 전북 라이온스클럽 부회장을 하시던 임 집사님도 장로님으로 충성하시다가 천국 가셨다. 그 부인 최화남 권사님은 현재 수원에서 중국 선교를 위한 신학생 훈련원에서 강의도 하고 그들을 섬기며 계신다. 교회 바로 옆에서 살았기 때문에 각별히 친하게 지내기도 했다.

이상준 집사님은 장로님으로 지금도 충성하고 계신다. 김기석 집사, 박정숙 권사, 조유영 권사, 이기택 장로님 등등 좋은 분들이었다.

김용섭 장로님은 우리 시아버님 시무하시던 때 집사 임명을 받으셔서 평생 군산중앙교회를 섬겨오신 분이었다. 이철우 장로님, 한 권사님은 우리 어머님이 주일마다 찾아가셔서 전도하셨던 분으로 이 교회의 기둥으로 충성스럽게 섬기시던 분이었다.

일일이 다 말하자면 한이 없다.

인덕이 학교

군산으로 이사를 오니 우리 인덕이 학교가 바로 길 건너편에 있었다. 전학하기 위해 시골 월전국민학교에 갔더니 선생님이 아이가 아침에 학교에 오면 코피를 쏟고 못 견뎌 해서 양호실에 누워 있다가 공부를 하곤 했다고 알려주었다. 그러면서도 집에 와서는 그런 말을 전혀 하지 않아서 나는 몰랐었다. 그래도 학교에 가지 않겠다는 말을 한번도 하지 않았던 것은 매일 아침 동네 친구들과 어울려 가는 것이 좋아서였다.

아이가 자주 코피를 쏟았다는 선생님의 말을 듣고 얼마나 가슴이 아픈지 말로 다할 수 없었다. 그런데 군산에서는 큰길 건너편이 바로 학교인데 매일 아침 학교에 가기 싫다고 했다. 그리고 학교에 갔다 와서 코피를 쏟았다. 밥도 먹기 싫다며 안 먹고 아이가 자꾸만 깔아졌다. 그래서 군산한의원 장로님께 데리고 갔더니 진맥을 짚어 보시고 위 무력증이라고 하시면서 약을 지어 주셨다. 인삼을 넣어서 보약으로 지었으니 잘 달여 먹이라고 했다. 그 약을 먹고 나더니 힘을 차리고 밥도 잘 먹고 했지만 학교에는 여전히 가기 싫다고 해서 아침마다 내가 업고 갈 때도 있고, 손잡고 갈 때도 있었다. 학교에 가서도 교실에 들어가지 않으려고 해서 내가 같이 들어가서 제 자리에 데려다 주고 나는 뒤에 앉아서 수업하는 것을 어느 정도 보다가 오곤 했다.

당시에는 한 달에 한 번씩 월말고사를 쳤는데 전 과목 100점을 받았다. 선생님이 신이 나서 우리 반에서 올백 나왔다며 숙제를 더 많이 내어주곤 했다. 숙제 때문에 아이가 질릴 때도 많았다. 왜 다 아는 것, 학교에서 다 배운 것을 집에서 또 해오라느냐고 하면서 울고 학교에 가기 싫다고 떼를 썼다. 상장을 얼마나 타오는지 정말 많이도 받아왔지만 내가 한 번도 칭찬을 해주지 않았다. 그런 건 별 것 아니라고 여겼기 때문이다. 그것이 아이의 마음에 상처로 남을 줄은 미처 생각하지 못했었다. "학교에서 공부 했어?" 하면 잊지 않고 다 기억하고 있었고, 실제로 시험을 치면 틀리지를 않았다. 어쩌다 실수로 빼먹어서 그렇지, 두뇌가 참 명석하다고 느낄 때가 많았다. 군산중앙국민학교에서 학년 일등을 곧잘 했다.

그런데 형편이 여의치 않아서 제대로 계발을 해주지 못했다. 그러나 하나님의 선하신 손길이 항상 아이를 인도해주셨음을 나는 믿는다. 첫 번째 짝꿍이 김회림이었다. 귀엽고 깜찍한 아이였다. 지금까지도 연락하며 형제 같이 지내고 있다.

그 아이 엄마가 심장이 좋지 않아 쓰러진 적이 있었다. 건강 때문에 집안 살림을 못하고 거의 누워만 계시기 때문에 회림이는 우리 집에 와서 인덕이와 같이 숙제하고 교회 마당에서 놀았다. 가까이 사는 선정이도 같이 와서 놀다가 선정이네 집에 가서도 놀며 늘 셋이서 어울려 다녔다. 그러다보니 인덕이를 가운데 두고 종종 싸우기도 했다. 주일 예배 시간에 선정이와 회림이가 또 말다툼이 벌어져서 인덕이가 중간에서 말리느라고 애를 쓰는데 유년 주일학교 부장 선생님이 이를 보고는 인덕이를 야단

쳤다.

"너는 목사님 딸이 왜 예배 시간에 자세가 그 모양이야? 모범은 못 되고 왜 떠들고 있어!"

예배가 끝나고 인덕이가 울면서 집에 왔다. 억울하다면서 이런 이야기를 했다. 인덕이를 달래주고 위로해주었지만 마음이 개운치 않았다. 우리는 우리 자신도 모르게 편견의 안경을 끼고 사람을 보고 왜곡된 시각으로 판단할 때가 있다. 완전한 사람이 어디 있겠는가만, 어린아이의 마음을 다치게 하는 어른이 되지 않도록 노력해야겠다.

아이들과 청년들

그 당시 그 교회에 유치부가 없었다. 젊은 엄마들이 많아서 자녀들이 많은데도 그랬다. 그냥 두어서는 안 되겠다는 마음이 들어서 주일 9시에 교육관에서 어린이들을 모았다. 어머니들이 데리고 와서 맡겨주어서 성경 말씀도 가르치고 동화도 해주고 놀이도 하면서 재미있게 이끌어갔다. 간단한 간식도 주었더니 동네 아이들도 따라와서 좋아했다. 처음에는 내가 간식 준비를 했는데 나중에는 어머니들이 준비해주었다. 유치부 아이들이 되어서 때로는 아이들의 발음을 알아듣기가 어려울 때가 있었다. 새로 나온 어린이가 있어서 하나씩 이름을 물어 가는데 한 아이가 "네 이름은 무엇입니까?" 했더니 "대근이요." 하고 씩씩하게 대답했다.

"성이 무엇이지요?"

"대근이요."

"그래? 김대근이니? 이대근이니? 박대근이니?"

혹시 '성'이란 말을 몰라서 그럴까 싶어 여러 가지 성을 붙여서 물었다. 혹시 들으면 알까 싶어서 말이다. 그런데도 여전히 "대근이요."다. 그래서 "아빠 이름이 뭔지 알아요?" 했더니 "네, 알아요." 했다. "그럼, 아빠 이름은 무엇이지요?" 했더니 "대근이 아빠요."란다. 둘러 서 있던 어머니들이랑 모두 일제히 와아 하고 웃음을 터뜨렸다. 결국 그 아이의 성은 모른 채 출석부에 '대근이'라고만 썼다.

김영순 권사(당시는 집사 초년생)가 첫딸을 데리고 와서 여러모로 많이 도와주었다. 그는 참 아름다운 사람이었고 학처럼 우아한 모습을 하고 있었다. 미우라 아야꼬의 책들을 사다주었고 맹인 교수인 양정신 씨의 간증집도 사다주며 조용조용히 가까이 있던 사람이다. 기도 제목이 있으면 저녁에 와서 함께 기도하고 또 어떨 땐 함께 심방도 했다. 마사지 하려도 간 적이 있었다.

그런데 어느 날 저녁에 와서 여러 가지 이야기를 하더니 아들을 하나 더 낳았으면 하는데 임신이 되지 않는다고 했다. 처음에 결혼해서 딸을 낳았고 둘째아이 임신할 때 하나님께 기도하기를 '이번에 아들을 주시면 다시는 더 이상 애기를 낳지 않겠습니다. 그러니 꼭 이번에는 아들을 주세요.'라고 기도했었다. 정말 두 번째는 아들이었고 그 아이 낳은 후로는 임신이 되지 않았단다. 그런데 시부모님이랑 함께 살면서 부모님이 아들 하나가 더 있어야 한다며 기다리신다고 했다. 피임하는 사람은 가만 안 두겠다고 하시면서 자기네들이 피임하는 줄로 안다는 것이었다. 하나님께 자기가 서원하며 기도했기 때문에 더 이상 하나님께서 태를 열지 않으시는데 어떻게 하면 좋으냐고 걱정했다. 그래서 내가 그의 손을 잡고 "하나님, 김 집사에게 아들과 딸을 주시고 잘 자라게 해주셔서 감사합니다. 그가 믿음이 어릴 적에 아무 것도 모르고 철없이 서원한 것을 용서해주옵소서. 부모님이 자손을 더 원하시는데 하나님께서 김 집사의 서원을 풀어주시고 다시 태의 문을 열어주셔서 아들을 주시옵소서." 이렇게 기도해 주었다. 그리고 나서 우리는 서울로 이사를 갔는데, 그 이후 그가 애기를 가져서 아들을 낳았더니 그 부모님이 너무나 좋아하셨다고 했다. 생명은 하나님의 주권이므로 하나님께 청구할 수 있음을 다시 깨달았다. 그래서 2남 1녀를 두고 장로님의 자부로서 또 장로님의 부인으로서 충성된 청지기의 가정을 이루고 산다.

어느 해 여름 방학을 이용하여 청년학생 수련회를 남원 춘향이 무덤이 있는 곳에 향교가 있어서 거기서 하기로 결정을 하고 갔다. 적어도 40~50명은 족히 되는 사람들이 가는데 도와줄 사람들도 없이 나 혼자서 식단을 짜서 시장을 보고 준비해서 갔다. 내가 너무 철이 없었던 건지 무식했던 건지, 겁 없이 가서 하루 세 끼니 식사 준비를 하는데 혼이 났다. 그래도 설거지는 돌아가며 순서를 짜서 같이 해주어서 좀 괜찮았다. 도와달라고 부탁했으면 얼마든지 도와주셨을 텐데 내가 너무 뭔가를 몰랐다. 그리고 어떻게 수련회 장소로 전설의 고향 같은 데를 정했는지, 지금 생각하면 참 어이없다. 게다가 밤 사이 비까지 왔다.

이튿날 아침식사를 하고 청년들 몇이 등산 좀 하고 오겠다며 산으로 갔다. 남은 우리는 집에 갈 준비를 해서 떠나려고 하는데 등산 간 청년들이 오지 않아서 한참을 기다려야 했다. 얼마 후 그들이 와서 보고를 하는데, 그 중 한 명이 죽을 뻔했다고 한다. 밤 사이 계곡에 물이 불어서 올라갈 때까지는 괜찮았는데 내려올 때는 물살이 격하게 바위를 휘감으면서 쏟아져 내려왔다는 것이다. 일행 중 한 명이 바위에서 미끄러져 그 격한 물살에 떠밀려 내려가다가 나무뿌리가 물살에 떠있는 것을 보고 얼른 그

것을 잡고 필사적으로 빠져나왔다고 했다. 그럴 때 만약 머리를 바위에 부딪치거나 하면 정신을 잃게 되고 죽을 수밖에 없게 된다. 그 청년이 초등학교 교사였고 집이 해망동 바닷가에 있어서 수영은 잘하는 사람이지만 계곡물은 또 다르기 때문에 몹시 위험했다.

집에 와서 그 이야기를 하는데 그 어머니 권사님이 아침밥을 먹고 났는데 자꾸만 마음에 부담이 느껴져서 견딜 수가 없어 교회로 뛰어와서 기도를 했다는 말씀을 하셨다.

그 기도 시간이 바로 자기 아들이 물살에 떠내려가며 위험에 처해 있던 순간이었다. 하나님께서 위험에 처한 아들을 위해 중보기도 하도록 그 어머니를 강권하셨다는 것을 깨달으니 얼마나 감사한지!

우리는 무사히 집에 왔는데, 군산의 다른 어떤 교회에서는 학생 수련회를 기도원에서 하다가 학생들이 숙소에서 자는 동안 산사태가 나서 여러 명이 죽고 다치는 사고를 당하기도 했다. 신문과 TV에서 그 기사가 보도되자 우리 집으로도 전화가 많이 걸려왔었다. 우리는 무사했지만 그 교회는 얼마나 어려울까 생각하며 마음이 너무 아팠다.

목사 안수

1977년 5월 초에 은행 적금 넣었던 것을 찾아서 목사 안수식 하기 전에 빚을 다 갚기로 했다. 신학대학 다닐 때 학생회지 《복천》을 발간하고 나머지 15,000원을 갚으라고 친구에게 맡겼는데 그 분이 형편이 어려워서 갚지 못했다고 해서 우리가 갚기로 했었다. 또 영등포에서 이사올 때 내 친구에게서 20,000원 받아온 것도 갚기로 했다. 서울에 먼저 가서 빚진 것을 갚고 청파동 구역장 댁에 과일 한 상자 사서 인사드리고 성향사 병원에 과일 한 상자 사서 인사를 드렸다. 그리고 어머님께 옷 한 벌을 해드렸다. 그리고나서 안수식을 하고 군산에 내려왔더니 장로 장립, 목사 취임식 겸해서 성대하게 잔치를 해주셨다.

우리가 사는 방 바로 앞에 교육관이 있어서 탁구 치는 사람들이 많았다. 이 전도사님이 어떻게나 탁구를 열심히 치는지 모든 청년들을 재치고 일등을 하곤 했다. 그런 모습을 보면서 내 마음은 목마름으로 타들어가고 있었다.

영적으로 곤고해져서 그런지 그때 우리는 피차에 많이 어려워했었다.

거의 매일 밤 교회에서 기도하고 잠을 잤다. 밤중에 마당에 나오면 장미 향내가 가득했다. 희뿌연한 밤의 색깔이 정원수들을 무늬처럼 보이게 했고 장미꽃들은 진하게 향내를 내뿜었다. 너무나 아름다운 밤의 정경에 빠져들곤 했다.

저 장미꽃 위에 이슬 아직 맺혀 있는 그 때에
귀에 은은히 소리 들리니 주 음성 분명하다
주가 나와 동행을 하면서 나를 친구 삼으셨네
우리 서로 받은 그 기쁨은 알 사람이 없도다
밤 깊도록 동산 안에 주와 함께 있으려 하나
괴론 세상에 할 일 많아서 날 가라 명하신다

주께서 날 부르실 때 "사명을 위해 살아라." 말씀하셔서 후회 없이 걸어온 길이었는데, 그 즈음 나는 때론 멀리멀리 혼자 외딴 곳에 서 있는 듯했다. 정처 없는 나그네처럼 깊은 외로움 속으로 떨어져 내리는 것을 느낄 때도 있었다.

'밤 깊도록 동산 안에 주와 함께 있으려 하나' 이 찬송을 부르면 목이 메었다.

그 교회의 아름다운 정원은 내 마음의 에덴이었고 주님과 함께 거닐었던 추억의 동산이었다. 내면의 감정들이 조각나고 관계의 벽이 두꺼워져 가고 목 놓아 울고 싶었던 시간들이었다.

나는 위로의 하나님을 잊을 수 없다. 자비의 그 품을 잊을 수 없다. 쓸쓸히 돌아서고 싶을 때 주님은 너무나 진한 사랑으로 나를 품어주셨다. 주님은 영원한 내 사랑이셨다. 참 사랑이셨다.

이름

부르기도
아까운 이름
부르지 않고는
못 배기는 이름

간직하기에는
너무나도
자랑스러운 이름

숨겨 두기에는
너무나도
빛나는 이름

머뭇거리기에는
너무나도
다정한 이름

멀리 두기에는
너무나도
그리운 이름
잊어버리기에는
너무나도

뼈저린 이름

잃어버리기에는
너무나도
소중한 이름

놓치기에는
너무나도
필요한 이름

오
나의 주
나의 하나님
예수 그리스도여!

3

잠잠하라

어머님과 서울로

1978년 들어서면서 뭔가 우리의 길에 변화가 있을 것 같은 예감이 들었다. 서울 장충단교회 홍 목사님으로부터 서울로 오라는 연락이 왔다. 그런데 마음이 내키지 않아 주저하면서 하나님께 차라리 단독 목회지로 보내달라고 기도하기 시작했다. 그러던 중인데 우리 어머님이 서울에서 내려오셨다. 셋째아들과 함께 3년을 시흥에서 사시다가 막내아들 결혼 시킨 뒤 그 댁에서 같이 사셨는데, 이번엔 우리 집으로 오신 것이다. 불편하셨던 여러 가지 이야기를 하시는데, 내게 무언가를 기대하시는 느낌을 많이 받았다.

홍 목사님께서 서울로 오라는 전갈을 보냈더라고 했더니 아주 반가운 표정이 되시면서 답을 보냈느냐고 하셨다. 우리가 대답을 하지 않았다고 하니 언짢아 하셨다.

반면에 당사자인 이 목사님이나 나는 홍 목사님과 함께 있는 것을 달갑게 여기지 않았다. 홍 목사님이 우리 아버님 밑에서 부목사로 대구봉산교회에서 계셨고, 아버님 은퇴하실 무렵에 쓸쓸한 일들이 있었기 때문에 그 밑에 부목사로 가는 것이 내키지 않았다.

어머님은 자꾸 대답을 보내라고 하시고, 언제쯤 가게 되느냐고 재촉을 하셨다. 나는 하나님께 구체적인 말씀을 드리면서 다른 곳으로 보내달라고 요청했다. 그랬더니 하나님께서 장충단으로 가게 될 것이라며 분명하게 말씀하셨다. 나는 그래도 다른 교회로 보내 달라고 했고, 하나님은 장충단이라고 하셨다. 다른 곳으로 보내주실 것을 계속 요청했으나 하나님의 뜻은 변치 않았고, 거기서부터 내가 어머님을 모시고 살게 될 것도 말씀하셨다. 우리가 시골로 다녔기 때문에 어머님과 함께 살 수 없었으나 서울로 가면 당연히 내가 모시리라고 생각하고 있었기 때문에 그 일에 대해서는 별달리 내가 반응할 것이 없었다. 그러나 임지를 장충단 아닌 다른 곳으로 가기를 원했으나 하나님께서는 우리를 그곳으로 보내시기로 작정을 하셨던 것이다. 버티고 고집을 부리다가 "아버지, 그러면 언제쯤 가게 됩니까?" 하니

　"6월 중순, 보너스 받고 떠난다."

　하셨다 그래서 "그러면 돈 받자 떠나게 되나요? 그러면 신자들 보기에 부끄럽겠네요." 했더니

　"아니다. 1월부터 6개월 동안 너희들이 일한 것이기 때문에 부끄러워할 것 없다."

　라고 하셨다.

　실제로 1978년 6월 19일에 보너스를 받고 20일에 서울 장충단교회로 떠났다. 광주고속 제일 앞의 번호를 우리에게 주어서 어머님과 함께 서울로 가게 되어서 어머님은 너무나 좋아하셨다. 비가 쏟아지는데도 신자들이 너무나 많이 나와서 고속버스 터미널이 가득 찼다. 버스를 둘러싸고 인사들을 했다.

　버스가 출발할 때 어떤 승객이 우리를 보며 "어, 오늘은 사고 날 걱정은 없겠네. 하나님이 확실하게 보호하실 테니 맘 푹 놓고

잠자며 가도 되겠네." 했다.

대전 지나면서 비는 그치고 맑은 날씨가 되어서 서울에 도착하니 새로운 환경에 상쾌한 느낌마저 들었다. 장충단교회 권사님과 집사님들이 터미널까지 와서 기다렸다. 하나님께서 우리를 너무나 호강시켜 주시는 듯해서 조금은 어리둥절했다. 다른 차로 갈아타고 교회까지 가서 먼저 예배당에 들어가서 기도하고 교회에 차려놓은 점심을 잘 먹었다.

우리가 살 집은 퇴계로 5가 네거리 코너의 골목 안에 있었다. 삼각형의 땅에 맞추어서 지은 집이라 마당도 삼각형이고 방 한 칸은 좀 큰데 마루는 조각을 방 사이에 끼워 놓은 것 같았다. 게다가 작은 방은 어이없이 작았다. 큰 방은 어머님과 인덕이가 쓰기로 하고 우리는 작은 방을 썼다. 권사님들이 오셔서 선풍기를 사다 주셨다. 금성사에서 만든 것인데 그때부터 사용해서 25년 동안이나 고장 한 번 나지 않고 잘 썼다.

주일이 되어 모든 교인들 앞에서 인사하고 환대를 받았다. 거리가 멀지 않아서 새벽기도 다니기 좋았고 밤에 교회에 가서 기도하기도 좋았다. 언제나 그랬듯이 밤에 교회에서 철야기도를 하기로 작정하고 교회에서 기도하는데 머리가 하얀 백 권사님이 기도하러 오셨다. 젊은 사모님이 기도하는데 가까이에 사는 사람들이 교회에 와서 잠을 자더라도 나와서 사모님 뒤에서 있으라고 명령을 내리셨다.

며칠 안 된 어느 수요일 저녁예배를 드리려고 집을 나서는데 어머님이 작은 소리로 내게 "너는 집 봐야지!" 하시면서 아들 목사님 뒤를 따라 나가셨다. 나는 엉거주춤 대문에 서 있는데 길모퉁이를 돌아서려다가 나를 본 남편이 "뭐하고 빨리 오지 않고 서 있는 거야?" 하면서 재촉하는 눈으로 나를 보았다. 그래서 "집 지키라고 하셔서…." 하면서 말꼬리를 흐렸더니 벽력 같은 소리로 "뭐? 집을 지켜? 야, 수요일 저녁에 목사 사모가 집 본다고 집에 앉아 있으면서 어떤 교인 보고 저녁예배 나오라고 하겠냐? 도둑 다 맞아도 된다. 당장 나와." 했다. 어머님은 아무 소리도 하지 않고 걸어만 가셨다.

며칠 있다가 어머님이 살림살이를 시흥 막내네 집에서 옮겨 오셨다. 강아지 두 마리까지. 더운 여름이라 시멘트 마당에 햇볕이 모이면 반사되는 더위가 숨막힐 듯했다. 시시때때로 물을 퍼부으면서 더위를 식히려고 해도 그 싸움은 나만 땀나게 할 뿐이었다. 그런데 강아지 두 마리가 쉬를 해대면 지린내 때문에 더 힘들었다.

7월 말이 되면서 여름성경학교가 시작되어서 교회에 가서 봉사도 하고 성경동화도 맡아서 해야만 했다. 그런데 점심시간이 되면 어김없이 어머님으로부터 전화가 왔다. 와서 점심 차리라고. 봉사하시는 분들이 반찬과 밥을 싸주시면서 어머님께 차려드리고 오라고 해서 가지고 집에 왔더니 여러 사람이 만든 것이라 깨끗치 못하다면서 다시 다 볶고 끓이라고 하셨다. 시키는 대로 하면서 땀을 비 오듯 흘리고 있자니 나의 마음속에도 불꽃이 이는 듯했다. 얼음물이라도 마시고 싶었다.

다음 날은 아침에 밥을 먹고 남은 것이 있어서 얼른 집에 와서 볶음밥을 해드렸더니 볶음밥은 싫어하신다며 상을 밀어내셨다. 다시 밥을 새로 지어서 드리고 설거지 다 한 후 교회로 갔다. 나는 어머님과 함께 살게 되면서 어머님 목회가 참 어려운 것임을 새삼 깨달았다.

교회 건축

8월 1일엔가 교회 신축하는 기공 예배를 드렸다. 묵은 교회는 6·25 전쟁 때 북쪽에서 피난 온 사람들이 정착하면서 흙으로 벽돌을 만들어 지은 것이라 너무 낡아서 무너질까 위험하기 때문에 새로 짓지 않으면 안 된다고 했다. 그래서 기존 신자들은 벌써부터 건축헌금을 해왔단다. 그런데 우리는 처음 왔으니 누적된 헌금도 없고 새로 시작해야 하는데 형편이 닿지 않아 난감했다. 교회 건물을 헐었기 때문에 교회 옆에 일본식 집 한 채를 사서 식당 겸 저녁예배 장소로 사용했다. 철야 기도하는 사람들도 거기서 했다. 기도하고 깊이 생각했더니 좋은 아이디어를 주셨다. 셋째 동서한테 전화를 해서 계를 하나 설립하되, 첫째 둘째를 나에게 태워주고 끝부분에 하나 더 태워달라고 부탁했다. 그렇게 하기로 결정을 하고 며칠 있더니 연락이 왔다. 동서가 나에게 100만원을 가져왔다. 건축 헌금을 드렸다. 그 다음 달에 또 100만원을 헌금했다.

그렇게 미리 타 쓴 곗돈을 한 달에 12만원씩 부어야 했다. 교회에서 자급을 16만원 주셔서 십일조를 드리고 주일 감사헌금을 드리고 나면 생활비가 없었다. 매일매일 그야말로 피나는 기도로 살았다. 그런데 가끔 어머님은 가계부를 가져오라고 하셨다. 가계부 없다고 할 때마다 어머님의 시선은 멸시하는 눈빛이 되곤 했다. 우리가 어려운 건 내가 헤프고 낭비가 심해서 그렇다고 아예 낙인을 찍었다.

교회 건축은 잘 진행이 되어 가고 있었다. 어느 날 동서한테서 전화가 왔다. 곗돈 받으러 오겠다고. 그런데 그날 나에게는 돈이 마련되어 있지 않았다. 그 전화를 받고 나는 방구석에 머리를 박고 앉아서 아버지께 졸랐다. "아버지, 어떡해요? 상준네가 곗돈 받으러 온다는데, 나는 없어요. 아버지, 어떡해요? 어떡해요 아버지? 어떡해요?" 하는데

"교회로 가봐라."

하는 음성이 들렸다. 그래서 얼른 일어나서 교회로 갔더니 시멘트를 붓는 날이라고 여전도회에서 떡과 고깃국을 끓여 내왔다. 함께 어울려 열심히 떡과 국을 인부들에게 날라다 주고 나서 휘 둘러보다가 사랑방 쪽으로 내려가서 부엌을 지나려는데

"뒤돌아봐라."

라는 음성이 들렸다. 획 돌아서는데 거의 마주칠 듯 사찰 이 집사님이 서 있었다. 순간

"말해라."

하길래 거의 반사적으로 생각할 겨를도 없이 "돈 있어요?"라고 물었다. "얼마나?" "10만원. 주일 날 드릴게." 그랬더니 두 말 할 것도 없이 이 집사님이 10만원짜리 수표를 내밀었다. 참으로 순식간에 이루어진 일이었다.

그것을 받아가지고 집에 오자마자 동서가 왔다. 집에 있던 2만원과 함께 그 돈을 주어서 보냈다. 그 날이 금요일이었고 주일에도 갚아 줄 무슨 방도가 있는 것은 아니었다. 철야기도 하면서

또 아버지께 구했다. "아버지, 언제나 함께하셔서 어려운 문제마다 해결해 주시는 아버지가 계셔서 정말 좋습니다. 분명히 주님께서 구하라, 찾으라, 두드리라 하시면서 구하는 자에게 좋은 것으로 주신다고 하셨지 않습니까? 주일에 갚기로 했는데 저는 대책이 없어요. 약속 어기지 않도록 도와주세요. 제가 말씀드릴 곳은 아버지밖에 없어요. 하늘과 땅에 제가 의지할 곳은 아버지밖에 없습니다. 아버지 하나님, 아버지 하나님." 정말 하루하루가 하나님의 인도하심 없이는 살 수 없는 때였다.

우리가 부임하기 직적의 부목사님은 사모님이 약사여서 돈을 잘 벌었고, 학생들에게 간식도 잘 사주고 잘 데리고 다녔다고 했다. 또 다른 협동목사 사모님은 피아노 레슨을 해서 참 윤택한 살림을 살았다. 한번은 교회에 손님이 온다고 해서 식사 대접을 하게 되었다. 여전도 회원들이 일을 하는데 그 협동목사의 어머님인 권사님이 나에게 바나나를 좀 사오라고 해서 낙원시장까지 가서 좌판에 있는 바나나를 사왔다. 그 권사님이 나를 보고는 "이것도 물건이라고 사왔어? 우리 며느리 같으면 신세계백화점에서 제일 좋은 것으로 샀을텐데." 하였다. 아무 말도 못하고 다른 곳에 가서 또 묵묵히 일만 거들었다.

나는 하나님께 나도 일할 수 있도록 해달라고 부탁했다. "아버지, 모모 사모님도 돈을 잘 벌고, 모모 사모님도 돈을 잘 버는데, 나는 무엇을 해야 돈을 벌 수가 있겠습니까? 나도 돈 벌 수 있게 해주세요." 그렇게 돈 벌게 해달라고 열심히 기도하는데

"너는 복음으로 말미암아 살리라."

하는 음성이 내 마음속에 울려 퍼졌다. 그러더니 조금 있다가 다시

"네가 발로 밟는 곳마다 먹게 해주마."

라고 하셨다.

그 이후 상담할 일을 많이 맡겨주셔서 개별적인 만남을 거의 매일 하다시피 했다. 문제를 위해서 기도하는 가운데 하나님께서 삼일씩 혹은 일주일씩 지속적인 기도가 필요할 때는 그렇게 하는 가운데 해결이 되곤 했다. 문제들도 다양했고 기도 제목들도 다양했다. 어떨 때는 전혀 불가능해 보이는 문제들도 있었지만 금식하며 함께 기도하는 가운데 하나님께서 응답해 주셨다. 이런 가운데 어떤 이는 응답받고 문제가 해결되면 별도로 사례금을 주기도 했다. 처음에는 받지 않으려고 했다. 거저 받았으니 거저 주라 하신 말씀을 알기 때문에 받지 않으려 한 것인데,

"받아라. 너를 위해 내가 준비한 것이다."

라고 하셔서 정말 황송한 마음으로 받았다.

너희는 먼저 그의 나라와 그의 의를 구하라
그리하면 이 모든 것을 너희에게 더하시리라 (마 6:33)

이 말씀을 늘 암송하면서 밤마다 교회에서 기도하고 또 여러 가지 일들을 하면서 하나님 나라를 이루어가도록 노력했다.

그러던 어느 날, 백 전도사님이 "내가 꿈을 꾸었는데 사모님에게 불이 환하게 켜져 있더라구. 그러니까 이제부터 여전도회 기도회를 사모님이 인도하시오."라고 하셨다. 바로 그 달 기도원

에 가서 기도회를 인도하라는 것이다. 그래서 "아이구 아버지, 나는 어린이들에게 설교하고 유년 주일학교는 익숙하지만 어른들에게는 자신이 없어요. 어떻게 해요?" 하며 또 하나님께 엎드렸다. 하나님께서 나에게 이사야 50장 4절 말씀을 주셨다.

주 여호와께서 학자의 혀를 내게 주사
나로 곤핍한 자를 말로 어떻게 도와줄 줄을 알게 하시고
아침마다 깨우치시되 나의 귀를 깨우치사
학자같이 알아듣게 하시도다

열심히 기도하고 말씀을 준비해서 함께 가서 말씀을 전하고 나서 기도를 많이 했다. 권사님 한 분이 동네에 사시는 분을 전도해서 데리고 왔는데 몸이 많이 편찮으셨다. 그래서 그 분을 가운데 앉히고 우리는 둘러앉아서 기도했다. 육신의 병도 병이지만 영적인 문제가 더 심각하게 느껴졌다. 열심히 합심해서 기도하고 나니까 머리가 맑아지고 두통이 나았다고 했다.

그날 여전도회 부회장이신 권사님 한 분이 기도 시작하기 전에 화장실에 갔다가 우리가 기도하는 와중에 문을 열고 들어서게 되었는데 이상한 것을 보았다고 했다. 새 신자의 뒤에 부처가 줄을 지어 서 있더니, 내가 그 사람에게 손을 얹으니까 제일 큰 부처가 얼굴에 노기가 가득해지며 픽 돌아서서 가는데 다른 부처들도 다 따라 나가는 것을 보았다는 것이다. 참 신기하다고 하면서, 꿈도 아니고 생시인데 똑똑하게 보았다고 했다.

그리고 몇 달 뒤에는 여전도회 수련회를 기도원에서 했다. 남편은 말씀을 전하고 안수기도를 했다. 나는 기도를 도와주는데 권사님들이 방언도 하고 은혜 체험들을 많이 했다. 매월의 기도회가 은혜 가운데 지속되었고 하나님께서는 못난 사람도 쓰셔서 하나님의 영광을 드러내 주시는 것을 경험하며 그저 감사할 뿐이었다.

한번은 외부 강사를 초빙했다고 해서 나는 가벼운 마음으로 사무실로 갔는데, 강사님이 와서 소파에 앉아 있었다. 보는 순간 내 마음속에 아찔한 것을 느끼면서 '이건 아닌데.' 하는 맘이 들었다. 그래도 말은 못하고 찜찜한 채로 버스를 타고 가는데 워커힐 가까이 왔을 때 차에서 고무 타는 냄새가 나서 차를 세우고 조사를 하고 했는데 별일은 없었다. 기도원에 가서 예배를 그 분이 인도하는데 나는 제일 뒷자리 벽에 기대어 앉아서 지켜만 보았다. 속으로 영적 전쟁을 하면서.

예배 끝나고 둘러앉아서 기도를 하는데 뭔지 모르게 혼미의 영이 오락가락 하는 것을 느꼈다. 나중에 백 전도사님이 따로 또 안수기도를 받았다. 다 끝나고 집에 가는 버스에서 김 전도사님이 찬양을 인도하는데 노래 소리가 바람에 획획 날려가는 것을 느꼈다. 오늘 참 이상하다는 생각을 하며 앉아 있는데 버스가 그만 고추밭에 넘어지고 말았다. 모두들 엉금엉금 기어서 나왔다. 한참을 걷고 걸어서야 버스를 타고 저녁 늦게 집에 돌아왔다.

아무리 생각해도 가짜 목사 같이 생각되고 어이가 없었다. 백 전도사님 댁에 찾아왔길래 없다고 집에 들어오지 못하게 한 적도 있었다. 그리고 나서 얼마 있지 않아 목사님과 김 전도사님과 함께 심방을 갔다가 오는데 수정약국 앞에서 그 강사가 담배를 물고 걸어가는 것을 보게 되었다. 그리고 얼마 있지 않아서 백전도사님이 쓰러졌다. 그 강사처럼 연탄가스 중독으로.

유년 주일학교 부장

장충단교회에 가자마자 홍 목사님이 유년 주일학교를 맡아달라고 하셨다. 그러더니 이듬해 나를 유년 주일학교 부장으로 임명했다. 유년부, 초등부가 따로 나뉘어져 있지 않았다. 아이들이 약 70명 정도 되었다. 부장 집사님은 그만두셨으나 총무와 교사들은 그대로였다. 총무를 불러서 그동안 정리해 두었던 장부를 가져와서 전년도의 것을 참고삼아 올해의 살림살이를 계획해 보자고 했다. 미리 둘이서 의논을 좀 해서 전체 교사회의에 내놓고 전반적인 것을 살피자고 했는데 총무가 오지 않았다. 예산을 세워야 하는데 도무지 나타나지 않고 장부도 보내지 않았다. 한 달 두 달이 가는데 이 사람이 나타나지 않아서 전화도 하고 연락도 보냈으나 오지 않았다. 그래서 주보를 내가 만들어서 사용하고 장부를 새 것으로 사서 하는데, 어느 주일날 유년 주일학교 지방연합회에서 전년도 상회비가 미납되었다며 받으러 왔다. 그래서 재정부에 상회비를 청구했더니 조사를 다 해보신 후 받아 간 영수증이 여기 있다며 내밀었다. 재정부는 지불했고 지방회에는 미납이 되었던 것이다. 그 돈의 액수가 자그마치 50,000원이었다. 적은 돈이 아니었다.

총무는 오지 않고 점점 할 일은 많아지는데 그 사람만 의뢰할 것이 아니라 다른 사람을 불러야겠다는 생각이 들어서 장충단 교회에 새로 온 남은경 선생을 불렀다. 총무 겸 서기의 일을 맡기니 얼마나 똑부러지게 일을 잘 하는지 하나님께 감사했다. 그리고 전 총무를 위해서 애태우며 기도하던 것을 중단하고 그 사람은 하나님께 맡겼다. 여하튼 이전의 기록이 없어서 완전히 새롭게 해나갈 수밖에 없었다.

대심방 때 따라다니며 신자들 집에 교사 요원들이 많이 있음을 발견했다. 전혀 봉사하지 않고 대예배 때 한 번씩 교회에 오거나 혹은 안 오거나 하는 사람들이었다. 이름을 적어두었다.

유년 주일학교 분위기가 침체되어 있어서 어린이 부흥회를 계획하고 어린이 전도협회의 원우연 목사님을 초청강사로 모셨다. 무조건하고 동네 아이들을 끌어모았다. 발 디딜 틈도 없이 많이 모였다. 하나님께서 때마다 일마다 함께하셔서 유년 주일학교가 든든히 서게 되고 교사들도 힘이 나서 잘 모이고 열심히 했다.

5월에 어린이날 동지방연합회 체육대회가 있었다. 어린이날 집집이 아이들 데리고 대공원이니 어디 다른 데로 놀러 가고 교회로 모일 아이들이 도무지 없었다. 유도대학 다니는 덩치 좋은 김홍국 선생이 몇 번 아이들과 발야구 등 몇 가지 연습해서 천호초등학교를 찾아왔다. 점심 보따리 들고 아이들과 함께 몇 안 되는 교사들이 물어물어 찾아와서 시합에 참여했는데 우리 모습이 어찌나 초라한지 눈물이 났다.

다른 교회(천호성결교회)에서는 천막을 치고 자기네 자리를 잘 마련해 놓고 학부형 교인들이 많이 와서 응원하는데 우리는 천막도 없고 응원할 사람도 없었다. 교사 몇이서 소리를 지르며 땀을 뻘뻘 흘려도 우리 아이들은 초등학교 1학년처럼 보이고 다른 교회 아이들은 중고등학생들처럼 보였다. 도무지 우리하고는 게임이 되지 않았다.

우리가 얼마나 초라해 보이던지 눈물이 날 지경이었다. 그날 완전히 패배하고 돌아와서 나는 속으로 곰곰이 생각해 봤다. 우리는 서울 시내에 살고 있어서 유년 주일학교 학생들이 운동보다 공부에 신경을 많이 쓰고, 예술적인 면으로 탁월하다는 것을 알았다. 여름성경학교가 지나면 동지방회 주최 성가경연대회가 있고, 그 다음에는 성경경시대회가 있다. 먼저 여름성경학교 준비를 잘 하고 나서 다음의 것을 준비하자고 마음먹었다. 그런데 6월 어느 날 아침에 지난번 총무가 직장에 출근해서 일을 막 시작하려다가 쓰러져서 세상을 떠났다는 전갈이 왔다. 그 당시 나이가 스물일곱이었는데 갑자기 쓰러져서 죽다니, 무슨 말을 해야 할지 알 수가 없었다. 우리 교사들이 다 영안실에 갔다 왔다. 뭔지 모르는 느낌, 아쉬움 같은, 두려움 같은 감정을 품고 돌아왔다. 아무도 아무 말을 하지 않았다.

여름성경학교를 위한 재정을 재정부에서 받았는데 너무나 부족하다는 것을 알았지만 어떻게 할 도리가 없어서 하나님께 기도하기 시작했다. 중고등부 교사 중에는 조 목사님 사모님이 있어서 예배 끝나고 나오는 집사님 권사님들께 후원해줄 것을 반강제로 호소했다. 나는 그것을 쳐다보면서 부러운 마음이 들기도 했다. 사모님은 이 교회에서 오래 되었고 모든 사람들을 잘 알기 때문에 허물없이 요구할 수가 있지만 나는 그렇지가 못한 데다 내 성격이 또 사람들에게 이런저런 것을 부탁하지 못하는 터라 가만히 보고만 있을 뿐이었다. 그리고 교회에 들어가 하나님께만 졸랐다. 그런데 성경학교 날짜가 점점 다가오니까 부탁도 하지 않았는데 권사님 집사님들이 나에게 후원을 해주시는데 엄청나게 돈이 들어왔다. 교회 재정부에서 받은 돈의 약 5배가량이 들어왔다. 회계인 송영주 선생님이 서울대학교 가정경제학 전공이라서 그런지 재정 관리를 얼마나 잘하던지 알뜰하게 살림살이를 해주었다. 성경학교에서 다 쓰지 않고 어린이 성가경창대회와 성경경시대회를 위해서 비축해 두었다. 대심방 때 눈여겨 봐두었던 청년들에게 하나하나 전화해서 여름 성경학교 보조교사로 초청했다. 대학생, 대학원생, 많은 청년들이 나와서 교사 훈련을 받았고 모두들 열심히 봉사했다. 그러다 보니 보조교사가 정교사가 되고 아이들과 정이 들어서 매 주일 열심히 나와서 유년 주일학교를 섬기게 되었다.

여름성경학교가 끝나자마자 어린이 성가대원 40명을 모집했다. 연세대학에서 어린이 합창대회를 하는데 우리도 출전한다는 명목으로 합창 연습을 시작했다. 서울신대 음악과에 다니는 서종희 선생이 반주를 하고 김주영 선생이 지휘를 맡았다. 매일 간식을 준비해서 아이들을 먹여야 했고, 선생님들을 섬겨야만 했다. 연세대학에서 토요일에 대회가 있었고 그 이튿날 주일에는 동지방회 주최 성가경창대회가 있었다. 그래서 연세대학 지정곡은 동지방회의 자유곡으로 하고 동지방회의 지정곡은 연세대학 자유곡으로 삼아 열심히 연습을 시켰다. 아이들의 목소리가 맑고 아름다웠고 열심히 했다. 연세대학 시합 때 보니 우리 아이들이 가장 아름답게 잘 불렀다. 모두들 박수를 힘차게 쳐주었다. 모든 사람들의 표정이 우리가 제일 잘했다라고 말하는 것을 느낄 수 있었다. 그런데 결과는 탈락이었다. 지휘자 반주자 회의가 열릴 때 우리 선생님들이 참석하지 않았는데, 거기서 전달된 규정, 즉 2절까지 불러야 한다는 규정을 몰라 우리가 1절만 부르고 말았기 때문이다.

그 당시 교회 버스가 없어서 학부형 집사님들이 택시를 불러서 5명 6명씩 태워서 아이들을 데리고 갔다. 정말 힘껏 지원해주셨는데 모두들 허탈했다.

그러나 그 이튿날 동지방 성가대회에서 우리는 1등을 했다. 그 때는 동지방이었지만 지금은 중앙지방과 동지방으로 나뉘어져 있어서 그 당시 동지방회의 규모가 대단히 컸다. 트로피를 들고 교회에 와서 저녁예배 때 어른들 앞에서 합창을 부르고 트로피를 전달하니 온 교인들이 대견해 하셨다.

이어서 성경경시대회 준비를 시작했다. 우리 집에서 한 방에는 1~3학년, 또 한 방에는 4~6학년을 모아놓고 엘리트 대학생 선생님들이 과외수업을 시켰다. 또 한편으로 가을 부흥회를 서수남 씨를 초청해서 했다. 아이들이 미어지게 몰려왔다. 동네를 돌아다니며 장충동과 약수동에 얼마나 많은 사람들이 살고 있으며 아이들은 얼마나 되는지를 조사했다. 장충동은 낮 인구와 밤 인구가 많이 차이가 났다. 회사들이 많은데 비해 거주자들은 많지 않아서 어린이 수가 많은 편이 아니었다. 큰길을 건너지 않고는 동북중고등학교가 있을 뿐이고 초등학교도 길 건너 묵정동에 충무초등학교가 있을 뿐이었다. 약수초등학교는 많이 멀었다.

토요일마다 퇴계로 5가 네거리에서 앰베서더호텔 쪽으로 오는 길에 있는 육교 위에서 학용품 몇 가지를 들고 서서 아이들이 올 때마다 전도했다. 때로는 학교 마당에까지 들어가서도 했다. 나중에는 선생님들이 와서 함께 전도했다. 어쨌든 이 1년 동안은 학생들을 모으자고 계획을 세우고 열심히 했다. 아이들이 많이 모이니 선생님들도 신이 났다.

성경경시대회를 강남성결교회에서 했는데 유년부 1학년 1등, 2학년 1등, 3학년 1등, 초등부 4학년 1등, 5학년 1등, 6학년 1등, 그래서 유년부 전체 최우승, 초등부 최우승, 그리고 전체 총우승을 차지했다. 거기 있는 트로피를 다 가지고 오는데 정말 대단했다. 교회에 와서 저녁예배 때 트로피를 교회에 바치는데 모두들 얼마나 좋아하시던지.

매월 한 번씩 교사회를 하는데 그때는 교사들이 자기반 현황과 앞으로의 계획을 모조지에 잘 써서 앞에 나와서 브리핑 하듯 보고를 하도록 했다. 발음 똑똑하게, 자세 바르게, 자신감 있게 보고하도록 했다. 처음에는 왜 꼭 그렇게 해야 하느냐고 불만을 보였지만 나중에는 다들 잘했다. 학생들 앞에서 권위 있게 가르칠 필요가 있고, 또 사회성이 있어야 자기의 앞날 활동함에 도움이 되리라고 생각했기 때문이다. 교회의 일이라고 대충대충 넘어가도 아무도 말하지 않는다고 생각한다면 하나님 앞에서나 사람 앞에서 충성됨이 없어지고 신실하지 못하기 쉽다. 직장생활은 반듯하게 하려고 노력하면서 교회생활은 그럭저럭 해도 누가 말할 사람 없다고 생각한다면 하나님이 쓰시는 사람이 될 수가 없다. 이 세상의 것은 잠시 있다가 사라지지만 하나님과의 관계는 금생과 영원한 날까지 가는 것이다.

육체의 연습은 약간의 유익이 있으나 경건은 범사에 유익하니
금생과 내생에 약속이 있느니라 (딤전 4:8)

누가복음에서 예수님은 "지극히 작은 것에 충성된 자는 큰 것
에도 충성되고 지극히 작은 것에 불의한 자는 큰 것에도 불의하
니라."라고 하셨다. 그래서 교사회 때마다 선생님들이 신경을 쓰
고 야단들이었다. 나를 호랑이 할머니라고 했단다. 교사회 끝나
고 나면 우리 집에서 저녁식사를 해서 같이 먹곤 했다.

청년 수련회

우리 집에는 청년들이 늘 와서 쉬기도 하고 밥도 먹고 했다. 어 떨 때는 김치통을 통째 꺼내놓고 밥을 다 먹고 모자라면 누룽지 까지 끓여서 먹었다. 우리가 처음 와서 며칠 되지 않았을 때 서 울상대 다니는 청년 한 명이 이 목사님께 인사를 하며 "제가 우 리 교회 청년회를 해체시킨 회장입니다. 남상훈입니다."라고 했 다. 그래서 이 목사님이 그러냐고 하고는 함께 다시 시작해보자 고 제의를 했다. 유년 주일학교 교사들을 포함하여 청년들이 모 이는데 토요일마다 엄청나게 모였다. 이 목사님이 찬양을 잘하 니 청년들과 잘 어울렸고 성경공부를 잘 가르쳤다. 여름 수양회 를 해야겠으니 장소를 좀 구하라고 회장에게 부탁했다. 그랬더 니 이 사람들이 수양회를 한 번도 한 적이 없어서 그랬는지 '장 자원계곡'으로 장소를 정했다. 거기는 기도원이나 어떤 수련원 이 아니고 유원지였다. 물가의 초막 두 개를 빌려서 여자 청년 들이 하나, 남자 청년들이 하나를 쓰기로 했다. 스케줄을 짜주 고 계획대로 진행해 가는데 물속에 들어가기도 하고 둘러서서 손잡고 기도하는데 성령께서 강하게 임하셔서 그 청년회장에게 성령 세례를 주셨다. 많은 청년들이 은혜 받고 변화되어서 그 이 후로 청년회가 더욱 뜨거워졌다. 그 청년은 하나님 앞에서 헌신

된 사람이 되었다. 나중에 약혼식 때 우리를 초청해서 갔더니 주례를 부탁했고 약혼식 자리에서 신부감에게 작사 작곡한 노래를 불렀다. 그 다음 해인가 결혼식 주례도 이 목사님이 했고 그 이후 그 가정은 미국에 가서 공부했다. 현재는 캐나다의 빅토리아대학에서 교수로 있다.

그 이듬해 여름 수련회는 속초 지나서 아야진이라고 하는 조그만 어촌에 있는 교회를 빌려서 하기로 하고 오십 명이 넘는 청년들이 함께 갔다. 비가 부슬부슬 내리는 바닷가 정경이 우수에 찬 한 폭의 그림 같았다. 도착 예배를 드리고 나서 조를 짰다. 회장, 부회장, 총무들은 임원으로서 전체 살림살이를 해야 하므로 조 편성에서 제외되었다. 그래서 그들과 함께 우리 딸(초등학교 5학년)도 주방장 조라는 뜻으로 '방장이네 조'가 구성되었다. 비는 부슬부슬 내리고 교회는 조그마했지만 청년들은 각자 조별 모임을 흥미 있게 진행했다. 이 목사님은 청년들에게 말씀을 전하고 성령께서 이끄시는 대로 기도회를 인도하셨다. 기도 시간에 성령께서 정말 강하게 역사하셔서 뜨거운 열기가 온 교회 안에 충만했다. 한 사람 한 사람 깨어지면서 방언이 터지고 회개의 울음, 감사의 울음이 폭발했다. 나는 뒤에 서서 계속 기도하면서 청년들을 주시했다. 도움이 필요한 사람에게 가서 뒤에서 손을 그 사람을 향해 펴고 기도를 하면서 성령께서 임하시기를 기도하면 성령께서 그 사람을 만지시고 기름 부으시는 것을 보았다. 뒤에서 소리 없이 그렇게 도우며 기도할 때 성령께서 역사하셨다. 그런데 방장이네 조장인 회장이 이런 일 저런 일 돌보고 진행하는 데 온 신경을 쏟아서 그런지 기도 시간에 맹숭맹숭해서 이리저리 사람 구경만 하고 있었다. 조용히 뒤에 가 서서 그 사람에게 손을 펴고 간절히 속으로 기도했다. 그 회장은 수석 장로님댁 아들이고 연세대 대학원생이었다. 굉장히 예리하고 머리가 좋았고 수학을 전공했다. '이 사람이 은혜를 받아야 하는데…' 하는 생각에 간절히 그의 뒤에서 기도하는데 갑자기 머리가 팍 꼬꾸라지면서 눈물을 쏟으며 기도를 하는 게 아닌가. 얼마나 놀랐는지. 성령께서 한 번 만지기만 하면 아무리 냉랭해도 녹아지는 것을 보면서 기쁨의 눈물을 삼켰다. 오순절 마가의 다락방에 성령이 임하셨던 것처럼, 고넬료의 집에 성령이 임하셨던 것처럼, 성령께서는 어느 때 어디서든지 때를 따라 돕는 은혜를 베푸시는 것을 눈으로 확인할 수 있었다.

그 이튿날, 조별 장기자랑을 하는 시간이 되었다. 이 목사님이 바닷가에 서서 한참 바다 구경을 하다가 "낚싯대가 있으면 좋겠다"라고 말을 했더니 그 교회 청년 한 사람이 낚싯대를 빌려다 드렸다. 오징어 잡이 배들이 바닷가에 죽 늘어서 있기에 한 뱃전에 앉아서 낚싯대를 드리우고 있는데 고기가 전혀 입질도 하지 않았다. 청년들은 지금 장기자랑 하느라고 한창이고 목사님은 딸과 함께 앉아서 낚시를 하는데 도무지 잡힐 기미가 보이지 않았다. 한참 있다가 이 목사님이 속으로 "하나님, 한 마리만 잡게 해주시면 들어갈게요. 한 마리만 보내주세요."라고 기도를 했더니 갑자기 낚싯대에 손맛이 느껴졌다. 얼른 잡아 당겼더니 힘이 세서 씨름을 하는데 사람들이 몰려왔다. "와! 크다. 그물주머니 가져와라, 떠야 된다!" 하면서 도와줘서 건졌더니 팔뚝보다 큰 황어가 잡혔다. 사람들이 "어허, 이것 좀 봐라. 제철도 아닌데 어떻게 왔지?" 했다. 이 고기는 원래는 은어인데 가을이 되면 새끼 밸 때가 되어서 색깔이 누렇게 변한다고 했다. 한 마리 잡고 나서 또 앉아서 "한 마리만 더 잡게 해 주세요." 하고 하나님께 부탁했더니 더 이상은 안 들어주셔서 그것을 가지고 들어오셨다. 그래서 회를 뜨고 나머지를 가지고 매운탕을 끓여서 맛있게 먹었다. 남포에서 개척할 때 낚시꾼들이 많이 오는 남포 저수지가 바로 가까이 있었어도 낚시 한 번 해보지 못했다. 아야진 포구의 배 위에서 낚싯대를 드리우고 있으며 그것도 하나님께 부탁할 수밖에 없었던 이 목사님. 그걸 보신 하나님께서 때도 아닌데 황어를 보내서 이 목사님에게 기쁨을 주시다니. 범사가 주님의 손에 있음을 다시 한번 경험하면서 '하나님의 선하심을 맛보아 알찌어다.'라는 수양회 주제가 참 맞다라고 생각했다.

수양회는 다 끝났지만, 하루이틀 늦게 온 몇 명이 전혀 은혜를 받은 것 같지 않은 채 돌아올 수밖에 없어서 속으로 기도하면서 버스의 제일 앞자리에 앉아서 대관령 고개를 넘고 있었다. 안개가 자욱해서 앞이 도무지 보이지 않아서 버스가 천천히 천천히 움직이는데 늦게 온 친구들이 버스 제일 뒷자리에 앉아서 복음송을 신나게 부르기 시작했다. 장난기도 섞여 있고 그저 재미삼아 부르는 것 같기도 하고 그런 분위기였다. 나는 마음속으로 주님께 간절히 기도했다. "주님, 비록 저들이 장난으로 복음송을 부르고 있다 해도 성령께서 역사하셔서 저들의 마음을 만지시고 깨어지게 해주세요. 기름 부어 주셔서 성령님의 임재하심으로 이 버스 안에 은혜가 충만케 하여 주세요. 그리고 어려움 없이 이 고개를 무사히 넘어가도록 지켜주옵소서." 그렇게 얼마간 기도를 하는데 그들이 부르는 찬송이 달라지고 있는 게 느껴졌다. 성령님의 임재하심을 느낄 수가 있고 은혜가 깃들기 시작하는 것 같았다. 그러더니 그만 그들이 통성으로 기도를 시작하며 눈물을 쏟으며 얼마나 부르짖으며 회개하고 자복하고 가슴을 치며 기도를 하는지, 오순절 성령 강림 때처럼 생각이 되었다. 나도 눈물을 흘리며 감사했고 하나님의 세밀하신 손길에 더더욱 감사했다. 그러다보니 안개는 어디로 사라졌는지 차는 평소보다 빨리 교회에 도착했다. 저녁이 되었는데 제일 뒷자리에 앉았던 그들이 집에 가지 않고 교회에서 철야하며 기도를 더 해야 되겠다고 남았다. 그 이후 그들은 교회학교 교사로 혹은 성가대원으로 주님을 잘 섬기는 사람들이 되었다.

저력 있는 교회

해마다 1월 초에 금식하며 기도를 하는데 그 해에는 우리의 단독 목회지를 위해서 기도했다. 간절히 기도하는데 하나님께서 예비해 두셨다고 때를 기다리라고 하셨다. 파라과이에서 아는 분이 오라고 연락이 왔는데 하나님께서 허락하지 않으셨다. 청주에서도 연락이 왔는데 아니라고 하셨다. 그런데 이 해에는 오래되고 큰 교회에서 오라고 연락이 오더니 하루에 세 번씩이나 장거리 전화로 확답을 달라고 재촉을 해왔다. 그때 담임 목사님이 미국에 한 달 간 가서서 교회를 비울 수가 없는 형편이라 할 수 없다고 거절했다. 부목사가 혼자여서 손이 많이 딸리는 편인지라 부목사를 더 두자고 요청했는데 조갑수 목사가 오면 된다고 하면서 미루었다.

81년이 되자 문 권사님이 8천만원을 부도내고 잠적했다. 구멍가게를 하시던 분이었는데 참 놀라웠다. 교인들에게 이리저리 많이 걸려 있었다. 그런데 얼마 있다가 또 어떤 분이 몇 천 만원 부도를 내서 다시 시끄러웠다. 그 일이 잠잠해지기도 전에 다시 어떤 장로님은 1억 부도를 내고 어딘가로 사라져 나타나지 않았다. 그러더니 마침내 재정장로님이 10억 부도를 냈다. 일이 크게 터지니 신자들에게 영향도 크게 미쳤다. 그 해는 참 어려운 일도 많이 생겼다.

　담임목사님은 안식년이라고 미국에 가서 1년간 계시기로 결정을 하셨다. 그 무렵 우리에게 서울의 어떤 교회에서 청빙이 왔다. 그래서 "하나님이 예비해 두신 곳이 여기입니까?" 하고 물으며 기도를 하는데 명확하게 응답을 하시지 않았다. 그래서 "하나님이 예비하신 곳이라면 우리가 떳떳하게 갈 수 있도록 담임목사님이 미국 가는 것을 포기하게 해주세요. 지금 신자들은 부도사건으로 인해서 울고불고 교회가 편치 못한데 담임목사님 미국 가시고 우리마저 떠난다면 이 양떼는 어떻게 합니까? 그러니 우리를 떠나보내시려면 담임목사님을 붙드시고 담임목사님을 가도록 허락하신다면 우리가 아닌 것으로 알고 있겠습니다." 하고 기도했다. 그랬더니 결국 담임목사님이 미국으로 떠나셨다. 한편으로는 허전했지만 하나님의 신실하심을 믿고 약속을 신뢰하며 기다리기로 우리는 작정했다. 그렇게 부도사건으로 이 사람 저 사람 많이 걸렸어도 울며불며 기도했지 한 사람도 그 문제로 시험 들었다고 교회를 떠나는 사람은 없었다. 그래서 나는 속으로 '역시 신앙의 연조는 무시할 수 없구나. 저력 있는 교회로구나' 하고 감탄했다.

회개하라

교회 건축이 끝나자 나는 6개월짜리 적금을 넣어서 30만원을 모았다. 미국 형님네가 20년 만에 한국에 온다고 해서 그 돈으로 이불과 수저, 그릇들을 장만했다. 한 십 년간 보따리 싸서 여기저기 다니며 살다보니 살림살이가 제대로 없었다. 그리고 나서 또 6개월짜리 적금을 해서 30만원을 다시 모았다. 인덕이 피아노를 사줘야 아이가 피아노를 배울 수 있을 것 같았다. 피아노 레슨하는 김 사모님 댁에 가면 아이들이 많아서 기다리다가 40분 정도 치다가 오고 집에서는 연습을 할 수가 없으니 도무지 진도가 나가지 않았다. 그런데 교회에서 기도원을 사는데 당회원들이 먼저 채권을 사야 한다고 50만원을 하자고 했다. 교회 건축비도 아직 덜 갚아서 빚이 있었고, 기도원 땅값도 엄청났다. 그래서 교회에서 채권을 발행하기로 결정을 했다. 항상 우리 집에서는 헌금은 내가 먼저 하고 많이 하곤 했는데 그때는 안 된다고 강경하게 내가 거부했다. 그랬더니 아무 말도 않고 더 이상 언급하지 않았다. 나도 못 들은 척 하고 있었다.

6월 어느 날 김 사모님이 아이들과 같이 남편 목사님이 계신 미국으로 가게 되어서 공항에 간다고 나섰다. 인덕이가 나도 간다 하면서 뛰어나오다가 쪽문 앞에 놔둔 철근에 걸려서 넘어졌다. 무릎에서 피가 나고 아프다고 야단이어도 대수롭지 않게 생각하고 손수건으로 묶어서 그냥 데리고 갔다. 아이들 자랄 때 무릎 깨지는 게 한두 번인가 싶어서 걱정도 하지 않았다. 그리고 7월 20일께 방학이 되자 여름성경학교, 중고등부 수련회, 청년 수련회, 장년 수련회 연거푸 행사가 있었다. 새로 기도원을 샀으니 모든 수련회를 거기서 했다. 그러니 인덕이는 다 따라다니며 물속에서 놀고, 여름 내내 그렇게 보냈다. 또 미국에서 형님네가 와서 김해 산소로 영주며 포항으로 함께 다니며 바쁘게 지냈다.

그리고 8월 말 쯤 개학하는 날 아침에 아이의 옷을 입히다가 보니 무릎이 손등만큼이나 부어올랐고 맑은 물이 줄줄 흐르고 있었다. 너무 기가 막혀서 약국에 데리고 가서 보였더니 피부염이 되었다며 연고를 주었다. 연고를 발라도 물이 줄줄 나는 것을 막을 수가 없었다. 오후에 아이가 집에 오자마자 데리고 장충체육관 건너편에 있는 피부과에 갔다. 의사가 자세히 보더니 무릎에 무슨 약을 뿌리고 주사를 한 대 놔주고 약을 주었다. 집에 와서 약을 먹이고 하룻밤을 자고났는데 아이의 얼굴이 부은 것 같았다. 그리고 밥을 많이 먹기 시작했다. 오후에 또 병원에 갔더니 어제와 똑같이 약을 뿌리고 주사를 놔주었다. 저녁밥을 얼마나 잘 먹는지 놀랬다. 밥 한번 먹이려면 애를 먹곤 했는데 다행이다 싶었다.

그런데 이상한 건 병원 다니면서 아이의 얼굴이 빵떡 같이 부어오르기 시작했다. 살이 찌는 것이 눈에 띄게 표가 났다. 그리고 온 몸에 부스럼이 나기 시작하고 아이는 가려워서 쩔쩔 매고 병원에 다닐수록 더 심해졌다. 생각다 못해 친구 남편이 메디컬센터 의사여서 전화를 했더니 예약을 해주셨다. 메디컬센터 피부과 과장이 여의사였는데 인덕이 얼굴을 자세히 보더니 "얘가 언제부터 이렇게 살이 쪘어요?" 하고 물었다. "병원에 다니면서 부터 이렇게 되었다."고 했더니 부신피질 호르몬제 부작용이라 고 했다.

무릎은 거기서 소독해주고 나니 금방 꺼덕꺼덕하니 나았다. 그런데 온몸의 부스럼은 도무지 낫지 않았다. 밤마다 아이를 데 리고 교회에 가서 기도하다가 걸상에서 그냥 자고 했지만 낫지 않았다. 내가 기도할 때면 성령께서 책망하시는 것을 느끼면서 도 내가 부인했다. 건축 헌금 하느라고 전심전력 다했는데, 기도 원은 있어도 되고 없어도 되는데, 빚도 덜 갚았는데, 왜 사가지 고 이러실까 하고 원망했다. 성령께서 깨닫게 해주시는데도 '아 니야 그럴 리가 없어.' 하고 부인했다. 피아노 사리라고 가지고 있던 30만원은 이미 병원비로 다 들어가고 몇 푼 남지 않았다. 마음속으로는 이게 문둥병인가 하는 걱정도 되었다. 보름이 넘 도록 매일 같이 병원에 다녀도 무릎은 나았지만 온 몸의 부스럼 은 심각하기만 했다.

어느 주일 저녁예배를 하러 가려고 이 목사님이 거울 앞에 서 넥타이를 매고 있었다. 나는 방구석에 쪼그리고 앉아서 가만 히 있는데 갑자기 나보고 "회개하라." 한 마디 하고 이 목사님 은 나갔다. 생전 그런 말을 하는 사람이 아닌데 처음이었다. 그 런데 그 말이 내 마음에 콱 박히면서 '맞어, 그거야.' 하며 눈물 이 핑 돌았다. 저녁예배 끝나고 잠시 집에 들어갔다가 인덕이 는 마침 이모가 다니러 왔기에 같이 자라고 집에 두고 나 혼자 만 교회로 갔다. 어떻게나 눈물이 나는지 한참을 울었다. 하나 님께서 변함없이 나를 사랑하시고 한 번도 변치 않으신 사랑으로 나를 돌봐주셨고 순간순간마다 기사와 이적으로 인도해주셨는데 어이없게도 나는 자식을 내가 키우는 줄로 착각하면서 미련하게 고집을 부렸던 것이다. 내가 지금까지는 이렇게 살지 않았는데 정말 너무나 어처구니 없게 꽉 막히고 말았다. 회개하며 엎드리니 부끄럽기도 하고 서글프기도 했다. 베드로가 예수님을 세 번 씩이나 부인하고 닭 울음소리가 나자 밖에 나가 통곡을 하고 울었다더니, 어쩌면 꼭 내가 바로 그랬다. 그때 내 마음에 음성이 들렸다.

"내 몸이 고통하는데 네가 왜 외면하느냐? 네가 교회를 부를 때 뭐라고 하느냐? 주의 몸 된 교회라고 하지 않느냐. 지금 교회가 고통하는데, 내 몸이 고통하는데 너는 모른 척 할 수 있는가?"

조금 있다가 또

"지금 너희 신자들이 다 너와 같은 상태이다."

또 조금 있다가

"질병으로 쓰러지는 사람들로 어려움이 많아지리라."

하는 음성이 들렸다. 이런 음성을 들으며 통곡하고 회개하고 기도했다. 얼마나 되었는지 가늠할 수도 없는데 내 눈에 인덕이 가슴에 커다란 부스럼이 떨어지면서 낫는 모습이 보였다. 새벽기도 끝나고 집에 들어가서 인덕이에게 "너 나았다." 하니 "꿈꿨어?" 하고 되물었다. 그날 아침 아이가 일어나서 잠옷을 벗을 때 가슴 한 가운데 제일 큰 딱지가 떨어지면서 모든 부스럼 딱지가 다 떨어지고 부스럼 자국 하나도 보이지 않았다. 언제 그렇게 심각하게 온몸이 덕지덕지 부스럼이 있었던가 싶을 정도로 말갛게 낫고 말았다. 그렇게 밤마다 아이와 함께 낫게 해달라고 기도해도 응답하지 않으시더니 내가 회개하니까 즉시로 고쳐주셨다.

여호와의 손이 짧아 구원치 못하심도 아니요

귀가 둔하여 듣지 못하심도 아니라

오직 너희 죄가 그 얼굴을 가리워서

너희를 듣지 않으시게 함이니(사 59:1~2)

그렇게 하나님과 나 사이의 관계를 회복하고 나는 하나님 앞
에서 내 할 일을 다시 해나갈 수 있었다.

천사가 오다

그 해 여름 내내 손님도 많고 할 일도 많았다. 우리가 사는 사택은 오래된 일본식 가옥이어서 참 많이 낡았다. 연탄을 피우면 이 방 저 방에서 연기가 새어나오고 냄새도 좋지 않았다. 우리는 급하게 이사를 오느라 전혀 수리도 못하고 도배도 할 수 없었다. 수요일 저녁예배 때 광고시간에 담임목사님이 "이번 토요일 날 이신복 목사님 댁 이사합니다."라고 하셨다. 나도 깜짝 놀라서 "우리 이사한댄다."라고 했더니 사람들이 웃었다.

우리가 이사하고 나서 우리 옆에 방 두 칸을 수리하고 도배하고 부엌도 잘 꾸미고 해서 한 달 후에 백 전도사님이 이사를 들어오셨다. 빨래를 부엌에서 하는데 바닥이 낮아서 그런지 물이 잘 빠지지 않아서 빨래할 때마다 비눗물에 발이 젖게 되었다. 빨래하고 나면 늘 발이 따갑고 붓곤 하더니 어느 날인가 발바닥이 옆으로 쫙 갈라져서 얼마나 아픈지 쩔쩔 매면서 다녔다. 연고를 많이 발라도 소용이 없고 무좀약을 발라도 낫지 않았다. 누구에게 말할 수도 없고 혼자서만 고생하고 있었다.

어느 토요일 저녁 때 청년 한 사람이 키 작은 아가씨 한 사람을 데리고 우리 집에 와서 "사모님, 이 사람이 갈 데가 없다고 하는데 어떻게 하죠?" 했다. 그래서 "오냐, 우리 집에 있거라. 인덕이 방에서 같이 자고 같이 지내면 되겠다."했다. 인덕이도 언니가 생겼다며 좋아했다. 나이는 스무살인데 키는 좀 작은 편이고 얼굴은 예쁘게 생겼었다. 이름이 미자였는데 일을 너무 잘했다. 빨래도 잘하고 반찬은 요리 수준으로 정말 맛있게 잘했다. 어렸을 때부터 성남의 어떤 집에서 일하면서 자랐다고 했다. 바깥세상은 전혀 아무것도 모르고 집안에서만 살아온 것 같았다. 길도 모르고 세상에 대해서는 아는 것이 없었다. 고향이 어딘지도 모르고 부모님에 대해서도 몰랐다. 나에게 어머니라고 하면서 참 착하고 순진했다. 인덕이가 성경도 가르치고 교회도 같이 가고 언니라며 무척 좋아했다. 그렇게 미자가 오면서 집안일을 해주니 내 발이 낫게 되었다. 시월 말 가까이 내 생일 아침에 미자하고 인덕이가 미역국을 끓이고 도토리묵을 맛있게 무치고 반찬 몇 가지를 해서 생일 밥상을 차렸다. 너무나 뜻밖이어서 놀랐다. 어른과 함께 사느라 나는 생일이라고 따로 대접을 받아보지 못했기 때문에 놀랍기도 하고 어색하기도 해서 허허 거리고 웃기만 했다. 밥상 앞에서 아이들이 생일축하 노래를 부르고 그날 아침은 정말 좋기도 하면서 어안이 벙벙했다.

하지만 만사가 순조로웠던 것은 아니다. 어느날 아침식사를 마친 남편이 바깥 수돗가에서 세수를 하다가 나를 불렀다. 나가 보니 빨리 전도사님 방에 가보란다. 백 전도사님 조카가 서 있다가 나를 보더니 앞서 가 방문을 열었다.

백 전도사님이 코를 드르렁드르렁 큰 소리로 골며 누웠는데, 얼굴이 푸릇푸릇해 보이고 의식이 없었다. 몸을 흔들며 "전도사님, 전도사님!" 하고 불러도 전혀 반응이 없었다. 밤마다 교회에서 나는 앞쪽에서 기도하다가 걸상에서 자고 전도사님은 뒷쪽에서 기도하다가 주무시는데 전날밤에는 나오지 않으셔서 그냥 집에서 잠이 드셨나보다 하고 생각했었다. 그런데 이게 웬 일이란 말인다. 너무 놀라서 목사님을 불렀다. 목사님이 옷을 입고 방에 들어와서 보더니 "빨리 병원에 가자" 하시면서 담요로 전도사님을 싸서 조카랑 같이 들고 차에 태웠다. 경희대학 한방병원으로 달려가 응급실로 들어갔다. 의사가 이리저리 살펴보더니 산소통에 넣고 연탄가스 중독이라고 했다.

백 전도사님은 소생할 기미가 보이지 않았다. 그러자 전도사님의 가족들이 날이면 날마다 이 목사님을 불러서 책임 추궁을 했다. 교회 사택에서 가스 중독으로 쓰러졌으니 교회가 책임을 져야 한다고. 나중에는 자기네들이 천안으로 모시고 가서 가까운 병원에서 치료할 테니 보상금을 달라고 졸랐다. 그 사람들은 덩치가 큰 사람들이고 이 목사님은 키가 작은 사람인데 불러내어 벽에다 세워놓고 두 사람이 곧 칠 듯이 올러대고 "멱살을 잡아야 되겠냐"고 하기를 참 많이 했다. 어떨 때는 다방 구석에다 밀어넣고 자기네들이 둘러앉아 올러대기도 했다. 어지간히 시달리며 하루하루를 하나님만 바라보고 살았다. 전도사님과 함께 살던 조카도 나를 보기만 하면 돈을 달라고 했다. 마주치기가 무서웠다.

그러는 와중에 장로님 한 분이 사업이 부도나서 집에 들어오지 못한 채 여기저기 다니다가 김천에서 돌아가셨다고 연락이 왔다. 김천의 유력한 장로님께 부탁해서 도립병원 영안실에서 서울로 모시고 와서 장례식을 했다.

이렇게 저렇게 어려운 일들이 참 많이도 생겼다.

양들과 같이살기

하루는 이 목사님이 지방회에 참석하고 집에 오더니 옷도 벗지 않은 채 벌렁 방바닥에 드러누웠다. 눈을 감고 있는데 가만히 보니 두 눈에서 눈물이 흐르고 있었다. 그런 모습을 처음 본지라 나는 퍽 놀랐다. 좀 있다가 일으키면서 "누가 우리 신랑을 이렇게 만들었어!" 하고 쓰다듬으며 위로했더니 그제야 입을 열었다.

그때 우리 교회에서 세 분의 장로 후보자들이 시취하러 지방회에 가셨었다. 목사님들 앞이라 떨렸는지 질문에 대답을 제대로 못하셨고 심지어 어떤 분은 유년 주일학교 출신인데 요한복음 3장 16절을 못 외우셨단다. 다 아는 내용들인데 그렇게 떨렸다고 했다. 그런데 우리 교단의 힘 있는 목사님께서 "부목사가 올린 후보자들은 안 돼, 떨어뜨려."라고 하셨단다. 우리 이 목사님이 나가서 "제가 추천한 게 아니고 담임목사님이 추천해서 우리 교회 사무총회 때 투표해서 피택이 된 사람들입니다. 지금 우리 교회가 어려우니 장로님들이 더 필요합니다. 도와주십시오." 라고 간청을 했는데도 그 힘 있는 분들이 해주지 않았다는 것이었다. 일일이 찾아다니면서 부탁을 했는데도 들은 척조차 안 했단다. 참 외로웠다고 했다. 시무장로로 안수받기에는 그 분들의 때가 아니어서 그랬겠지만, 선배 목사님들의 처사가 후배 목사에게는 상처도 되고 교훈도 되었다고 본다. 하나님의 마음과 사람의 마음의 차이도 느낄 수 있었던 시간이었다.

서운한 게 아니라 난감한 일도 있었다. 하루는 어떤 집사님이 자기 집에 와서 가정예배를 인도해 달라고 해서 갔더니 다른 교회 출석하는 권사님들이랑 집사님들이 많이 와 앉아 있었다. 그래서 어떻게 이렇게 모였느냐고 했더니 매주 목요일마다 그 집에서 특별 강사님들을 청해서 가정 제단을 쌓아왔다고 했다. 어떤 이름난 부흥 강사님도 오셨고 유명한 분들을 청해서 집회를 한 모양이었다. 그래서 이렇게 집회로 모이는 것을 담임목사님이 아시느냐고 물었더니 모른다고 했다. 그래서 나는 오늘 우리 교회 집사님 댁에서 가정예배를 한다고 해서 왔지만 앞으로 이런 집회는 하지 말라고 권면했다.

그 집에서 집회를 하면서 은혜를 많이 받았다고 하지만 정작 그 집사님은 살기가 매우 어려웠다. 나는 그런 곳에 가정집이 있으리라고는 사실 상상도 못했다. 동대문시장 5층의 좁은 집이었다. 그것도 전세로 사는 것이었다. 담임목사님 모르게 외부 강사를 모시고 정규적인 집회를 개인 집에서 가지게 되면 모인 사람들의 영적인 문제들이 그곳에서 다루어지게 되고, 회개하고 자복하게 되면 공교회에서처럼 돌봐주고 처리해줄 교역자, 중보자가 없다. 때문에 무질서로 인하여 축복의 통로가 막히게 되고 믿음 없는 가장이 영적으로 시달리게 되면서 집을 멀리할 수밖에 없다. 안 그러면 무너지게 된다는 것을 말해 주었다.

그 당시 그 남편이 사업을 하면서 바깥으로 겉돌고 있었고 사업은 도무지 되지 않았다. 그래서 그 모임을 못하게 말리고 대신 함께 우리가 기도하면서 하나님 앞에 깨끗하게 나아가자고 권면하고 기도하기 시작했다. 그런지 얼마 되지 않아서 하나님께서 그 집사님에게 가장 소중한 것을 바칠 것을 말씀하셨다. 그의 전재산인 전세 집문서를 교회 건축 헌금으로 바치고 나서 하나님의 약속의 말씀 '먼저 그의 나라와 그 의를 구하라, 그리하면 이 모든 것을 너희에게 주리라' 하신 것을 체험했다.

그 남편이 집으로 들어오게 되고 그 부부가 마음을 맞추어서 사업을 하는 가운데 하나님께서 좋은 아이디어를 주셔서 반짝이 금박을 계발해내자 수출의 문이 열리고 엄청 나게 잘 되었다. 무조건 유명한 목사님께 안수기도만 받으면 축복 받는 줄 아는 것은 올바른 신앙인의 자세가 아닌 것을 다시금 깨우쳐주셨다. 사람을 의지하지 말고 말씀을 신뢰하며 축복의 통로가 꼬이거나 막히지 않도록 하는 것이 우리의 할 일이다.

불가능을 가능케 하시는 하나님

여신도 한 분에게서 어느 날 내게 전화가 왔다. "사모님, 우리 신
랑이 누구를 만난다고 다방에 간 지 일주일이 되도록 소식이 없
고 아무리 찾아다녀도 찾을 수가 없어요." 하면서 울먹였다. 그
집 사정을 잘 알기에 3일을 작정하고 금식기도를 했다. 겨울이
라서 금식하기가 쉽지 않았지만 참고 기도하는데 크게 걱정이
되지는 않았다.

　금식 끝나는 날 집에 왔더니 우리 교회에 나오기 시작한 지
얼마 되지 않은 새 신자가 한 분 와 있었다. 그 사람이 택시 운전
을 하던 사람이라는 것과 그 가족만 잘 알았지, 그 사람 자체는
잘 몰랐다. 내가 "큰일 났네. 아무개네 신랑이 실종되었는데 찾
을 길이 없네. 어떻게 하지?" 하고 무심중에 말했는데 그 새 신
자가 "그래요? 주민등록번호와 본적을 알려주세요. 제가 한번
알아보겠습니다." 했다. 그래서 얼른 전화를 해서 알아다 주었
더니 밖으로 나갔다. 얼마 있다가 들어오더니 "삼청교육대에 가
있습니다. 현재 원주 모 부대에 있는데 1월 3일에 모모 부대로
이송한답니다."라고 했다. 나도 그런 생각이 들어서 마음속으로
정말 간절히 기도했는데 맞았구나 싶었다.

그 이튿날 이 분이 원주 부대에 가서 확인까지 하고 왔다. 1월에 모 부대에 있는 군목님께 연락해서 예배 시간에 기도를 좀 해주고 이 목사님이 잘 참고 기다리라고 하더라는 말을 꼭 전해 달라고 부탁했다. 그리고 나서 그 부대의 보안대에서 이 사람을 불러서 면회를 하고 얼마 있다가 아무도 모르게 석방시켰다. 삼청교육대에서 석방된다는 것은 그 당시로는 절대 불가능한 일이었는데 하나님께 금식기도 하고 났더니 사람을 붙여주셨고 일을 형통하게 풀어주셨다. 천하 없는 불가능한 일이라도 하나님께서 열면 닫을 자가 없음을 기막히게 경험했다. 그 당시 어이없게 잡혀간 사람들이 참 많았다. 나는 기도할 때 언제나 말씀을 붙잡고 기도한다.

너희가 내 안에 거하고 내 말이 너희 안에 거하면
무엇이든지 원하는 대로 구하라
그리하면 이루리라 (요 15:7)

너희가 내 이름으로 무엇을 구하든지 내가 시행하리니
이는 아버지로 하여금 아들을 인하여
영광을 얻으시게 하려 함이라 (요 14:13)

내 이름으로 무엇이든지 내게 구하면
내가 시행하리라 (요 14:14)

탕자들을 위한 선물

삼청교육대 건을 도와주신 전직 택시기사님은 홍경식 집사라는 분인데, 우리의 어려운 일을 많이 도와주었을뿐더러 교회 봉사도 열심히 했다. 처음부터 그랬던 것은 아니고 기도원 체험이 큰 계기가 되었다고 한다.

이 분이 회개하고 과거를 청산하여 새 삶을 살겠다며 한얼산 기도원에 갔을 때 일이다. 어떻게든 은혜를 받아야만 하겠다고 열심히 기도하고 하나님께 매달렸다. 그러던 어느 날 낮에 기도원 마당에서 쉬고 있는데 택시 한 대가 들어오는 것이 보였다. 어떤 여자 분과 그 아들인 듯한 젊은이가 타고 있었는데, 아들은 도로 그 택시를 타고 가려고 난리를 치고 어머니는 그런 아들을 붙잡느라 한바탕 소동이 벌어졌다. 그때 마침 이천석 목사님이 그 광경을 보다가 그 어머니에게 "어이, 자동차 공장! 그 놈 이리 데려와." 했다. 그 부인이 깜짝 놀라서 아들을 끌고 그 앞에 갔다. 그리고 택시는 떠났다.

아들이 하라는 공부는 안 하고 너무 속을 썩이니까 어머니가 아들에게 "너랑 나랑 오늘 청평유원지 놀러가서 바람이나 쐬고 오자." 해놓고 택시 타고 기도원으로 올라왔던 것이다. 아들은 화가 나서 어머니에게 "여기가 유원지야?"라며 난리를 쳤다. 그 집이 자동차 정비공장을 하는데 이 목사님은 이들을 처음 보면서도 "어이, 자동차!" 하고 불렀다. 당사자들은 당연히 놀랄 수밖에 없었다. 어머니가 아들을 간신히 이 목사님께 데리고 갔더니 목사님이 머리를 한 대 치더니 "야 임마! 가기는 어딜 가? 하나님이 너를 꽉 잡고 계시는데…. 여기서 은혜받기 전에는 절대로 못 내려가. 어머니는 가시오." 하셨다.

이런 광경을 보고 있는 전직 택시기사 양반이 가서 그 학생을 데리고 "나랑 같이 산에 가서 기도하자."면서 자기 있는 곳으로 데리고 갔다. 산꼭대기에 굴이 하나 있는데 거기서 저녁 집회 끝나고 이 사람이 그 학생에게 기도하라고 했더니 투덜대면서 "아저씨나 하세요" 하고는 자리를 펴고 아예 쿨쿨 잠을 잤다.

잠자는 학생 곁에서 열심히 땀을 뻘뻘 흘리며 은혜 달라고 기도하는데 자기 눈에 하늘에서 빛이 한 줄기 쫙 비치며 자기 쪽을 향해 다가오는가 싶더니 갑자기 방향이 확 바뀌어서 잠자는 학생에게로 떨어졌다. 잠자던 학생이 벌떡 일어나서는 방언으로 펄펄 뛰면서 기도를 하기 시작했다. 너무나 어이가 없어서 '하나님, 이럴 수가 있습니까?' 하면서 눈물을 쏟으며 기도했다고 한다. 며칠 후에 자기도 기어이 은혜를 받았다면서 그 이야기를 우리에게 재미있게 해주었다.

그리고 얼마 있지 않아서 동지방 어린이 성가 경창대회가 있었다. 합창과 독창 부문을 내보내기로 하고 열심히 준비했다. 독창은 그 분의 아들이 나가게 되었기 때문에 엄청 좋아했다. 주일 오후에 천호동 교회에 모여서 각 교회마다 최선을 다해서 열심히 노래를 불렀다. 독창하는 아이가 나가서 노래를 부르기 시작할 때 나는 속으로 기도했다. 그러는데 하나님께서 내 마음속에 말씀하셨다.

"돌아온 탕자에게 선물을 준다. 저 아이가 일등이다."

그때 우리는 합창 일등, 독창 일등을 했다.

하나님은 우리의 방패시요, 우리의 상급이시다.

한 영혼이라도 주님 앞에 돌아오는 것을 가장 기뻐하시며 좋아서 어쩔 줄을 모르시는 것 같다. 그저 좋은 것은 다 주시고 싶어 하시는 것을 느낄 수 있었다. 참 좋으신 하나님!

어느날, 여자 집사님 한 분이 귀신이 들려서 밤중에 교회로 데리고 왔다. 이 목사님과 함께 기도하는 가운데 하나님께서 나에게 깨닫게 해 주시기를, '이 사람은 남편과의 얽힌 문제가 원인이기 때문에 너희가 전적으로 붙잡지 말고 남편에게 맡겨라' 하셨다. 그 남편은 신학교에 다니다가 중단한 채 사업을 한다고 청계천에 왔다갔다 하는 사람이자 집사님이기도 했다. 그래서 남편에게 맡기면서 "당신과 묶인 문제이니 전적으로 회개하고 기도하세요. 그러면 나을꺼요." 하고 말해주고 며칠 동안만 교회에 있다가 집으로 보냈다.

그 남편이 기도하느라 고생 많이 했고 이 목사님이 거의 매일 전도사님, 권사님들과 함께 가서 같이 기도하곤 했다. 나중에 그 남편은 20일 금식까지 하며 그 부인을 위해 기도했다. 마치 전쟁을 치루는 것 같았다. 결국 그 남편이 하나님과의 관계를 회복하고 아내와의 관계도 회복하여 다시 사명줄을 잡음으로써 그 가정의 전쟁은 끝이 나고 승리했다.

니느웨를 버리고 다시스로 가던 발걸음은 결국 풍랑을 만날 수밖에 없고 하나님은 소명 받은 자를 제자리에 돌려놓으셔야 하셨다. 그 집사님이 목회를 하시고, 어리던 아들도 지금 목사가 되어 헌신하고 있다. 하나님의 부르심에는 "예"만 있고 "아니오"는 없다.

장충구역 가정 중 한 집에서 구역예배 때 와서 인도를 좀 해 달라고 해서 갔다. 그 남편이 쿠웨이트에 있다가 휴가 와서 집에 있어서 함께 예배에 참석하기로 약속을 했는데, 사실 그 남편은 마음으로 불교를 믿기 때문에 늘 불경을 읽고 명상을 한다고 했다. 사람이 말이 없고 조용하다고 했다.

그 댁에는 아들 하나만 있고, 그 다음번에 자궁 외 임신을 하게 되면서 난소 하나를 떼어내어 더 이상 아이를 가질 수 없다고 했다. 그런데 그날 구역예배 때 그 남편이 예수 그리스도를 영접했다. 영접기도를 한 후에 내가 그와 그 가정을 위해 기도하는데 하나님께서 내 마음속에 말씀해 주셨다.

"돌아온 탕자에게 사랑의 반지를 끼워주리라. 생명의 선물이다."

그래서 그 말씀을 전해주고 집에 왔다. 하나님께서 약속하신 대로 그 가정에 다시 태의 문을 여시고 생명의 선물을 주셔서 예쁜 딸을 낳았다. 그 댁에 구원을 이루시고 축복해주셔서 나중에 그 남편이 귀국해서 신학교에 입학해 공부하고 열심히 봉사하는 사람이 되었다.

잠잠하라

1982년 7월 어느 날, 이 목사님이 만리동교회 목사님께서 좀 보자고 하셔서 다녀왔는데, 둔촌동에 있는 서울제일교회에서 우리를 청빙하려고 한다고 말씀해 주셨단다. 그래서 우리는 기도하기 시작했다. 그리고 나는 하나님께 조건을 말씀 드렸다.

"아버지, 우리가 담임목사님 안 계시는 이 1년을 어떻게 해왔는지 아시잖아요? 목사님이 안식년 끝나고 돌아오시려면 9월이 되어야 하는데, 9월 되기 전에 우리가 떠나면 곤란해요. 아버지께서 저에게 1980년 1월에 우리를 위하여 담임 목회지를 예비해 두었다고 하셨는데, 서울제일교회가 맞다면 시간을 맞춰주세요. 9월 26일이 창립 기념 예배를 드리는 날이니 그때 맞추어서 목사님은 9월 25일에 오셔서 그 이튿날 예배 인도하도록 해주시고, 우리는 10월 첫 주일에 그 곳으로 가게 해주세요."

그랬더니

"잠잠히 있거라."

하고 말씀하셔서 조용히 있었다. 그러던 중 서울제일교회의 치리목사님께서 이 목사님에게 "이 교회는 당신을 원치 않아요."라고 해서 "그러면 없던 걸로 하시죠. 애초부터 그런 교회가 있는 줄도 몰랐고, 어떻게 이런 말이 나오게 된 것인지도 모르니, 없던 걸로 하세요."라고 했다. 그런데 하나님께서는 우리에게 계속 '잠잠히 있어라.'라고 말씀하시며 하나님께서 친히 일하고 계심을 느끼게 해주셨다.

내가 둔촌동을 매주 금요일에 구역예배 인도하러 다녔는데 그런 교회는 눈에 띄지 않았다. 궁금해 하면서도 계속 기도하면서 기다렸다.

본래 내가 맡은 구역은 금호구역과 보광구역이었는데, 둔촌구역을 새롭게 만들었다. 청실구역 식구 중 한 가정이 둔촌 아파트에 입주하게 되어서 이사를 했기에 그 집을 중심으로 새로이 만든 구역이었다. 이 가정이 청실아파트에 있을 때 처음에는 부인만 남편 몰래 구역예배 때만 참석해서 함께 성경 공부도 하고 교제를 했다. 남편이 알면 큰일 난다고 해서 모두 비밀을 지키면서 그 남편을 위해서 기도했다. 그러던 어느 여름날 밤 9시가 넘었는데 구역장에게서 전화가 왔다. 그 댁 남편이 폐렴에 걸려 열이 너무 많이 오르고 며칠째 잠도 못자고 고생하는 중인데 한번 심방을 하시는 게 어떻겠느냐고 물었다.

비가 억수로 쏟아지는데 우리가 갔다. 그때 대치동은 양재천이 흐르고 도로가 제대로 닦이지 않아서 캄캄했다. 건물이 많지 않아서 가로등도 제대로 없었다. 안개가 자욱할 때는 운전하기도 어려웠다. 그 댁에 조심스럽게 들어가서 마루에서 기도하고 방으로 들어갔다. 끙끙 앓는 사람에게 잠시 복음을 전하고 목사님과 내가 함께 손을 얹고 기도했다. 우리가 방에서 기도할 때 다른 구역 식구들은 바깥에서 기도하고, 한 마음이 되어서 간절히 하나님께 아뢰었다. 그리고 우리는 집으로 돌아왔다.

그 이튿날 소식이 왔다. 그 날 밤 잠도 잘 자고 열도 내렸단다. 그리고 그가 건강이 회복된 후 교회로 그 부인과 함께 나오기 시작하며 구역 모임이 참 재미있게 되어갔다.

그 전에 청실구역이 생기게 된 것도 참 재미있다. 도곡동의 주공아파트에 사는 집사님이 먼 곳으로 이사를 가게 되어서 더 이상 장충동교회에 나올 수가 없다고 했다. 이사 갈 때 가서 예배를 드리면서 그리 멀지 않으니 걱정하지 말고 나오라고 했다. 겨우 언덕 하나 넘으니 청실아파트가 있었는데, 자기는 꽤 멀리 온 줄로 생각했던 모양이다. 이사 간 집 문에 장충단교회의 교패를 붙였는데 그것을 본 반장이 내 동생도 그 교회 다닌다면서 반가워했다. 구역 예배 때 오라고 했더니 그 사람이 오고, 또 그 이웃이 오고, 한 다섯 가정이 모여서 구역이 이루어졌다. 매주 한 번씩 저녁에 우리 둘이서 같이 갔고 남편들도 같이 모였다.

이 청실구역의 슬기 엄마는 한 여름에도 스웨터를 입고 쪼그리고 앉아서 예배했다. 신경이 약해서 밤에 잠을 못자고 몸이 늘 편치 않았다. 시어머니가 살아 계실 때 순복음교회 권사님이었는데 주일이면 며느리와 함께 교회에 가셨다. 여름이면 모시 치마 저고리를 입고 가시는데 예배 끝나고 집에 오시면 그 옷을 다 벗어서 물에 담그시고는 빨래하라고 해서 시키는 대로 다 했다고 한다. 그런데 며느리가 생각하기에는 시어머니가 자기 고생을 시키려고 일부러 그렇게 하시는 줄로 알았단다. 조금만 잘 못해도 머리채를 잡고 휘두르시는데 정말 혼이 나갈 지경이었단다.

시어머니는 키가 크고 체격도 크셨는데 이 며느리는 작은 편이다. 시어머니 돌아가시고 나자 교회에 가는 것을 그만두고 쉬기 시작했는데 얼마 있지 않아서부터 잠을 잘 수가 없고 몸이 시름시름 아파오는데 약을 먹어도 낫지 않고 온 집안 식구들이 조심조심하며 살아왔다. 그러다가 청실아파트로 이사 와서 살다가 같은 동에서 구역예배 하는데 오라고 하니 그 남편과 함께 나오기 시작했다. 처음 나온 이후 한 번도 빠지지 않고 잘 나왔다. 그러면서 언제인지 모르게 잠을 자게 되고 몸이 건강해지기 시작했다. 열심히 신앙생활을 하면서 가정에도 기쁨이 넘치게 되었다. 얼마 후 신문사 통폐합 문제로 남편의 직장이 어렵게 되어서 한 동안 고생하면서도 믿음 잃지 않고 꾸준히 성가대 하며 교회를 잘 섬겼다. 송구영신 예배 때 그 집에서 헌금 봉투에 '새해에는 30만원을 십일조 하게 해 주소서.' 하고 기도제목을 써서 드렸다. 그 당시 모든 것이 어렵고 직장도 불확실한데 그것을 읽은 이 목사님 마음에 숙제처럼 그 글자들이 새겨졌다고 한다.

그 해에 우리는 교회를 떠나게 되었고 그들은 너무나 혹독하게 고난을 통과하였다. 돈이 완전히 바닥이 나서 밥과 고추장과 간장만 가지고 아이들과 같이 생활하는데 아무에게도 말하지 않았고 아무도 그런 고생을 하는 줄도 몰랐다. 그저 하나님께 엎드려 기도만 하면서 불 같은 시험을 견디며 이겨나갔단다. 몇 년이 지나고 우리 집에 찾아와서 그런 이야기를 하며 십일조는 30만원 훨씬 넘게 하고 장로 장립식을 하게 되어서 고맙다는 인사를 하고 갔다.

염혜경 집사네는 아들이 둘인데 우리 딸을 보더니 우리도 딸 낳자 하더니 정말 애기를 가졌다. 딸 낳기를 고대하면서 이불이며 옷이며 모두 분홍색으로 준비하고 기다리면서 만약 아들이면 보지 않고 우리에게 주겠다고 약속을 했다. 그런데 낳고 보니 아들이었다. 며칠 있다가 우리가 화분을 하나 사들고 애기 받으러 병원에 가서 애기 데리고 가겠다니까 못 주겠다고 했다. 대부로 만족하시고 그냥 가라고 해서 할 수 없이 그냥 왔다. 그 남편 정 집사는 셋째아들이 이렇게 예쁠 줄 몰랐다며 유한공대에서 학생들을 가르치다가도 애기 생각만 하면 온 몸에 소름이 돋을 정도로 기분이 좋단다. 결국 그 집은 아들 셋이 되어서 지금은 미국에 살고 있다.

4

서울제일교회

리서치(Research)

1982년 9월에 접어들면서 또 서울제일교회에 관한 말이 들렸지만 별다른 진전은 느껴지지 않았다. 그러나 하나님은 신실하시니까 약속을 지키신다는 것을 믿고 있었다. 그러던 어느 수요일, 저녁예배 시간이 시작할 무렵 열 명 남짓 되는 낯선 사람들이 갑자기 한꺼번에 교회로 들어오더니 여기저기 자리를 잡고 앉았다. 모두들 가방을 들고 서슴없이 앞자리까지 나가서 앉는 걸 보니 초신자는 아니고 다른 교회에서 예배드리러 몰려왔구나 싶었다. 이상한 생각이 들었으나 알 수 없고 다만 눈여겨 보기만 했다.

예배 끝나고 나갈 때 내가 어디서 오셨는가 물었더니 싱글싱글 웃으면서 얼른 내빼듯 가버렸다. 전도사님들께 내가 혹시 아는 사람들인가 물었더니 낯선 사람들이 오지 않았다고 한다. 내가 많이 왔다 갔다고 해도 믿기지 않는 듯한 눈치여서 더 이상 언급하지 않았다. 나중에 알고 보니 서울제일교회 장로님 집사님들이 이 목사님을 보러왔던 것이었다.

토요일에 홍 목사님이 미국에서 전화를 하셔서 내일 주일에 미국 목사님이 가서 설교하실 거라고 말씀하셨다. 주일 아침에 미국 목사님이 오셨는데 혼자 오셨다. 통역이 따라오지 않았다.

본문 말씀도, 설교 내용도 전혀 모르면서 남편이 즉석에서 통역을 할 수밖에 없었다. 그런데 그날 예배 시간에도 서울제일교회에서 두 분이 와서 2층에서 이 통역 설교를 들었다.

당시 서울제일교회에서는 담임목사 청빙을 하면서 다섯 가지 조건을 갖춘 사람을 원했다. 첫째, 목사님 자녀. 둘째, 일반대학 졸업하고 신학 한 사람. 셋째, 군대를 장교로 제대한 사람. 넷째, 사회생활 경력이 있는 사람. 그리고 다섯째가 영어를 잘하는 사람이었다. 남편 이 목사님은 이 다섯 가지 조건을 완벽하게 갖춘 사람이었다.

9월 중순이 넘어 갈 무렵, 담임목사님이 미국에서 좀 더 계시다가 온다는 말이 들렸다. 그래도 초조해하지 않고 하나님께 또 말씀을 드렸다.

"서울제일교회가 하나님이 우리를 위해 예비해 놓으신 곳이라면 9월 25일 토요일에 담임목사님이 미국에서 오셔서 26일 창립 감사예배를 인도하시고, 우리는 10월 첫째 주일에 그 교회로 가도록 시간을 맞춰주세요."

하나님께서 담임목사님의 마음을 움직이셔서 9월 25일 토요일에 도착하도록 하셨고 26일 주일에는 창립 감사예배를 인도하셨다. 낮 예배가 끝나서 잠시 집에 올라왔는데 서울제일교회에서 전화가 왔다. 임시 사무총회에서 이신복 목사님 청빙 투표를 했는데 의견이 일치해서 초청하노라고 했다. 그래서 10월 2일 주일에 서울제일교회에 가서 예배하면서 신실하신 하나님의 은혜에 눈물로 감사했다.

네 길을 여호와께 맡기라 저를 의지하면 저가 이루시고
네 의를 빛 같이 나타내시며
네 공의를 정오의 빛 같이 하시리로다

(시 37:5~6)

여호와께서 사람의 걸음을 정하시고 그 길을 기뻐하시나니
저는 넘어지나 아주 엎드러지지 아니함은
여호와께서 손으로 붙드심이로다

(시 37:23~24)

서울제일교회

성내천 변에는 갈대가 무성하고 숲이 우거져 있었다. 흙으로 된 길 한가운데 차 한 대정도 다닐 만한 낡은 아스팔트가 있었다. 강변을 벗어나서 그 길로 따라오다가 왼쪽으로 돌아 골목으로 들어와서 한 300미터쯤 오니 하얀 타일로 된 교회가 보였다. 연립주택들이 듬성듬성 있고 2층짜리 상가건물들이 좀 있고 개인주택들도 섞여 있었다. 골목은 흙길이어서 신발에 흙이 묻어서 잘 벗겨지지 않았다. 교회 사무실로 들어서니 바닥에 벧엘 성서교재가 널브러져 있어 밟고 다니고 있었다. 옆에 붙어 있는 유년 주일학교 예배실의 찬송가 궤도가 창호지에 붓글씨로 쓴 것인데, 손으로 집어 넘기는 부분이 다 낡아서 삼각형으로 잘려져 나가고 없었다. 2층 예배실로 올라가는 벽에 '태신자, 초신자'라고 쓴 모조지가 왼쪽 윗부분과 오른쪽 아랫부분만 붙어 있고 펄럭이는 채 그냥 있었다. 황량한 느낌이 들었다.

개척하신 목사님이 미국에 가신 지 6개월이 넘도록 소식이 없다가 못 오신다고 하셔서 결국 담임할 목사님을 찾게 된 것이었다. 사모님과 아이들은 아직 목사님 사택에 살고 있었다. 여전도사님도 교회 안에 살고 있었고, 총각 전도사님도 지하실에 살고 있었다. 사찰 집사님도 지하실에 살고 있었다. 교회를 관리할만

한 사람들이 교회 안에 살고 있었는데 왜 교회를 폐허처럼 해둔 채 있었는지 알 수가 없었다.

나중에 알고보니 교회가 빚이 있어서 생활비를 지급하지 못한 지 6개월이 넘었다고 했다. 그래서 그런지 교회 앞 골목은 아직 포장되지 않아서 땅이 젖어 있을 때는 빨리 걸을 수가 없었다. 수도가 나오지 않아서 교회 뒷집에서 호스로 끌어다 물을 받아서 사용했다. 수도 모양은 있었는데 물이 나오지 않아서 왜 그런가고 이유를 물었더니 수도공사를 맡은 사람이 합법적으로 한 것이 아니라 물이 나오다가 끊겼다고 했다. 그래서 내가 장충단교회의 홍 집사에게 부탁해서 수도국을 통해 합법적으로 수도관을 이어서 수도가 나오게 했다.

담임목사님이 자리를 비운 지 반 년이 넘고, 다잡고 살림하는 사람이 없다보니 모든 사람들이 교회는 나와도 안정감이 없는 듯했다. 지하실은 휑 하니 넓은데 전등이 몇 개 켜질 뿐이어서 불을 켜도 어두웠다. 시멘트 바닥 위에 노란 비닐장판을 깔아서 식당으로 사용했다. 식탁은 길다란 의자 같이 생긴 것을 두 개 연결해서 놓고 성가대원들이 밥을 먹었다. 장충단교회를 새로 건축하고 멋지게 해놓은 식당을 보다가 이런 모습을 보니 참 마음이 아팠다. 그래서 장충단교회의 식탁이며 의자랑 똑같은 것을 을지로에 가서 주문해왔다. 장충단에서 떠나올 때 받은 퇴직금과 전별금들을 합해보니 교회 바로 앞에 있는 연립주택은 살 만큼 되어서 들어가 살펴보기도 했지만 교회가 더 시급하게 생각이 되어서 식당 꾸미고 사무실의 책상 등 몇 가지 집기를 사니까 돈이 줄었다.

그러다가 12월 27일에 어떤 분이 식사대접을 해서 먹는 중인데 장로님이 전화를 받으시더니 약간의 걱정스런 표정이 되었다. 이유를 물었더니 그날까지 은행에 입금해야 하는 돈이 500만원인데 지금 교회 재정이 없어서 곤란하다고 하셨다. 그래서 우리 집에 있던 것으로 장로님께 드려서 교회의 부채를 갚게 되었다. 그렇게 하나님의 일에 쓰임 받았다는 생각을 하니 기뻤다.

12월 24일 저녁 7시쯤 되었는데, 어떤 집사님이 교회에 크리스마스 날 등을 달기로 하나님께 서원했는데 지금 곧 그것이 배달 될 테니 오늘 밤 안으로 다시라고 전화를 했다. 조금 있으니까 그 것이 배달되었는데 엄청 크고 무거운 것이라 그 저녁에 공사를 도저히 할 수가 없었다. 3단으로 된 샹들리에인데 참 아름다운 것이지만 무게가 상당히 무거워서 교회 천정이 그것을 견디지 못할 것 같았다. 그래서 달 수가 없어서 그냥 두고 크리스마스를 맞이했더니 그 집사님이 기분이 나빠지셨다. 새로 온 목사가 가난한 사람이 바친 거라 무시한다면서 시험에 들었다. 이것이 결국 일파만파가 되어서 신자도 몇 안 되는 데서 우리를 참 힘들게 했다.

나중에 공사할 사람을 데리고 와서 보였더니 "이거 그냥 천정에 달면 천정이 와락 무너져 내립니다." 했다. 천정을 뜯어서 그 위에 있는 지붕 뼈대가 되는 두꺼운 시멘트 빔에 연결해서 그 등을 달았다. 제법 큰 공사였다. 호텔이나 큰 건물의 둥근 천정에 그걸 달았으면 정말 멋지게 보일텐데 천정이 낮은 교회의 앞부분에 달았더니 2층 예배실에서는 앞이 가려서 목사님 강단에 서신 모습이 잘 안 보인다고들 말하기도 했다.

"너는 복음으로 말미암아 살리라"

1970년에 처음 서울로 왔을 때 남편은 신학교 다니고 나는 직장이 없어서 돈을 벌 수가 없었다. 그때부터 고난을 통과하느라고 옷을 해입을 수가 없어서 결혼할 때 했던 옷을 그냥 입었다. 그러다보니 낡고 치수도 맞지 않아서 주일이면 참으로 난감할 때가 많았다. 장충단교회에서는 부흥회 끝나든지 임직식 때라든지 담임목사님이나 부목사님이나 꼭 한복 한 벌씩을 해주었다. 그러다보니 실크로 된 한복은 몇 벌 있어서 주일에는 꼭 한복을 입을 수밖에 없었다. 그랬더니 제일교회 신도들이 이 목사님은 실크가 아니면 상대를 안 한다고 수군거렸다. 그런 건 문제가 아닌데, 정작 대심방을 따라 나서려니 입을 만한 옷이 마땅치 않았다. 목사님에게는 장로님이 양복을 새로 해주셔서 괜찮았는데 나는 정말 곤란했다. 그래서 내가 걱정을 하니 남편이 나에게 "하나님께 옷 달라고 해." 그러면서 앞서 걸어갔다. 그래서 내가 마음속으로 '아버지, 심방 다닐 때 입을 옷이 필요합니다. 나한테도 옷을 주세요.'라고 기도했다. 그리고 일주일 지나자 나에게 소포가 왔다. 내 동생댁이 보라색 라흐란 스웨터를 짜서 보내왔다. 그러더니 며칠 있다가 또 소포가 왔다. 내 여동생에게서 옷이 한 보따리 왔다. 블라우스, 치마 등등 예쁜 옷들이었다. 내 동생에게 전화해서 어디서 이런 좋은 옷들을 구해서 보냈느냐고 물었더니 자기 남편이 디자이너이며 제품을 만들어서 대구백화점 매장에서 판다고 했다. 나는 그런 것도 몰랐고 형제들에게 참으로 무관심했었다. 하나님께서 동생들을 시켜서 나에게 필요한 옷을 보내주셨다. 구하는 자에게 주시는 하나님의 신실하심을 경험하며 자상하신 내 아버지 하나님께 감사했다.

우리가 옮겨가게 된 서울제일교회는 1977년 6월에 금호동 시장 안에 있는 어떤 집에서 백 목사님과 오 장로님, 몇몇 집사님들이 개척하면서 시작되었다. 신자들이 불어나서 넓은 집으로 이사했다가, 또 더 넓은 슈퍼마켓 건물로 이사를 했다가, 결국 성내동에 땅을 사서 건물을 신축했다. 금호동 신자들이 전부였기 때문에 오 장로님께서 대형버스를 사서 매 주일, 수요일 저녁, 그리고 금요 철야기도회 때 운행하였다.

차츰 성내동에서도 신자들이 생겼고 둔촌아파트에서도 신자들이 나왔다. 교회가 점점 부흥이 되어가는 중이었는데 목사님이 미국에 부흥회 인도 차 가셨다가 오시지 않으므로 한 달 두 달 지나면서 신자들이 흩어지고 어수선하게 되었다. 금호동에서 출석하는 분들은 개척 멤버들이니만큼 교회에 대한 애착이 있어서 어떤 일이 있어도 교회를 떠나지 않았다. 그런데 이 동네에서 들어온 사람들은 다른 교회로 가기도 하고 이사도 가고 해서 흩어진 사람들이 많았다. 우리가 와서 처음 예배하던 주일에 102명이 모였다. 하나님의 은혜로 매 주일 신자들이 늘고 재정도 채워주셔서 그해 12월을 마무리 할 때 교회의 부채를 모두 갚게 되었다.

그 당시 교회 지하실에 사찰 집사님 가족이 살았고, 총각 전도사, 총각 기사도 살았다. 사찰 집사님은 부엌에서 밥이라도 끓여 먹었겠지만 총각들은 어떻게 살았는지 참 어렵게 보였다. 그래서 그들을 우리랑 같이 먹자고 식사 때마다 불렀다. 그런데 기사는 부르면 즉각 올라오는데 전도사는 도무지 올라오질 않아서 밥이 다 식을 때까지 기다리기가 일쑤였다. 아침식사 후에 빨리 치우고 심방도 가야 하는데 식사시간이 지연되니까 모든 일이 어려워지고 난감하게 될 때가 많았다. 그래서 3개월 후에는 같이 밥 먹는 것을 그만두게 되고 말았다. 교회에서 6개월 이상 생활비가 나가지 않았는데 그들이 어떻게 살았는지 궁금했다. 참 어려운 시기를 잘 견디며 헌신했다고 본다.

교회를 개척한 목사님이 부흥 강사님이셔서 그런지 대부분의 신자들이 정적인 면에서는 뜨거운데, 지적인 면과 의지적인 면이 결여된 듯했다. 이 목사님이 벧엘 성서를 시작하고 구역 공과는 네비게이토에서 나온 성경공부를 시작했다. 지, 정, 의가 고루 어우러져야 신앙생활이 균형을 이루고 예수님을 닮아갈 수 있다고 생각하기 때문이었다. 그런데 어느 날 벧엘 성서 공부를 하는 중에 어떤 분이 "지금까지 연필 한 자루 안 잡아도 예수만 잘 믿었다." 하면서 나가버렸다. 또 구역 성경공부도 일부러 어렵게 해서 우리를 골탕 먹인다는 둥, 목사님의 목회 방향과 부딪치는 일들이 생겼다. 그렇게 되니까 지난 크리스마스 이브 때 등을 헌납한 분의 불평이 함께 보태져서 새로 온 목사가 부자 교회에서 와서 가난한 우리를 무시한다고 의견들이 모아지게 되고, 우리를 따돌리는 상황이 만들어졌다. 막막했다. 편견으로 시작된 여론이 사람을 궁지로 몰아부치면 대책이 없다. 아직은 모든 사람들이 낯설기만 할 때라 어디 가서 말할 곳도 없고 참 쓸쓸했다. 강단에 올라가 아버지께 엎드려 울기만 했다.

우리가 왔을 때 서 전도사님이라고 여성 전도사님이 한 분 계셨다. 서천이 고향이고 떠나신 백 목사님의 유년 주일학교 교사이셔서 함께 사역하게 되셨다. 그런데 교회에서 신자들이 밤에 철야기도를 하면 시끄러워 잠도 못자겠다며 기도하는 사람들에게 야단을 치기도 하고 뭔지 모르게 안정감이 없어 보였다. 그리고 어떤 분들에게 가서 하소연을 하시면서 새로 온 목사가 자기를 내쫓으려고 한다면서 우셨다고 했다. 그 말을 들은 이 목사님은 "내가 하나님이냐? 하나님께서 그 사람의 길을 인도하시는데 내가 왜 나가라고 하냐? 그건 하나님 소관이야. 나는 가고 오는 일에 손대지 않아. 하나님의 뜻에 맡길 뿐이야."라고 했다.

나는 해마다 1월 초에 기도원에 가서 새해를 위한 하나님의 뜻을 묻기도 하고 재충전을 위해서 기도하곤 했다. 그래서 1월 초에 청계산기도원에 갈 때 서 전도사님을 같이 가자고 해서 모시고 갔다. 금식하며 기도하다가 서 전도사님께 물었다.

"전도사님은 우리와 함께 일하는 것을 싫어합니까? 아니면 같이 일하시겠습니까? 우리 목사님은 전도사님을 내보내지 않으십니다. 전도사님이 우리와 함께 일하기를 원하시면 같이 있을 겁니다. 어떻게 하시겠습니까?"

그렇게 물었더니 고맙다고 하면서 같이 있겠다고 하셨다. 그래서 같이 기도하고 산에서 내려와서 밤마다 전도사님을 불러내서 철야기도도 같이 했다. 그런데 영 기도를 잘 못하고 애를 쓰고 있었다. 그래도 두고 보다가 어느 날 밤에 기도가 잡힐 듯

잡힐 듯 애를 쓰길래 뒤에 가서 등에 손을 얹고 기도를 돕기 시작했다. 한밤이 지나면서 기도가 확 트이더니 드디어 줄잡고 기도하기 시작하여 거의 새벽기도 시간 다 될 때까지 부르짖어 기도했다. 기도 끝나고 나서 나에게 와서 고맙다면서 10년 만에 처음으로 제대로 기도했다고 한다.

그 무렵 우리 인덕이에게 감기 끝에 간염이 왔다. 도곡동에 있는 남 내과에 가서 진료를 받기 위해 교회의 미니버스를 타고 병원에 두 번 다니고 나니까 목사 사모가 교회 차를 개인으로 이용한다는 소문이 났다. 그다음부터 내가 혼자서 약 타러만 다녔다. 그러던 어느 주일날이다. 예배 다 끝나고 밤에 자려고 하는데 전화가 왔다. 이호문 목사님이셨다. "이 목사, 내가 미국에 가려고 계획했는데 비자가 안 나와서 한 주일 기다리게 되었네. 시간이 비었는데 내가 부흥회 해줄까?" 하신다. 그래서 고맙다 인사하고 당장 그 다음 주간에 부흥회를 열었다.

이호문 목사님이 우리 교회에 와서 보니 마음이 아프셨던지 마지막 날 저녁에 올 때 한 사람씩 꼭 전도해 오라고 신자들에게 당부를 하셨다. 목사님이 친히 교회 문에 지키고 서서 혼자오는 사람은 못 들어가게 하겠다고 했다. 나도 걱정이 되어서 기도하고 인근의 동자슈퍼 아주머니를 모셔 오리라고 마음먹고 나갔는데 우리 어머님이 이미 찜해 놓으셨다고 했다. 하는 수 없어서 동네를 훑어보다가 동자슈퍼 옆에 세탁집이 새로 이사 오는 것을 보았다. 그 집에 들어가서 "오늘 우리 교회에 특별부흥회가 있으니 꼭 갑시다" 하고 졸랐다. 저녁 시간 맞추어서 모시러 갔더니 따라 나왔다. 동자슈퍼 아주머니도 우리 어머님과 함께 오셨다. 그 이후 그 부인은 우리 교회에 잘 나오셔서 권사님이 되셨고 가족이 다 잘 믿는 믿음의 집이 되었다.

세탁소 부인도 그 남편과 함께 예수 믿게 되었고 딸들도 교회에 잘 나왔다. 그런데 몇 달 뒤엔가 그 집 앞을 지나는데 세탁소 안에 있는 방에 그 부인은 누워 있고, 남편과 딸들이 울고 있어서 웬일인가 해서 들어가 보았다. 그 부인이 머리가 너무 아파서 병원에 가서 진찰받고 검사를 다 해봤더니 뇌종양이라고 했단다. 귀에서 피가 나기도 하고 머리가 터질 듯이 아프다고 했다. 암인지 종양인지 열어봐야 알겠는데 수술한다고 해도 나을지 어떨지는 알 수 없고 수술비만 해도 1,000만원이 넘는다는 것이다. 그래서 내가 그들에게 교회에 와서 기도하며 하나님께 병 낫게 해 달라고 부탁하자고 권했다.

그 당시 우리는 교회에서 늘 철야하며 기도했기 때문에 밤에 오라고 했다. 그날 밤에는 오지 않고 그다음 날 밤 12시가 되니 남편이 부인을 부축해서 올라왔다. 서 전도사님과 내가 함께 손을 얹고 간절히 기도했다. 한 열흘정도 기도했는데 이 사람이 기도 받고 집에 가서 누워 자는데 방 문 밖으로부터 눈부신 밝은 빛이 방 안으로 비춰 들어와서 자기 머리를 뜨겁게 비춰주었단다. 연 이틀밤을 그렇게 비춰주셨는데, 그 후로 머리가 맑아지고 아픈 것이 깨끗이 없어졌다. 그 부인은 워낙 수줍고 얌전해서 큰 소리로 말도 못하는 사람이다. 세탁물 가지고 사람들이 와서 아프다고 이야기하면 간신히 "우리 교회 와 보세요."라고 할 뿐 더 이상 다른 말은 안 하는 그런 사람이었다. 온 식구가 신앙생활 잘 하다가 인천으로 이사를 갔다.

아무튼 부흥회를 통해 이호문 목사님이 정성을 다해서 뜨겁게 말씀을 전하시고 모든 사람들이 오랜만에 큰 은혜를 받았다. 얼었던 마음들이 녹아지고 슬픈 마음들이 위로받고 다시 힘을 내기 시작했다. 목사와 신자 간에 이간하고 교회를 망가뜨리려는 분열의 영, 이간의 영이 꺾어지니 다시 교회는 활기를 띠고 부흥하게 되었다. 하나님은 우리의 목자이셔서 푸른 초장으로 시냇가로 때맞추어 인도하시는 분이심을 다시금 깨달으며 감사하고 또 감사했다. 5월 분 생활비 전액을 다 바치고 감사하며 기뻐했다.

부흥회 끝나고 인덕이 약 타러 병원에 가려니 집에 돈이 한 푼도 없었다. 그래서 걸어가기로 맘먹고 걷기 시작했다. 성내동에서 잠실까지 걸어가면서 '하나님, 나도 돈 벌게 해 주세요.' 하고 또 하나님께 조르면서 기도하는데

"너는 복음으로 말미암아 살리라."

하시는 게 아닌가. 그래서 눈물을 찔끔거리며 알겠다고 고백하며 감사했다. 잠실을 지나 삼성동 네거리에서 왼쪽으로 한참을 가다가 충무교회 있는 데로 해서 도곡동 남 내과까지 갔다. 약을 받아가지고 걸어오니 참 길이 멀었다. 잠실 성내역 가까이 왔을 때 교회버스가 금호동에서 신자들을 태우고 수요 저녁예배 하러 오는 게 보였다. 그러나 나는 지나가는 버스를 보며 부지런히 걷기만 했다. 거의 예배 시간이 다 되어 도착했다. 아무도 내가 거기까지 걸어서 갔다 온 줄은 몰랐다. 목사님도.

그 목사님이 박사과정 공부를 하는 중인데 등록금을 낼 기한이 바로 월요일이었다. 돈이 없어서 하나님께 기도만 했다. 월요일 아침 새벽기도 끝나고 얼마 되지 않아서 멀리 사시는 오 장

로님이 오셔서 몇 마디 말씀도 나누지 않고 기도하시자 곧 일어서서 가셨다. 내가 차를 끓여서 가지고 오니 벌써 가셨다. '웬일이실까?' 하다가 방석을 주워 올리려는데 방석 밑에 봉투가 있어서 보니 30만원이 들어 있었다. 딱 등록금 액수였다. 하나님께서 장로님을 통해 등록금을 보내주셨다. 때를 따라 도우시는 하나님의 손길은 정확하셨다. 우리의 쓸 것을 공급하셨다.

나의 하나님이 그리스도 예수 안에서 영광 가운데
그 풍성한 대로 너희 모든 쓸 것을 채우시리라 (빌 4:19)

우리가 무엇이든지 구하는 바를 들으시는 줄을 안 즉
우리가 그에게 구한 그것을 얻은 줄을 또한 아느니라 (요일 5:15)

나는 성내 3구역 담당 강사였는데, 구역장은 조미나 집사였다. 네비게이토의 7단계 성경공부 교재로 구역 식구들에게 성경공부를 시키는데 모두들 재미있어 했다. 세 집이 네 집 되고, 네 집이 다섯 집 되고, 여기저기서 사람들이 모이는데 조미나 집사님이 신이 나서 열심히 전도해 오고, 이렇게 해서 한 구역이 18명에서 20명으로 되니 앉을 자리가 부족했다. 성내동이 그 당시 도로 포장이 되지 않아서 진탕길이었다. 빨리 걷다 보면 신발은 진흙에 묻힌 채 발만 올라 와서 진탕에 빠지기도 하고, 웃을 일들도 많았다. 미주아파트가 건축 중이어서 그 근처의 길은 더욱 진탕이었고 걸어다니기가 많이 불편했다. 그래도 부지런히 뛰어다니며 사람들을 불러 모아서 구역 예배가 재미있었다.

그해 연말에 성내 3구역이 5개 구역으로 나뉘었다. 미주아파트가 다 지어져 분양 입주할 무렵부터 미주 1동을 집중적으로 공략했다. 그 동은 19평이라 갓 결혼한 부부, 애기 하나둘 가진 젊은 사람들이 많이 살았다. 구역 예배 때 사람들이 모이면 어른이 열 명이면 아이들은 열다섯 내지 열여섯이 된다. 그러면 집은 비좁고 어른 아이가 꽉 들어차니 정신이 빠질 지경이 되고 만다. 그때 아파트 앞에 말 타기 할아버지가 아이들을 기다리며 있기에 단체로 아이들을 한 시간 말 태워 달라고 맡기고 예배를 드리곤 했다.

그런데 어떨 때는 예배가 아직 덜 끝났는데 한 시간 됐다고 아이들을 다 보내서 와르르 몰려오곤 했다. 내가 기도하면서 눈을 뜨고 있을 때가 있는데 어떤 녀석이 좀 덩치가 커서 힘이 센 놈이 돌이 되지 않은 어린 기정이의 머리를 두 손으로 꾹 눌러서 기정이의 얼굴이 시뻘겋게 된 채 눌려 있었다. 그래도 기정이는 아무 소리도 안 하고 그냥 눌린 채 땀을 뻘뻘 흘리고 있어서 기도하면서 아이의 손을 밀기도 하고 기도를 빨리 끝내기도 했다.

미주 1동이 잘 되어가서 다른 교회에 다니다가 이사 온 집사님 내외가 있어서 그 사람에게 맡기고, 나는 2동으로 가서 구역을 만들어서 재미있게 했다. 이 사람들이 연말쯤 되면서 하는 말이 "우리는 전도하지 말자. 사람이 더 많아져서 우리 구역을 쪼개면 어떻게 해?" 했다. 그 이후 한 몇 년 동안 재미있는 구역이 되어서 아름다운 교제는 이루어졌지만 한 사람씩 외국으로, 혹은 다른 지역으로 이사를 가면서 그 구역 식구들은 뿔뿔이 흩어지게 되었다. 그래서 미주 2동 구역은 결국 없어지고 말았다. 복음 전도를 효율적으로 하기 위해서 구역이 필요한데, 교제만을 위한 모임이 될 때 하나님께서 기뻐하지 않으심을 깨달았다.

미주 5동 구역도 잘 모이고 재미있게 운영되었다. 우리 어머님이 종종 강사로 봉사하기도 하셨다. 이 5동의 이상우 집사는 불신앙 아가씨와 결혼해서 아들 둘 낳고 여기서 살고 있었다. 그런데 종종 주일날 보면 아이들 데리고 혼자 교회에 나올 때가 있어서 알아보니 토요일에 부부싸움을 하면 아내가 교회에 안 나오려고 한다고 했다. 아버님은 장로님이셨고 수원에서 미션스쿨을 세우시고 학생들에게 복음을 전하셨다고 했다. 그런데 아들이 믿지 않는 처녀와 결혼을 한다니 말씀은 안 하셨지만 하나밖에 없는 외며느리를 위해서 기도를 많이 하시다가 천국에 가셨다. 아마 천국에서도 그 며느리를 위해서 중보기도를 많이 하신 것 같다.

어느 날 밤 잠자는데 하늘에서 불덩이가 그 며느리에게 떨어져 침대에서 떨어져서 방언으로 기도가 터지고 밤새도록 눈물 콧물 흘리며 기도하다가 일어나게 되었다. 그 이후로 하나님께서 죽어가는 영혼들을 자꾸 보여주시면서 이 영혼들을 건져야 할 것을 말씀하시고, 이것이 그가 할 일이라고 하셨다. 그래서 하나님께 어떻게 하느냐고 버티다가 결국 신학교 유아교육과로 가서 공부했다. 그만두려고 하다가 하나님께서 또 죽어가는 영혼들을 보여주시면서 이 일이 너의 할 일이라고 하셔서 신학과로 가서 더 공부했다. 신학교 졸업은 했으나 전도사는 못하겠다고 울며 버티다가 결국은 우리교회 전도사가 되어서 지금 사역을 잘 하고 있다.

미주 1동 차길원 집사도 장로님 아들이다. 하동의 큰 절에 다니는 신도회장의 딸과 결혼해서 아들 딸 낳고 살면서 토요일에 부부싸움만 하면 주일에는 혼자 교회에 오곤 했다. 미주 1동 구역예배 때 성경공부 하면서 믿음이 조금씩 생기고 어려움을 겪어가면서 여기저기 이사 다니다가 다시 우리 교회에 와서 결국 권사 취임했다. 차길원 안수집사는 나중에 서울신학대학원에 다니며 헌신의 준비를 했고, 지금은 전도사로 하동에 있다. 하나님께서 사람을 쓰시는 것을 보면 전적으로 하나님의 계획과 은혜임을 느끼게 된다.

나나 이 목사님 역시 마찬가지다. 우리가 처음 결혼해서 얼마 되지 않았을 때의 일이다. 어느 날 저녁 서점들이 많은 대구 시내 중앙통을 걸어가다가 원서 서점으로 들어가서 『The man God uses』란 책을 발견하고 그 책을 사자고 했다. 하지만 남편이 몇 페이지를 뒤적이더니 사지 않겠다고 했다. 왜 그러느냐고 물었더니 겁이 난다는 것이다. 만약 하나님이 자기를 쓰시겠다고 하면 곤란하다면서 겁나서 못 사겠다고 했는데, 결국 지금 하나님이 쓰시는 목사님이 되어 있다. 그때 우리는 뭘 모르는 사람들이었다. 이 세상에서 가장 멋진 삶이 하나님의 손에 붙들려 쓰임 받는 사람들인데. 나는 지금도 하나님 앞에서 이런저런 일들이 있어서 그걸 할 수 있다는 사실이 너무나 좋아서 기도할 때마다 "써주셔서 감사합니다." 하고 고백한다.

어렸을 때는 생각도 어려서 귀중한 것이 무엇인지 분별하질 못해 기회를 놓치는 사람이 많다. 시편 37장 23~24절에 보면 "여호와께서 사람의 걸음을 정하시고 그 길을 기뻐하시나니 저는 넘어지나 아주 엎드러지지 아니함은 여호와께서 손으로 붙드심이로다."라고 말씀하셨다. 우리가 어리석어서 하나님의 손에 붙들리면 사는 길인데 죽는 줄 알고, 빙빙 돌다가 늦게야 깨닫고 인도하심 따라 여기까지 온 것이다. 하나님의 인도하심은 완벽하시고 온전하시다. 하나님이 정하시고 이끄시는 길 위에서 따라가는 것을 주님께서 기뻐하시고 복주시니 우리는 행복한 사람들이다.

휴가

교회에서 우리에게 승용차 포니2를 사주셨다. 고마웠다. 그리고
얼마 후에 꿈을 꾸었다. 꿈에 오 장로님이 차를 한 대 가지고 오
셔서 "한번 타보세요, 괜찮은가." 그러시더니 조금 있다가 "디스
카운트 해줄런지…." 하는데 잠이 깼다. 장로님이 승합차를 사시
려는가 하고 생각했다. 주일 예배가 다 끝나고 집에 가시려다가
목사님께 내일 여의도 은성회관에서 12시에 만나자고 하셨다.
목사님으로부터 그 말을 듣는 순간 꿈이 생각났다.

월요일에 나도 목사님을 따라 나섰다. 여의도에서 점심을 다
잡숫고 나서 "봉고를 한 대 살까 합니다. 이신행 장로한테 전화
해 보시죠." 그러더니 또 "디스카운트 될까요?"라고 하셨다. 어
쩌면 꿈에 하시던 대로 그러시는지 놀라웠다. 그 당시 기아자동
차 회사에서 봉고라는 승합차를 만들어서 엄청나게 많이 팔았
다. 봉고가 기아를 먹여살린다고 할 정도였다. 이신행 장로가 새
차를 그 이튿날로 보내왔다. 그래서 기존의 미니버스는 없애고
봉고를 운행하게 되었다.

오 장로님은 서울제일교회의 초석과 같은 분이다. 지금 우리
교회 젊은 장로님들의 신앙 모델이기도 하다. 하나님의 일을 위
해서 아낌없이 심으시는 분이다. 다섯 명의 딸들은 다 음악(피아

노, 클라리넷, 첼로, 바이올린, 비올라)을 전공했고 막내 외아들은 결혼해서 현재 미국에서 공부 중이다. 많이 심는 자는 많이 거둔다는 말씀 대로 하나님께서 장로님의 범사에 복을 주시되 넘치도록 부어주심을 볼 수 있다.

8월 첫 주에 새 차를 타고 휴가를 갔다. 우리는 그때까지 한 번도 휴가란 걸 가본 적이 없었다. 목회자에게 휴가가 있는 줄도 몰랐다. 고생하느라 정신없었고, 개척하느라 바빴고, 부목사 시절이라 쉴 새 없이 바빴으므로 휴가라는 말을 해본 적이 없었다. 유년 주일학교, 여름 성경학교부터 시작해서 중고등부 수련회, 청년 수련회, 여전도회 수련회, 장년 수련회 여름 한철을 이렇게 왔다갔다 하고 나면 어느덧 찬바람이 불어오는 가을 문턱에 서 있곤 했다.

어느 여름인가도 그렇게 보내고 나서 정신 차리고 기도원에 가서 성령의 불로 충만케 해달라고 부르짖어 기도하는데 비가 주룩주룩 내리는 밤이었다. 내가 목사님은 저쪽 잣나무 밑에 있는 바위에서 불 받게 부르짖으라고 부탁하고 나는 반대편 언덕에서 부르짖었다. 우산을 쓰고 한참 동안 기도하다가 교회로 들어왔더니 목사님도 들어와 있었다. 내가 얼굴을 자세히 살피며 무슨 일이 있지 않았나 싶어 "어땠어요?" 하고 물었더니 잠시 머뭇거리다가 "성냥불 같은 조그만 불씨가 피어오르고 연기가 위로 올라가며 사도행전 2장 요엘서 말씀을 인용한 구절을 말씀하셨다."고 했다.

또 내가 위로 하늘에서는 기사와
아래로 땅에서는 징조를 베풀리니 곧 피와 불과 연기로다

그런 식으로 잠시 휴식하고 또 일상으로 돌아와서 본 자리에 선다. 내 일 네 일 구별없이 장구치고 북치고, 눈에 보이면 잡아야 하고 놓아야 할 때면 놓고, 성령께서 이끄시는 대로 순발력 있게 순종하는 목회를 하려고 노력하며 살았다. 그러다 진짜 휴가를 얻게 된 것이다.

처음 가는 휴가 길이 재미있었다. 춘천 가는 길이 그렇게나 아름다운 걸, 한계령이 그렇게나 아름다운 걸 처음 알았다. 너무나 아름다워서 내가 감탄할 때마다 운전하던 분이 얼른 뽀뽀를 해서 한참을 웃으면서 가다가 또 감탄하니까 얼른 뽀뽀를 하는데 마주오던 차에서 젊은 운전자가 싱긋이 웃으며 우리와 눈이 마주쳤다. 민망해서 또 웃었다.

속초에서 설악산 마당 캠핑장에 텐트를 치고 밥을 하고 찌개를 끓여서 맛있게 먹고 잠을 잤다. 생전 처음으로 텐트에서 잠을 잤는데 잘 잤다. 아침에 일어나서 간단하게 먹고 텐트를 걷고 정리를 해서 동해안을 따라 내려오다가 망상해수욕장에 들어가서 한 바퀴 휘 돌고 그냥 나왔다. 얼마쯤 가는데 우리를 앞지르는 차들이 빵빵 하면서 불을 반짝이면서 갔다. 왜 저러나 하면서도 그냥 달리는데 서울 번호를 단 차가 우리 앞을 질러가더니 섰다. 그리고 우리보고 손짓을 하며 서라고 한다. 길 가에 차를 세워놓고 보니 우리 차가 펑크가 나서 타이어가 다 쭈그러져 있었다. 그 사람이 도와줘서 바퀴를 갈아 끼우고 나니 그 사람은 가고 우리는 다시 포항으로 향했다.

우리가 대구에 도착하니 엄마가 베란다에서 우리를 내려다보며 너무나 반가워했다. "하마나 오나 하마나 오나, 얼마나 기다렸는데, 이제 오는구나." 하셨다. 지난해 가을, 서울제일교회로 이사 가기 전에 왔을 때 병원에서 수혈을 하고 계셨는데 피가 들어가지 않아서 한나절을 씨름하며 고생하기에 남편과 함께 팔을 잡고 기도했다. 그리고 우리는 떠났는데 그 이후로 피가 잘 들어가서 옆에 사람들도 딸 사위가 기도하니 그만 되는구나 하고 감탄했다고 들었다. 그런 모습을 보고 간 후 이게 처음이다. 수혈하기를 1년이 넘어서 더 이상 피가 들어가지 않아서 이젠 그냥 집에 계신다고 하셨다. "저게 너거 차가?" "응 교회에서 사 주셨어." "응 됐다." 흡족하신 모양이다. 내가 맏이라서 그런지 나는 뭐든지 잘 하고 누구보다도 뛰어나고 앞서리라고 기대하셨던 것이다.

우리가 남포에서 개척할 때 오셨다가 너무나 실망하셔서 마음 아파 하셨다. "와, 너거가 공부를 못 했나, 뭐가 모자라서 그런 촌구석에 가서 사노? 난 네가 대통령 될 줄 알았다. 참, 내 기가 막혀서."

나에게 가장 좋은 성경 선생님이셨고 신앙생활을 잘 가르쳐 준 분이지만 개척 전도사의 삶과 하나님이 다루시는 훈련 과정에 대해서는 이해가 되지 않으셨던 것이다.

엄마는 슬픈 노래를 부르지 못하게 하셨다. 초상집 구경도 못 하게 했고, 험한 것은 못 보게 하셨다. 딸아이는 그런 것 보고 크면 안 된다고 하셨다. 그러던 엄마께서 지금 일어나고 누우시는 것도 혼자 할 수 없으시다. 오랜만에 큰 딸과 사위가 왔다고 너무나 좋아하시더니 이틀 뒤에 하늘나라로 가셨다.

홍수와 첫눈

그해 가을에 접어들면서 새벽기도 하러 교회에 올라갈 때마다 어떤 아이의 기침소리가 거의 넘어갈 듯이 들려왔다. 누가 이렇게 기침을 하나 알아봤더니 지하실에 살고 있는 사찰 집사의 아들이었다. 병원에 다녀도 낫지 않고 매일 더 심해져 갔다. 병원에서 의사가 아무리 치료를 해도 차도가 없으니 어느 날 물었다고 한다. "애가 어디에 살고 있소?" 지하실에 산다고 했더니 당장에 이사하라며, 이사하기 전에는 병원에 오지 말라고 했단다.

그때 우리 교회 지하실에 사찰집사님네, 기사네, 전도사네 세 집이 살았다. 사찰네는 네 식구였고 기사와 남 전도사는 총각들이었다. 시멘트 바닥이 잘 고루어지지도 않았고 어두컴컴하여 살기에는 마땅치가 않은 환경이었다. 그래서 그 댁을 지상으로 이사하도록 조치를 취했다. 마침 그 무렵 미주아파트가 입주하는 시기여서 32평짜리를 900만원에 전세를 얻게 되어 우리가 이사하고 우리가 살던 방에 사찰집사네가 들어갔다. 새 아파트에 이사를 해놓고 밤에 잠을 자려니 너무나 황송해서 도저히 누울 수가 없어 교회로 뛰어가서 울었다. 하나님께서 우리를 너무나 후대하시는 걸 느끼며 고맙고 황송해서 한참을 울었다. 좋으신 하나님, 좋으신 하나님!

그렇게 이사를 하고 보니 살림살이가 없어서 집이 휑하니 넓었다. 신 집사님이 와서 집을 둘러보더니 책장, 식탁, 인덕이 책상, 침대 옷장 등등을 사라고 돈 100만원을 주고 갔다. 소파 세트도 보내왔다. 그런 것들을 사서 집을 채우니 우리 집이 참 멋지게 되었다.

그 이듬해인 1984년 8월 말의 토요일 오후에 심방을 갔다 오는데 우리 사는 골목 안에 물이 엄청나게 밀려오는 것을 보았다. 사람들이 빗자루로 물을 집 밖으로 쓸어내고 온통 야단이었다. 우리 아파트 마당에도 발이 젖도록 물이 밀려다녔다. 조 집사님의 미장원에도 물이 밀려들어와서 쓸어내느라 씨름을 하길래 내가 우리 집에 저녁 밥 해놓을 테니 모두들 올라와서 먹도록 하라고 말해두고 나는 얼른 집으로 올라와서 전기밥솥에 밥을 하나 가득 했다. 그런데 이 사람들이 올라오지 않아서 내다보니 물이 어느새 다리 전체가 잠길 정도가 되어서 미장원의 살림살이를 치우고 집안 살림 치우느라 오지 못했다. 이어서 전화도 되지 않았다. 물이 밀려오는 세력이 대단했다. 이제는 어디를 왔다갔다 할 처지도 못 되었다. 날은 어두워지고 물은 쉬지 않고 몰려오고, 그야말로 속수무책이었다.

아파트 마당에서 뻥 하는 소리가 나면서 정화조 뚜껑이 튀어나가고 물이 세찬 분수처럼 솟아올랐다. 모래주머니로 아파트 입구를 막으려고 온 주민들이 물속에서 오가고 했지만 드디어 폭포소리를 내며 물은 아파트 지하실로 쏟아져 내렸다. 전기가 끊어지고 도시 가스도 끊어졌다. 아파트 1층으로 물이 들어오기 시작했다. 위층에 사는 사람들이 1층으로 내려가서 살림살이를

2층, 3층 복도로 옮기는데 도왔다. 우리는 그때 702호에 살았다. 102호 애기 아빠는 중동에 근무하다가 휴가차 집에 오셨는데 물난리가 나서 경황이 없다보니 팔 한 가득 책을 안고 2층으로 올라왔는데 보니 모두 만화책이었다. 그래도 본인은 그게 뭔지 모르고 있었다.

그날 밤 내내 잠이 오지 않았다. 주일인데 어떻게 교회를 가나? 뒷 베란다에 가서 동네를 내려다보니 차들이 점점 물속으로 잠겨갔다. 반대편 창문으로 내다보니 우리 차도 꼭대기만 보이더니 한참 보고 있으려니 그만 온통 물에 잠기고 말았다. 아파트 마당은 물로 가득 찼고 온 집안에 냉기가 스며들었다. 날이 새고 교회에 갈 준비는 하였으나 온 세상이 물로 가득하니 나갈 수가 없었다.

해병대의 검정 보트가 아파트의 경비실 지붕을 나루터로 삼아 사람들을 실어 날랐다. 지금의 올림픽공원은 당시 잡초와 숲이었는데 물로 가득 채워졌고 큰길에는 검정 보트가 바다 위로 다니듯 힘차게 달리고 있었다. 물로 가득 찬 골목길에는 냉장고가 떠다니고 갖가지 가재도구들과 스티로폼 조각들이 떠다녔다. 미군 헬리콥터가 사람들을 구조하러 와서 몇 번 왔다갔다 하더니 아파트 맞은편 집 지붕에 떨어져서 더 이상 날지를 못했다.

우리 교회 지하실에도 물이 완전히 찼고 1층 예배실과 사무실에도 절반 정도 물이 차서 사람들이 교회에 올 수가 없었다. 둔촌 아파트에 사는 성도들이 둔촌초등학교의 교실 하나를 빌려서 서울제일교회라고 커다랗게 써붙였다. 성내동 성도들을 모아서 자기네들끼리 예배를 하고 둔촌 식구들이 해온 미역국이랑 밥이랑 먹고 수련회 하듯이 재미있게 지냈다. 한 사람도 울거나 걱정하며 우울해 보이는 사람이 없고 웃으며 찬송하고 즐겁게 지냈다. 모두들 얼마나 협동을 잘하고 서로 도우며 사랑을 나누는지 그리스도 안에서의 아름다운 공동체 모습에 감사했다고 한다.

우리는 아파트에 갇힌 채 우리 식구끼리 예배했다. 그런데 날씨가 쌀쌀해서 그런지 어머님은 계속 딸꾹질을 하셨는데 불이 없어서 뜨거운 물도 끓일 수가 없어 난감했다. 주일이 지나면서 물이 슬슬 빠졌다. 그 이튿날부터 햇빛이 나자 온 동네 골목은 질퍽대고 전쟁터마냥 온갖 물건들이 널브러져 있으니 냄새가 퀴퀴하게 번져댔다. 우리 교회 식구들 중에 95가구가 완전 침수되어 이불이랑 옷들을 버릴 수밖에 없었다. 홍수에 적신 옷이나 이불은 사용할 수가 없다. 정화조 뚜껑이 열려서 오물과 강물과 빗물이 섞여서 물이 오염되었기 때문에 물속으로 헤엄치거나 다닌 사람들은 피부병이 생겼다. 소독차가 다니며 연기를 뿜어대고 각 집에서도 소독을 해보지만 어쩔 수가 없었다. 장롱들도 많이 버렸다. 산산이 조각나고 부서져서 재사용이 어려웠다. 우리 교회에서는 완전 침수된 가정에 수재복구비를 지원했다.

물에 잠긴 차들을 수리하느라 다들 난리였고, 교회도 지하실 물을 퍼내느라 고생했다. 김한경 장로님은 환갑이 지나셨는데 제일 많이 물을 퍼내고 밑에 깔린 진흙도 퍼내고 하시면서 얼마나 일을 많이 하시는지 모두들 놀랐다. 목사님과 장로님이 끝까지 마무리를 하며 고생 많이 하셨다. 그런 환란이 있었어도 하나님께서 우리들을 돌보시며 축복하셔서 모든 성도들은 교회를 가꾸기에 힘을 합했다.

북한에서 우리에게 쌀을 보내와서 동에서 조금씩 나누어주기에 웃으면서 합해서 떡을 해먹었다. 밥 해먹을 쌀은 못 되었다.

그해 가을이 다 가고 11월 말의 일이다. 월요일 아침에 염혜경 집사와 희숙 집사가 와서 무조건 빨리 가야 한다고 야단이었다. 무슨 일인가 묻지 말고 빨리 내려오라고 재촉해서 우리는 무슨 영문인지도 모른 채 염 집사네 차를 탔다. 아주 재미있어 하는 표정으로 생글생글 웃으며 차를 몰고 하남 쪽으로 향했다. 어디로 가느냐고 물어도 대답하지 않고 조금 있으면 알게 된다고 했다. 한참을 가더니 남한산성 길로 접어들어서 계곡을 끼고 올라가다가 차를 세우고 계곡으로 내려갔다. 여름 내내 사람들로 붐비는 곳인데 날씨가 쌀쌀해지니 아무도 없었다.

　적당한 곳에 자리를 펴더니 바비큐 화로와 고기를 꺼내고 몇 가지 반찬을 펴놓고 불을 피워 고기를 굽기 시작했다. 바람은 쌀쌀하고 날씨가 금방이라도 눈이 쏟아질 듯 했다. 우리는 너무나 어이없어서 서로 쳐다보고 웃었다. 고기를 구워서 먹으니 맛이 좋았다. '맛있네, 재미있네' 하면서 부지런히 먹는데 눈이 내리기 시작했다. 차 트렁크에서 누비랑 머플러랑 꺼내 와서 우리도 덮어주고 자기네도 덮어 쓰고 킥킥거리며 먹었다. 그런데 눈이 그냥 펄펄 내리는 게 아니라 하늘에서 쏟아붓듯이 펑펑 내리니 더 있을 수가 없어서 부지런히 도로 싸서 차를 타고 떠났다. 그 해의 첫눈이었다. 첫눈 오는 날이면 어김없이 생각나는 즐거운 추억이 되었다.

임종 예배

그런즉 원하는 자로 말미암음도 아니요
달음박질 하는 자로 말미암음도 아니요
오직 긍휼히 여기시는 하나님으로 말미암음이라 (롬 9:16)

새해가 되자 목사님은 박사과정 수업의 일환으로 성지연수 차 해외로 출발하셨다. 그 전에 김양경 목사님과 박정희 전도사가 올해는 신자 수 400명을 넘기겠다고 장담을 했었다. 그러나 아무리 해도 그 숫자를 넘어서지 못했다. 목사님이 여행하는 동안 주일 예배 설교를 신학대학 교수님이 오셔서 했다. 주일 아침부터 폭설이 내리는데 내 마음은 조마조마했다. 이렇게 눈이 많이 오면 신자들이 오기 어렵고, 금호동 가고 오는 대형 버스가 혹시나 미끄러질까 염려스럽고, 그래서 예배실 창밖을 내다보며 입 속으로 끊임없이 기도했다.

11시 예배 시간이 거의 다 되었는데도 버스는 보이지 않고 내 마음은 타들어가는 듯했다. 그런데 낯선 사람들이 교회로 하나둘 들어와서 자리를 채우는데 끊임없이 계속 들어왔다. 예배가 시작되고 얼마 있으니 버스가 도착해서 금호동 식구들이 우루루 들어왔다. 그 눈이 내리는 주일에 신자들이 400명이 넘었다. 하나님께서 애가 타서 안절부절하며 기도하는 나를 불쌍히 여기셨다.

얼마 후 인덕이 생일이어서 교회 가서 기도하고 일찍 집에 온다고 나왔는데 문득 마음속에서 정순희 집사님에게 가봐야 한다는 생각이 들어 그 댁으로 들어갔다. 막내딸이 엄마를 돌보고 있는데 정 집사님은 이미 떠날 시간이 다 되었음을 알 수 있었다. 그래서 임종 예배를 드리고 마지막 중보기도를 했다. 머리부터 얼굴, 가슴, 손, 발, 다리에 안수하며 회개의 기도를 하고 보혈로 씻어주시기를 기도하고 그 영혼을 하나님께 맡겼다.

그러는데 권사님들이 들어오셔서 기도하고 나서 옷을 깨끗한 것으로 갈아입혀 드리라고 했다. 그렇게 했는데 정 집사님의 눈빛이 누군가를 기다리는 것을 알아챘다. 그래서 딸에게 오빠에게 전화해서 빨리 오라고 했다. 얼마 있으니 막내아들이 왔다. 엄마에게 얼굴을 구부리고 부르니 아들의 얼굴을 쳐다보고 눈을 감으셨다.

그 몇 년 후에는 이정례 권사 남편이 돌아가시게 되어서 권사님들과 함께 심방을 갔다. 예배드리고 나서 모두 가시고 나는 남았다. 그분에게 복음을 다시 설명하고 확실하게 믿음을 고백하고 나서 임종 예배를 드리며 마지막 중보기도를 했더니 평안하게 하늘나라로 가셨다. 그리고 새벽기도 하러 바깥에 나오니 눈이 소복이 내려 온천지가 하얗게 되어 있었다.

또 몇 년 후 심영자 집사는 동주병원에서 임종했다. 그리고 1994년 느지막이 이상기 집사님도 아산병원에서 맏아들이 출장에서 돌아오기를 어렵게 기다리다가 임종하셨다.

1985년에는 오 장로님의 모친이 소천하셨다. 그 분은 만리현 교회 권사님이셨다. 교회에서 여전도회 기도회를 인도하시고 마지막 통성기도를 오래 하시기에 회원들이 기다리다가 보니 엎드리신 채 혼수상태가 되셔서 병원에 모셔 갔는데 그대로 하늘나라로 떠나가셨다.

부고를 듣고 여러 곳에서 많은 목사님들, 전도사님들이 모여와서 눈물을 흘리며 권사님을 칭송했다. 오 장로님께서 용돈을 풍성하게 드리는데도 자주 돈이 좀 부족하니 달라고 하셔서 장로님은 권사님이 달라고 하시는 대로 드리셨단다. 새 옷을 해입으시지도 않고 특별히 씀씀이가 크신 분도 아닌데 왜 돈이 그렇게 많이 필요한지 궁금하실 때도 더러 있었는데 개척교회, 가난한 교회들을 그렇게 많이 돕고 계셨다는 것을 알게 되었다. 사람은 관 뚜껑을 덮을 때 그 사람의 삶을 알 수 있다고 하더니 권사님이 떠나신 자리에 그 분의 빛이 드러나고 있었다. 복되게 사시다가 복되게 가셨다.

영 분별

어느 월요일 아침녘에 이심이라는 새 신자가 말씀드릴 게 있다며 찾아왔다. 그동안 기도해주시고 잘 지도해주셔서 감사하다며 멀리 이사를 가게 되어서 인사드린다고 했다. 떠나기 전에 목사님 양복 한 벌 꼭 해드리고 싶다고 봉투에 양복값을 넣어서 주었다.

이 사람은 그 전 해 초에 우리 교회에 들어와서 그때까지 다녔다. 그 전 해에 우리 집에 와서 나에게 애기 낳게 기도해달라고 해서 내가 기도해주었다. 그때 하나님께서 나에게 애기를 주겠다고 응답해주셔서 교회에 와서 작정기도를 함께 하자고 했다. 나는 어차피 밤마다 교회에서 기도하고 잠자고 했으니 문제될 것도 없었다. 그런데 그 사람네 집 맞은편에 우리 교회의 김 집사님이 살고 있어서 그 사람이 매일 밤 함께 나왔다.

그 김 집사란 분은 우리가 처음 서울제일교회로 부임해 왔을 때는 보이지 않았다. 나중에 알고보니 이 목사님은 영력이 없어서 서울제일교회에 나가고 싶지 않아서였다고 했다. 그러더니 언제부터인가 나오더니 이 새 신자 일로 인해서 기도의 불이 붙기 시작하였다. 자기가 이 사람을 데리고 더 열심히 기도하고 자기가 은혜 되는 대로 조종했다. 내가 그를 위해 함께 기도할 수가 없을 정도로 그에게 밀착되었다. 방언으로 기도하는데 영 느낌이 좋지 않아서 말렸다. 그랬더니 나에게 저주를 하였다. "목에 피를 토하고 쫓겨나리라." 그래서 내가 주님께 물었더니 하나님께서 나에게

"기쁨이 오리라."

하셨다.

까닭 없는 저주는 참새의 떠도는 것과
제비의 날아가는 것 같이 이르지 아니하느니라 (잠 26:2)

밤마다 철야기도를 하는데 이 두 사람들이 어떻게나 요란스럽고 혼란한지 곤혹스러울 때가 많았다. 어느날 밤에는 교회 안에서 간첩이 무전 치는 소리가 들린다고 빨리 찾아봐야 한다고 난리를 쳤다. 어이없지만 내가 뚜껑 있는 과도를 잠바 안주머니에 넣고 그들과 함께 교회 1층, 2층, 3층을 다 살피고 좁은 계단을 조심조심 올라가서 넓은 옥상까지 다 살펴봤다. 항아리 뚜껑도 열어보고, 상자들을 뒤적여보고, 다 수색을 했으나 간첩은 없었다.

다시 내려오자 또 지하실의 사찰집사님네가 살던 방구들 밑에 시체가 있다는 계시를 받았단다. 영력이 특별나서 별의 별 계시를 다 받는데 이렇게 되다가는 안 되겠다 싶었다. 분별력 없이 그러지 말라고 했더니 그 사람을 데리고 익산에 있는 용화산기

도원이란 곳으로 가버렸다. 일주일 후에 다시 오더니 그 새 신자가 무릎을 꿇고 잘못했다고 용서를 빌었다. 기도원 원장님한테 교만한 것들이 왔다고 야단맞고 벌받고 혼나고 왔다고 했다.

그래서 기도하면 하나님께서 응답해주시는데, 응답을 받자마자 금방 현실로 이루어지는 것도 있고, 응답은 받았는데 하나님께서 기다리라고 하실 때도 있고, 안 된다고 하실 수도 있다고 설명을 해주었다. 그래서 잠잠하게 되어서 신앙생활을 잘 하더니 멀리 이사하게 되었던 것이다. 이사 가고 나서 그 사람이 잉태해서 딸을 낳았다. 나중에 안 일인데 이 사람은 자궁에 악성 혹이 너무 커서 자궁을 제거하라고 산부인과에서 말했는데 하나님께 기도해서 애기를 가지겠다고 나한테 왔던 것이다. 나는 그것도 모른 채 기도했고 하나님께서는 응답해주셨다. 새로 이사 간 후 아이가 생겨서 2년 후엔가 업고 와서 우리에게 보여주었다.

그 사람이 양복값을 주고 나간 후 내가 그 봉투를 열어서 돈을 세다가 깜짝 놀라서 떨어뜨렸다. 너무 많았다. 30만원이나 들어 있어서 "아버지, 이 사람은 부자가 아니에요. 이렇게 많은 것을 어떻게 받아요?" 하는데 하나님께서

"봐라, 이것의 열 배 이상 너에게 줄 것이다."

하고 말씀하셨다.

그 무렵 목사님은 박사과정 마지막 코스로 6월부터 두 달 동안 샌프란시스코에서 수업을 하게 되었다. 하나님께 학비와 여비 등등 필요한 것을 공급해달라고 청구하고 매일 밤 교회에서 기도했다. 목사 사모가 돈을 빌릴 수도 없고, 또 빌려도 갚을 길

이 없으니 하나님이 주시면 가고 안 주시면 안 가는 것이 우리가 사는 방법이었다. 그 외에는 달리 돈을 변통할 길이 없어서 날마다 기도하고 매달렸다.

그러던 중 5월에 이천석 목사님을 모시고 부흥회를 하게 되었다. 그런데 사람들이 너무 많이 와서 강단에까지도 가득 찼다. 낮이고 밤이고 사람들이 가득 가득 차서 참으로 은혜로운 집회가 되었다. 우리 부부가 1974년도에 약 두 달 동안 한얼산기도원에서 산 적이 있었다. 그래서 대접을 잘 해드리고 싶어서 정성을 들여 모셨다. 그런데 부흥회가 너무나 잘 되었던 것이다.

하나님의 은혜가 얼마나 고마운지 말할 수가 없을 정도였다. 부흥회가 끝나고 교회에서 우리에게 150만원을 주셨다. 그리고 이어서 여기저기서 지원해주셔서 목사님이 미국 가서 공부할 수 있게 되었다. 하나님께서 열 배 이상 주신다고 하시더니 450만원을 주셨다. 어김없이 약속을 지키시는 하나님이시다.

귀신을 쫓아내고

1986년 2월에 둔촌아파트에 사는 전 집사 맞은편 집에서 심방해줄 것을 요청해 왔다. 그 집은 아주 독실한 불교신자인데 무슨 일인가 싶어 목사님 전도사님과 갔더니 그 댁 며느리가 정신분열증으로 어려운 가운데 있었다. 그 며느리의 친정 오라버니가 우리와 잘 아는 장로님의 동서였다. 시어머니는 며느리를 정신병원에 입원시키고 아들을 새장가 보내서 손자를 낳게 하겠다고 했는데, 남편은 우리에게 어느 것이 낫겠느냐고 물었다. 발병한 지 얼마 안 되니까 병원에 보내는 것보다 교회에서 기도하며 치유하는 것이 후유증 없이 깨끗하게 낫는다고 설명해 주었다. 예수 믿지 않는 남편인데도 교회에 맡기겠다고 했다. 그래서 매일 우리가 그 집에 가서 예배하고 기도하는데 내 눈앞에 부처가 그 방바닥에 누워 있는 것이 보이고 기도를 몹시 방해하는 것을 느꼈다.

그래서 교회 지하실에서 기도하자고 의논해서 교회로 데리고 왔다. 정신분열증만이 아니라 귀신이 그를 잡고 혼미하게 해서 아주 어렵게 만들었다. 힘이 얼마나 센지 그 남편이 보름 간 휴가를 내서 붙들어 주고 그 오빠도 붙들고 해서 우리가 말씀 읽고 기도했다. 여러 사람이 많이 함께 기도하니 어수선해서 안 되겠기에 서 전도사님, 송 권사님, 김 권사님, 그리고 나까지만 넷이서 힘을 합해 기도했다. 특히 박 전도사가 기도한다면서 참 방해가 많이 되었다. 귀신이 이 사람 속에서 작용을 해도 순간순간 맑은 정신이 올 때가 있기 때문에 그때마다 복음을 들려주어야 한다. 그렇게 씨름을 하며 기도한 지 약 두 달 정도 되었을 무렵, 기도 시작하기 전에 혼자 강단 앞에 앉아서 하나님께 말씀드렸다.

"아버지, 이제 곧 대심방도 시작되고 부활절도 다 되었는데, 이 사람에게만 매달려 있을 수가 없는데, 언제까지 이렇게 해야 되겠습니까? 도와주세요." 하는데 주님께서 말씀해 주셨다.

"숨차게 몰아붙여라."

그래서 그 밤에 돌아가며 연속으로 쉬지 않고 기도했다. 전도사님 다음에 김 권사님, 다음에 송 권사님 다음에 내 차례, 이렇게 연속적으로 새벽까지 기도하니 귀신이 떠나고 맑은 정신으로 돌아왔다. 예수 그리스도를 영접시키고 찬송을 부르고 나서 좀 쉬다가 새벽기도 후에 집으로 데려다 주었다.

귀신이 사람의 뇌를 점령해서 심하게 시달리고 나면 뇌가 좀 손상되는 것 같았다. 분명히 귀신이 떠났고 치유가 되었는데 문득문득 화를 내고 욕설을 할 때가 있었다. 예수님을 영접시키고 구원의 확신을 점검하고 계속해서 성경을 읽히고 공부를 시키며 새 신자로 양육했다. 잘 자라서 충성하는 청지기로 세워졌다. 참 아름다운 그리스도인으로 살았다.

언젠가, 새로 온 부목사님과 박 전도사가 팀이 되어서 열심히 심방하면서 자기네가 능력을 행하는데 담임인 이 목사님이 못하게 한다는 소문이 들렸다. 그 전에, 그 부목사님이 어느 주일 오후 예배 때 설교를 하면서 다니엘서의 말씀을 이상하게 해석했다. '느부갓네살 왕의 꿈에 본 우상의 발과 발가락이 철과 진흙으로 섞여 있는데, 뜨인 돌이 날아와 발등을 치니 우상이 무너지고 겨 같이 되어 바람에 날려가고 우상을 친 돌이 태산을 이루어 세계에 가득했다'는 대목이다. 그 돌이 우리 민족이라고 하며 일본에 우주인이 와서 예언했고 또 우리나라의 안 모라는 심령학자가 예언했다라고 설교를 했다. 설교가 끝나자마자 이 목사님이 나가서 아니라고 하시면서 신자들에게 아무 데나 "아멘" 하지 말라고 하셨다. 성경 말씀이 아닌 것, 말씀과 다른 것은 즉각적으로 고쳐주신다. 안 그러면 틀린 것이 머릿속에 입력되기 때문이다.

그 전도사가 어떤 장로님에게 가서 한 말, 또 어떤 여 집사가 길고 길게 편지로 써준 말 등이 똑같았다. 그 당시 그 여 전도사 덕분에 서울제일교회는 망한다는 소문이 교회 안에 번졌다. 이간의 영이 휘젓고 다녔다. 그 여 전도사가 먼저 나가고 편지 보낸 집사도 나갔다.

남편과 나는 저녁 10시에 교회 본당에 가서 기도하기 시작했다. 교회의 머리이신 예수님께 말씀을 드리고 도움을 청해야 했기 때문이다. 그런데 찬송을 부르라고 하셨다.

> 고요한 바다로 저 천성 향할 때
> 주 내게 순풍 주시니 참 감사합니다
> 큰 물결 일어나 나 쉬지 못하나
> 이 풍랑 인연하여서 더 빨리 갑니다
> 내 걱정 근심을 쉬 없게 하시고

내 주여 어둔 영혼을 곧 밝게 하소서
이 세상 고락 간 주 뜻을 본받고
내 몸이 의지 없을 때 큰 믿음 주소서

일주일 기도하는데 주일날 새벽기도 끝나고 일어설 때 하나님께서

"내가 콩코드 1.8 줄게."

하셨다. 나는 깜짝 놀라서 콩코드 1.8이 뭐지 하고 생각했다. 집에 와서 남편에게 물었다.

"콩코드 1.8이 뭐예요? 하나님이 우리에게 주신다는데요."

"자동차지."

이어 아침식사 준비하려고 왔다 갔다 하는데

"무슨 색 할래?"

하신다. 그래서 얼른 베란다로 가서 밑을 내려다보며 검정색 흰색 회색 등을 보면서 이것저것 생각했다. 그 주 목요일에 나는 구역예배를 하러 가고, 남편은 혼자서 청계산기도원에 기도하러 갔다. 집에 오는 길에 말죽거리에 사시는 장로님 댁에 들러야겠다는 생각이 들어서 찾아갔더니 반가워하시면서 안 그래도 전화를 하려고 했는데 잘 오셨다고 했단다. 그러면서 "이신행 장로한테 전화해서 콩코드 1.8 한 대 뽑아달라고 했습니다. 기도해주셔서 너무 감사합니다. 하나님 은혜로 다 잘 됐습니다." 하더란다.

그래서 이 장로님이 당장 신청해서 토요일에 새 차가 우리 집에 도착했다. 주일 아침에 우리가 새 차를 타고 교회에 갔더니 주차장에서 제일 먼저 본 사람이 어떤 권사님이셨는데 내가 차

에서 내리니까 눈이 휘둥그레지면서 얼른 교회로 들어가셨다. 그 길로 교회에 소용돌이치던 나쁜 소문들은 잠잠해지고 얼마 안 있어 그 부목사님도 나가게 되었다.

　목회하시는 하나님의 손길은 신묘막측하시다.

치유하시는 하나님

그 무렵 나는 알러지성 비염으로 새벽기도 때마다 휴지 한 꾸러미를 다 쓸 정도였다. 휴지로 코를 너무 많이 닦으니 얼굴에도 무엇이 잔뜩 나서 가렵고 따갑고 견딜 수 없을 정도였다. 피부연고를 아무리 발라도 효과가 없었다.

그런데 어느 날 아침 세수하고 수건으로 얼굴을 닦는데

"이제 끝났다."

라는 음성이 내 마음에 들렸다. 그 이후 얼굴도 깨끗해졌고 콧물도 그쳤다. 감사 감사했다.

아버님의 추모예배가 끝난 뒤 설거지 다 하고 집 정리를 하고 나니 손바닥에 어릴 적부터 생겨난 티눈이 부풀었다. 심지만 솟아 있고 둘레의 살이 허옇게 뒤집어져서 너무너무 아팠다. 남편에게 보여주며 "이젠 정말 못 견디겠다. 너무 아프다." 그랬더니 티눈 난 손을 꼭 잡고 한참 서 있다가 아무 말도 하지 않고 방으로 들어갔다.

이튿날 아침에 세수하다가 얼굴에 손바닥이 닿는데 아무 느낌이 없어서 문득 손바닥을 보니 티눈이 없어졌다. 깜짝 놀라서 화장실로 튀어가서 "티눈이 없어졌다!" 하고 소리를 질렀다. 남편이 방에서 나오더니 "내가 어제 기도했잖아." 하면서 내 손바닥을 들여다보았다. 중학교 때 생겼으니 30년 넘도록 있던 것인데, 소리도 내지 않고 손 잡고 기도만 했는데 하룻밤 사이에 없어졌다. 남편이 애틋한 마음으로 아내를 위해 기도한 것을 하나님께서 즉각 응답해 주셨다. 신기한 하나님의 은혜를 어떻게 표현해야만 할까. 참으로 고마우신 우리 하나님, 나의 아버지!

어느날인가 내 마음속에 분노가 가득했다. 설거지를 하는데 계속 기분 나빴던 일들만 떠올랐다. 그날이 어느 집사님네 아들 결혼식이 있는 날이라 서둘러 일을 끝내고 나갈 준비는 하고 있지만 마음에는 원망과 분노로 가득 차 있었다. 교회에서 버스를 타고 창밖을 내다보는데 문득 '내가 뭐 하고 있나, 무엇이 나를 지배하고 있나?' 하는 생각이 들었다.

아침에 들은 가족의 말 한마디로 인해서 분이 생겼고, 과거의 모든 기분 나빴던 일들이 떠올랐다. 한 가지 한 가지 생각날 때마다 분노는 증폭되었고, 현재에 있지만 과거를 살고 있는 나를 발견했다. 남편은 단순한 성격이라 집안 상황을 잘 모를 때가 많았다. 내 마음이 뒤죽박죽이 될 때도 전혀 못 느낀다. 그렇다고 일일이 말할 수가 없었다. 어머님은 남편이 나와 같이 있을 때는 결코 언성을 높이지 않으신다. 나의 취약점을 슬쩍 건드리기만 했는데 분노라는 통로를 활짝 열어놓고 말았다. 그러니 이 악한 영이 신이 나서 과거의 일들을 떠올리게 하며 나를 부추기고 있었다. 나를 위하는 척 하며 억울했던 일, 무시당했던 일, 따돌림 받던 일 등등을 생각나게 하며 여지없이 나를 조종하고 있었다. 어이가 없었다.

하나님의 말씀은 살았고 운동력이 있어
좌우에 날 선 어떤 검보다도 예리하여
혼과 영과 및 관절과 골수를 찔러 쪼개기까지 하며
또 마음의 생각과 뜻을 감찰하시나니 (히 4:12)

항상 기뻐하라 쉬지 말고 기도하라 범사에 감사하라
이는 그리스도 예수 안에서 너희를 향하신 하나님의 뜻이니라
(살전 5:16~18)

주 안에서 항상 기뻐하라 내가 다시 말하노니 기뻐하라
너희 관용을 모든 사람에게 알게 하라 주께서 가까우시니라
종말로 형제들아 무엇에든지 참되며 무엇에든지 경건하며
무엇에든지 옳으며 무엇에든지 정결하며
무엇에든지 사랑 할만하며 무엇에든지 칭찬할 만하며
무슨 덕이 있든지 무슨 기림이 있든지 이것들을 생각하라.
너희는 내게 배우고 받고 듣고 본 바를 행하라
그리하면 평강의 하나님이 너희와 함께 계시리라 (빌 4:4~9)

악한 영을 대적하기 위하여 성경 암송을 하며 가는데 '말씀이 육신이 되어 우리 가운데 거하시매 우리가 그 영광을 보니 아버지의 독생자의 영광이요 은혜와 진리가 충만하더라' 하는 말씀이 내 마음에 충만해지며 악한 영은 도망가고 기쁨이 회복되고 있었다.

영적 전쟁터는 멀리 있는 게 아니라 마음 안에 있다. 깨어 있지 않으면 어이없이 당한다. 항상 하나님의 전신갑주를 입고 감사하며 살아야 한다. 지옥에서 탈출한 기분이었다.

은혜를 입은 자는 그 말이 입술에 머물지만
은혜를 입힌 자는 하늘에 저장된다.
헤아리지 말고 접어두고 하나님께 엎드리자.
두고두고 시간 따라 살면서
세밀하신 하나님의 손길을 느끼며 살자.
주님의 손길 날 어루만지실 때 모든 슬픔 사라지리라.
빼앗으면 빼앗겨주자.
밀치면 넘어져주자.
내 것도 네 것도 아닌 것 가지고 소유권 따지면 뭣하나
주님 부르시면 빈손으로 갈 것을.

주님을 갈망하기에 난 가난합니다.
온유한 맘 품고 천국을 차지하고 싶습니다.
영혼을 향해 애통함으로 위로 받으렵니다.
주 예수 그리스도, 나의 주 나의 하나님,
당신의 이름 전하다가 핍박당하며
그로 인해 참된 기쁨을 맛보려 합니다.
내 머리를 밟고 서는 사람에게
밝힐 수 있는 사랑을 주옵소서.

나의 집을 찾아서

미주아파트에서 살다가 둔촌아파트 432동 602호로 이사하던 날의 일이다. 그 전 살던 집으로 이사 올 사람이 나보고 아침 일찍 집을 좀 비워 달라고 했다. 그래서 나는 서둘러서 이삿짐을 실어 날랐다. 그런데 우리가 들어갈 둔촌아파트에 사는 사람이 집을 비워주지 않았다. 돈을 받지 않았기 때문에 짐을 뺄 수 없다고 했다. 그때 누군가 나보고 미주아파트에서 왜 돈도 받지 않고 이사를 나왔느냐고 나무랐다. 돈 받을 때까지 집에 들어서는 안 된다는데, 나는 그 사람이 도배를 해야 한다기에 집 비워주고 도배를 하라고 했던 것이다. 이미 그 사람들은 집을 차지하고 도배도 시작이 되었다. 돈도 주지 않고 말이다.

결국 우리 짐은 둔촌아파트 432동 앞 잔디 위에 쌓여 있고 온종일 바깥에서 기다리는데 비까지 부슬부슬 내리기 시작했다. 기도하고 복음 전하는 것보다 더 어려운 게 생활이다. 나는 아파트 복도 끝에 서서 멀리 쳐다보며 흥얼흥얼 노래를 불렀다.

저 멀리 뵈는 나의 시온성 오 거룩한 곳 아버지 집
내 사모하는 집에 가고자 온 밤을 새었네
빈 들이나 사막에서 이 몸이 상할지라도

어둑어둑해져서야 미주아파트에서 돈을 받아왔다. 우리가 돈을 건네자 그때부터 이 집에서 이삿짐을 싸기 시작했다. 그 짐이 다 내려올 때까지 기다리니 밤중이 되어서야 우리 짐을 올리고 중국집에서 저녁을 주문해서 신문지 깔아놓고 먹었다. 하루 동안에 참 많은 것을 배웠다.

얼마 후 또 이사할 때가 되었다. 많은 말들이 오가며 몇 주가 훌쩍 가고 집을 비워줘야 할 날이 임박했다. 주인처럼 나서서 결정할 사람이 없으니 매 주일마다 회의해서 결정하려면 마땅한 집이 기다려주지 않는다. 그래도 우리는 예수님보다는 낫다고 생각했다. 예수님은 머리 둘 곳도 없었으니까.

그러다가 드디어 풍납동 미성아파트로 결정이 났다. 이번에도 11개월만 살기로 하고 이사했다. 40평이나 되어서 집이 넓었다. 속이 탁 트이는 것을 느끼며 머리가 지끈거리던 것이 떠나갔다.

어느 날, 주일 아침 1부 예배에 가기 위해서 부지런히 준비를 하고 있는데 인덕이가 갑자기 "엄마, 우리 화장실 변기 앞에 피가 떨어져 있어." 한다. 놀라서 얼른 가서 보니 꽤 큰 덩어리의 피가 떨어져 있는데 검붉은 색을 띠고 있었다. 어머님 방문을 열고 들여다 봤는데 별 이상은 없는 것 같았다. 하지만 뭔가 이상한 느낌이 들어서 두 사람만 1부 예배 가시라고 하고 나는 어머니와 집에 남았다.

조금 있으니까 어머님이 화장실에 좀 데려다 달라고 하셔서 부축하고 화장실까지 가는데 어머님이 영 걸음을 못 걸으셨다.

간신히 변기에 앉혀드리니 나보고 나가서 문 닫으라고 하시기에 문을 닫으려다가 아니다 하는 생각이 얼른 들었다. 그냥 문을 열어 놓은 채 보는데 어머님이 그만 옆으로 스르르 넘어지고 있었다. 얼른 들어가서 머리를 바닥에 부딪치지 않도록 받아 안고 몸을 일으키는데 허리가 부서지는 줄 알았다. 어머님 살이 말랑말랑해서 술술 미끄러져 내리는데 너무나 무겁고 균형은 잡히지 않았다. 쩔쩔매며 방으로 옮겨 놓자마자 입으로 피를 쏟기 시작했다.

내 머리에서는 땀이 비 쏟아지듯 흘러내렸다. 옷, 이불, 요, 방석 모두 피투성이가 되었다. 닦고 씻기고 옷을 갈아입히고 이영우 집사님 댁에 전화했다.

그리고 큰고모한테 전화하고, 미국에도 하고, 제주도 동서에게도 하고, 여기저기 전화를 했다. 한참 지나서 큰고모가 들어오면서 피투성이가 된 이부자리를 보고 울었다. 이영우 집사 내외가 준비해 온 링거를 주사하려다가 피를 너무 많이 토하셔서 얼굴이 노랗게 된 모습을 보고 당장 수혈을 해야지 수액을 넣으면 피가 희석되어서 돌아가신다고 했다. 큰고모는 병원으로 어머니 모시고 이영우 집사를 따라가고, 나는 대충 집을 정리하고 교회로 갔다.

한 달 입원하신 후 어머님은 퇴원하셨다. 그동안 손님들이 참 많이 오갔다. 병원에 밥 싸가지고 가랴 집에서 손님들 밥하랴 엄청 바쁘고 분주했다.

그 와중에 하루는 남편이 급하게 갈 데가 있다며 나를 데리고 나갔다. 서울시청 건너편 덕수궁 북편 담장을 끼고 골목으로 약간 들어가니 성공회 건물이 나왔다. 레스토랑으로 데리고 가서 햄버거 스테이크를 사주며 생일 축하를 해주었다. 나는 정신이 없어서 생일인지도 몰랐는데 그런 특별 이벤트까지 해주니 고마웠다. 틈새의 행복이었다.

그러다 보니 인덕이 대학 입학시험 때가 눈앞에 다가왔다. 고3이라고 특별히 신경써서 돌봐줄 형편이 못되니 뭐라고 할 말도 없지만 일찌감치 집에 와서 만화나 보고 앉아있는 것을 보면 가슴이 탔다. 밤에 교회에 가서 늘 기도하곤 했지만, 그 날은 혼자 지하실로 내려가서 앉자마자 눈물부터 쏟아졌다. 얼마를 울었는지 한참 울고 나니 기도가 되어졌다.

하나님께 말씀을 드리고는 타협을 했다. "서울대학도 바라지 않고 연세대학도 바라지 않고, 인덕이가 여자이니 여자대학인 이화대학에만 가게 해주세요"라고 말씀을 드렸더니 그 즉시로 마가복음 11장 24절의 말씀을 주셨다.

그러므로 내가 너희에게 말하노니
무엇이든지 기도하고 구한 것은 받은 줄로 믿어라
그리하면 너희에게 그대로 되리라

마음속으로 이화여대는 보내주시겠구나 하는 믿음이 들었다. 원서를 내고 시험 치는 날 새벽 캄캄할 때 집에서 떠났는데, 연세대 정문 앞에서부터 이대 후문 가는 길이 완전히 정체였다. 거기서 인덕이와 나는 차를 내려서 뛰었다. 숨이 턱에 닿도록 뛰어서 교문에 아이가 들어가자마자 문이 닫히고 시험장 입실 완료 시간이 되었다. 헐떡이며 교실로 들어가자 시험지가 배부되고 시험이 시작되었다. 우리는 고가도로 위에 서서 사람들을 내려다보면서 마음속으로 기도를 하는데 왜 그리 눈물이 자꾸만 줄줄 나오는지 주체할 수가 없었다. 아이가 하나여서 그런지 고등학교 시험 치러 가는 날도 아이가 많은 사람들 틈새를 비집고 교문으로 들어가는 것을 보는데 눈물이 줄줄 흘러내리더니 대학시험 치는 날도 역시 눈물이 걷잡을 수 없이 흘렀다. 이화여대 보내주시리란 응답을 받았음에도 시험 당일 대학 문 앞의 정경은 뭐라 설명할 수 없는 감동과 초조함과 애타는 마음이 뒤엉켜 소용돌이치는 것 같았다. 어미들의 표정들이 하나같이 애끓고 있었다. 그들이 뿜어내는 숨결은 끓는 물 주전자에서 뿜어내는 뜨거운 김과 같았다.

합격자 발표가 기독교방송에서 시작되었다는 말을 듣고 전화를 했다. 계속해서 통화 중이란 신호만 나오더니 몇 번 만인가 통화가 되어서 수험 번호를 댔다. "잠깐만 기다리세요." 하더니 조금 있다가 "이인덕 씨?"라고 하기에 '아, 됐구나!' 싶었다. 이어 수화기 너머에서 "축하합니다."란 말이 내 귀로 들어왔다. 하나님께 감사하면서 다시 한번 하나님의 신실하심을 깊이 느꼈다.

그날 밤 잠이 오지 않았다. 인덕이 다섯 살 때 청계산기도원 마당에서 다리가 아파 잠을 못 잘 때 등에 업고 밤새도록 빙빙 마당을 돌면서 기도하던 일이 생각났다. 부모가 사명의 길 가느라 고생하는 것을 아이가 다 함께 겪으니 그게 마음 아파서 하나님께 아이를 부탁하며 목메어 기도했더니 그날 밤 나에게 아이의 앞길에 대해 보여주셨다. 공부할 길과 혼인 할 것과 세계 모든 민족 위에 뛰어날 것 등등을 보여주시며 위로해주시던 것이 생각났다. 신실하신 하나님을 신뢰하며 의지할 때 결코 실망시키지 않으시는 하나님이시다. 좋으신 하나님, 고마우신 하나님!

또 이사 갈 때가 되었다. 어디로 가나.

1988년 4월 30일에 둔촌동 주공아파트 404동 602호를 교회 사택으로 4,800만원에 샀다. 더는 이사 다닐 염려 없이 편안하게 살게 되었다. 하나님의 은혜에 감사했다. 그 사이 엄청나게 이사도 많이 했는데, 끝내 정착하게 해주시니 떠돌이 훈련 시기는 끝났구나 하는 생각이 들었다.

안정적인 사택이 마련되더니 내 개인용 차가 생길 일도 일어났다. 7월 말경에 김 집사님 내외분이 우리 집에 방문하셔서 현금 500만원을 주시면서 프라이드 값이라고 했다. 언젠가 몇 사람이 모여서 이런저런 이야기를 하는 중에 내가 '기아자동차 공장 내에서만 운행하는 차는 새 차나 다름이 없는데 500만원이면 살 수 있다'는 말을 한 적이 있었다. 중요한 이야기가 아니어서 금방 잊어버리고 있었는데, 신 집사님이 기억하고 있다가 내게 그런 차를 사라며 돈을 가져온 것이다. 그런데 그 봉투를 받는 순간 '이건 아닌데…' 하는 느낌이 들었다. 그분들이 현관으로 나가시는데 전화가 왔다.

급하게 인사만 하고 얼른 들어와 전화를 받았더니 논산훈련소 군목 조종곤 목사님이셨다. 군대 내 교회를 새로 건축했는데, 냉난방 시설비 500만원을 어떤 장교가 하겠다고 약속을 하고는 다른 부대로 전출을 가버리고 소식이 없다고 했다. 그 말을 듣는 순간, '아, 이 돈은 거기로 가야 하는구나!' 하는 생각이 들었다. 곧장 그 목사님께 돈을 보내드렸다. 돈을 공급하시는 하나님의 방법은 실로 다양하다. 그러나 그 때를 재빨리 파악하고 순종해야 하나님께 쓰임받는 축복의 통로가 될 수 있다.

그 해에 올림픽 게임이 있어서 우리 동네는 한층 부산한 느낌이 들었다. 민성기 집사네는 아르헨티나로 이민을 갔고, 정대용 염혜경 집사네도 기어이 미국으로 이민을 갔다.

아빠와 딸의 유학

1990년 5월에 하나님의 은혜로 샌프란시스코 신학대학에서 남편의 박사학위 수여식에 참가하게 되었다. 그 무렵 어머님이 제주도에 다니러 가셔서 거의 한 달 넘게 계셨다. 우리는 미국에 갈 비자도 받아놓고 비행기 예약도 해놓았는데 뜬금없이 시누님들이 어머님 돌아가시리라는 꿈을 꾸어서 부지런히들 제주도에 오가고 있었다. 나는 소문을 들었지 직접 그 이야기를 듣지는 못했다. 나는 그때까지 제주도에 한 번도 가본 적이 없었다. 하나님께 나아가서 말씀을 드렸다.

"하나님 아버지, 여태까지 우리 집에서 어머님이 저하고 같이 사셨는데, 하필이면 우리가 미국 가고 없는 사이에 어머님이 돌아가신다면 우리 체면이 뭡니까. 어떻게 된 일입니까? 어머님을 천국으로 모시고 갈 작정입니까? 말씀해 주세요." 했더니 하나님께서

"물리쳐라. 영적 전쟁이다."

하셨다. 그래서 그 길로 예수 그리스도의 강력한 이름으로 죽음의 영을 대적하고 물리쳤다. 며칠 있다가 어머님이 우리 집으로 다시 오셨다. 염려 없이 하나님께 어머님을 맡기고 한 달 동안 미국에 있다가 왔다. 어머님은 건강하게 잘 계셨다.

그 이듬해 여름에는 서울신대에서 주관하는 성지순례를 하게 되었다. 성경에서만 듣던 곳들을 직접 보고 밟고 느끼며 다니던 그 순간순간들은 너무나 감격적이었다. 디베랴 바닷가에서는 예수님이 베드로에게 '네가 나를 사랑하느냐 내 양을 먹이라.' 하시던 말씀이 생각 나 한없이 울었다. 갈릴리 호수에서 수영을 하면서 너무나 좋았다. 바울의 발자취를 따라가며 헌신의 의미를 깨달았고 참된 충성의 의미를 가슴에 새겼다. 그 옛날 최첨단의 문명국가와 겨루던 모세를 생각하며 현실 속에 역사하시던 하나님의 인도하심을 따라 순종의 본을 보여준 그의 위대함을 보는 듯 했다.

집에 오자 때맞추어 요한선교단에서 성경 통독하는 날짜와 맞아서 4박 5일 동안 참석했다. 성경의 구절구절이 생생하게 살아 눈에 보이는데 정말 감격 그 자체였다. 방금 다녀온 그 지명들을 성경에서 읽으니 가슴이 터질 것 같았다. 하나님께서 왜 나에게 이렇게 축복을 해 주시는지….

1992년 2월에는 인덕이가 대학을 졸업하고 이스라엘로 갔다. 히브리대학에서 박사학위까지 받고 오라고 이민 가방 하나 가득 옷이랑 먹을 것이랑 채워서 예루살렘 김진해 목사님 댁에 연락해서 떠나보냈다.

공항에서 집으로 돌아오니 마음이 허전했다. 성령님께서 아이를 지켜주셔서 무사히 도착하게 해달라고 기도하고 또 기도했다. 그런데 일이 손에 잡히지 않고 자꾸만 눈물이 찔끔찔끔 나면서 가슴이 서러워지고 있었다. 새벽기도 갔다 와서 예루살렘에 전화하면 사모님이 받아서 인덕이에게 넘겨주는데 인덕이 목소리가 까끌하게 들린다 싶으면 그만 내 눈에서 눈물이 그냥 줄줄 흘러내린다.

"니 목소리가 와 그러노? 어디 아프나?"

"아니, 자다가 일어나니까 그렇지. 괜찮아."

딱히 할 말도 없건만 한마디라도 목소리를 들어야만 할 것 같아 수시로 전화를 했다. 보고싶다든가 그립다든가 그런 감정은 생각도 나지 않는데 나는 그저 눈물만 찔끔거렸다.

어느 날 둔촌상가 가는 길에 초등학교 건너편 언덕에 앉아서 엉엉 울고 말았다. 어마어마한 설움을 당한 사람처럼 목 놓아 울었다. 거의 매일 눈시울에 눈물 마를 날이 없었다.

심장 한 토막
뚝 떼어
산 넘어 물 건너
머얼리 보내고
아린 가슴
가눌 길 없어
타고 타서
재가 된다

꼼지락 거리듯
피어나는
가지 끝의 새순
라일락 꽃마다
꽃잎마다
향기로운 봄날이
눈물 되고

훈훈한 바람결
봄 내음 품었어도
뚫어진 가슴엔
휘어이
휘어이
그리움이다

아는 이의 인사말
위로이건만
뜨거워지는
눈시울로
머얼리 외면한다

핏빛
내리사랑
다함 없는 품

어미 얼굴
주름살
이리 생긴다

저린 가슴
어미 마음
이리 애절하니

타고 타서
재가 되는 마음
뭐라 말할까
-1992.4.21(火)

한 달쯤 되었을 때 히브리대학에는 자기에게 맞는 전공할 과가 없다면서 한국으로 돌아오겠다고 했다. 유월절 방학 끝나고 학교에 가서 이것저것 알아봤더니 자기가 하고 싶은 과목이 없단다. 그걸 말했더니 남편이 얼른 전화를 바꾸어 "야, 인덕아 잘 됐다. 빨리 오너라. 네 엄마 돌아가시기 전에." 한다. 그래서 인덕이는 돌아와서 다시 이화여대 대학원에 가서 등록했다.

안식년과 은혜

예루살렘 가는 길

그해에 교회에서 우리에게 10년 만에 안식년을 주셨다. 안식년을 예루살렘에서 보내자며 이것저것 준비를 하다가 어느 집사님 생각이 났다. 그 집사님이 우리 교회 처음 왔을 때 건강이 아주 나빴다. 정신적, 심리적 요인에 영적인 문제가 겹쳤다는 걸 느껴서 3일간 금식하면서 매일 그 집에 가서 기도했다. 그리고 깨끗이 나아서 신앙생활을 잘 했는데, 그 즈음 그의 모습에서 어두운 면을 보게 되었다. 이상한 느낌이 들어서 찾아갔다. 반가워하는 기색이 아니었다. 잠깐 기도하고 식탁에 앉았다. 커피 한 잔을 타왔다. 한 모금 마시고 났더니 "목사님네 여행간다면서요? 신자들은 헌금하느라 힘들어 하는데, 목사님은 그 돈으로 여행이나 다니니 양심도 없네요. 나는 십일조에서 소년가장 돕고, 구제도 하고 감사헌금 등등 얼마나 성심성의껏 하는데, 어떻게 그럴 수가 있어요?" 한다.

　퍼부어대는 그 소리를 들으니 커피 마실 계제가 아니었다. 기도도 할 수 없었다. 설명도 할 수 없어서 좀 앉았다가 그냥 일어섰다. 현관에 와서 신발을 신으려는데

　"발의 먼지를 털어라."

　하시는 음성이 들렸다. 그래서 신발을 탁탁 털고 신었다. 내가

가는 곳 어디든지 주님은 함께해 주셨다. 그리고 보고 계셨다.

안식년 떠날 준비를 다 하고 다음날이면 떠나려는데, 김 집사님이 "목사님, 우리 회사 사무실에 오셔서 기도 좀 해주세요." 해서 갔다. 기도하고 났더니 그 집사님이 금고에서 현금 1,000만 원을 내주면서 "안식년 잘 지내고 오세요." 한다. 고마웠다. 아버지의 사랑과 은혜에 감사하며 그 집사님의 사랑에 감격해서 그를 위해 만복으로 갚아달라고 기도했다.

우리는 예루살렘에 집 한 채를 세 얻어서 살게 되었다. 짐을 그 집에 두고 여행 다닐 옷가지를 챙겨서 우선 이스탄불로 갔다. 거기서 보라네와 함께 유럽으로 떠났다. 한 달 동안 그리스, 이탈리아, 스위스, 프랑스, 영국, 벨기에, 독일, 오스트리아, 유고슬라비아, 불가리아를 돌아보고 다시 그리스를 거쳐 이스탄불로 돌아왔다.

일주일을 쉬고 다시 짐을 챙겨 터키를 한 바퀴 돌기로 했다. 산러 우르파에서 욥의 무덤이라는 데도 가보고 유프라테스강을 건너 하란에 가서 야곱의 우물이라는 곳도 보았다. 거기를 지나다가 유프라테스강과 티그리스강이 만나는 곳에 큰 댐 공사 하는 것을 보았다. 아타 튀르크 댐을 비롯해서 4개의 엄청난 댐이 거의 완공되어가고 있었다. 가슴이 서늘해지는 것을 느꼈다. 이 목사님도 전율을 느낀다며 요한계시록에서 말한 '유프라테스강이 마르고 이만만의 군대가 건너온다'는 말씀이 이루어질 준비가 다 되었구나 했다. 예수님 재림하실 시간표가 멀지 않았구나 하면서 시대적 징조에 민감해야 한다고 했다.

무라에 가서는 산타클로스의 원 고향에도 가보고 에베소를 지나 밀레도의 바닷가에서 사도 바울이 에베소 장로들과 기도하고 헤어지던 모습도 그려보며 우리도 기도했다. 안디옥교회 유적지를 보고 앗달리아의 버가를 둘러보고 터오르스 산맥을 넘어가는데 비가 쏟아졌다. 산길이 험한데 비까지 오니 앞길이 잘 보이지 않았다. 혹여 산적이라도 나올까 무서웠다. '태산을 넘어 험곡에 가도 빛 가운데 걸어가면 주께서 항상 지키시기로 약속한 말씀 변치 않네'라는 찬송을 차 안에서 힘껏 불렀다. 우리는 차를 타고 가면서도 무서운데 사도 바울의 시절에 어떻게 이 험준한 산을 넘어 이고니온, 비시디아 안디옥, 루스드라, 더베 이런 지역을 다녔을까. 정말 상상이 어려울 정도다. 갑바도기아 지역, 히에라볼리, 라오디게아, 골로새를 둘러보았는데, 에바브라 목사가 이 세 지역을 걸어다니며 목회하던 현장이라 가슴이 찡 했다. 더위와 추위를 무릅쓰고 복음 들고 다니던 믿음의 선진들이 숭고하게 느껴졌다. 아라랏 산을 향해 가다가 반 호수 가운데 있는 섬에도 초대교회 당시의 교회 유적지가 있어 들어가 보았다. 그리고 다시 나와서 반 호수를 빙 둘러서 아라랏 산을 향했다.

화산 돌들로 이루어진 넓은 경사지에 유황 냄새가 아직도 나고 있고 누릿누릿한 유황 색깔이 보이는데 인적 없는 좁은 산길을 따라 갔다. 한 구비를 지나자 어디서 나왔는지 이스탄불 번호판을 단 차 한 대가 우리 뒤를 계속 따라오고 있었다. 마음속으로 기도하며 주께서 지켜주실 것을 간절히 아뢰었다. 그렇게 얼마를 가는데 갑자기 군대 차들이 나타나서 시끌시끌하게 다가오니 그 차가 순식간에 속력을 내서 사라지고 말았다.

안도의 한숨을 내쉬자 눈앞에 아라랏 산이 만년설을 이고 나타났다. 5,442미터나 되는 높은 산이라 그 꼭대기까지 분명하게 다 보기가 어렵다고 했다. 그런데 우리 눈앞에 선명하게 그 모습을 드러내고 있었다. 지진 지역이라 땅이 쩍쩍 갈라져 있어서 좀 무서웠다. 거의 다 왔을 때 이삭파샤 성이 나타났다. 무스타파 이삭파샤가 그 성을 너무나 아름답게 짓도록 하고, 다 끝냈을 때 그 건축기사를 죽였다고 한다. 그를 살려두면 다른 데 가서 그와 똑같은 성을 지을까봐 그랬단다.

거기서 쿠르드족 리더 한 사람이 우리를 인도해서 노아의 방주라고 하는 곳까지 안내해주었다. 그 지역이 쿠르드족이 사는 곳이었다. 터키에서 이 사람들에게 땅을 주지 않아서 여기까지 밀려와서 살고 있었다. 비참했다. 노아의 방주라고 미국의 학자가 설명해 놓은 곳까지 올라가서 다 살펴봤는데, 아니었다. 사람들은 지금도 노아의 방주를 찾겠다고 애를 쓰지만 찾아서 무엇을 하겠다는 건지 모르겠다. 찾아내봤자 사람들은 그것을 우상처럼 여기지나 않을지 누가 알랴. 복음 전해서 죽은 사람 살리는 것이 더 바람직한 일 아닐까.

계시록의 일곱 교회 터를 보면서 두려운 맘도 들었다. 교회가 그 사명을 다하지 못하면 촛대를 옮기시게 되고 다 무너져 내릴 수밖에 없구나 생각하며 교회의 우선순위가 무엇이며 우리의 추구하는 것이 무엇인지 점검하게 되었다. 버가모 교회의 뒷산, 아크로 폴리스에 있는 우상의 신전, 트라이얀 신전, 절벽 같은 언덕에 있는 원형극장은 어마어마했다. 그리고 거기서 조금 떨어진 곳에 그 당시의 가장 큰 종합병원 터가 있었다. 히포크라테스가 수련의로 있던 곳인데 뱀신을 섬기며 치료했다고 한다. 입원실에는 수많은 뱀들이 환자들 사이로 기어다니게 해서 뱀이 치료한다고 믿었다고 한다. 심리치료를 위한 극장, 여러 가지 훌륭한 시설을 갖춘 병원이었다. 거기서 커다란 대리석에 뱀 두 마리가 막대기에 꼬여 있는 조각을 보며 이것이 요즘도 군의관과 군병원의 마크라고 이 목사님은 말했다.

서머나 교회의 벽에 그려져 있는 폴리캅 목사의 화형 순교 그림을 보며 눈물이 났다. 죽기까지 주님을 섬기던 주의 종의 거룩함이 풍겨나오고 있었다. 데린구유라고 하는 지하 12층까지 내려가는 박해시대의 신자들 거처에도 갔다. 지금은 8층까지만 내려가도록 하고 더 이상 못 내려가게 막아두었다. 사람들이 거주하고 예배드리며 공부도 하고 죽으면 묻히기도 하는 신앙공동체의 거주지였다. 히브리서 11장 38절 말씀에 '저희가 광야와 산중과 암혈과 토굴에 유리하였느니라.'라고 기록되어 있는 것이 바로 거기였다. 그 지역의 땅 밑에는 거의 전부가 이런 지하거주지로 연결되어 있다고 했다. 지하 4층까지 내려갈 수 있는 곳이 나중에 발굴되었는데 거기도 역시 교회와 신학교, 일반 거주지, 식당 등이 있고 그곳을 카이막클르라고 한다.

괴레메 지역에 가면 우치사르라고 하는 특이한 지형이 있고 그 주변으로 젤베가 있는데 동굴교회들이 있다. 무슬림의 공격으로 이곳까지 숨어들어와서 동굴을 만들고 거기서 살며 예배드리고 신앙생활을 했다. 그리고 비잔틴 시대의 영향으로 동굴교회마다 성화가 그려져 있는데 어떤 그림은 벗겨져 있고 다양했다. 젤베 가까이에는 서양 굴뚝처럼 생긴 바위들이 죽 이어져 있어서 특이한 풍경을 볼 수 있었다.

여러 가지 박해를 피해 숨어살며 신앙을 지켜온 그 시대의 신앙공동체는 참으로 위대했다.

사도 바울이 다다넬스 해협(자나깔레 보아지)에 왔을 때, 성령께서 그를 유럽으로 이끄시던 사도행전 16장의 이야기가 가슴을 두드렸다. 옛날 이 목사님이 신학하기 전, 어느 날 밤 사도행전 16장 강해를 읽다가 밤새도록 울며 하나님의 부르심에 주저하는 우리의 어리석음을 뼈저리게 회개하며 애타하던 일이 생각났다. 사명을 위하여 살라고 하신 지 7년이 지나갈 무렵이었다. 매일 밤마다 마루에 나와서 걸상에 앉아 기도하며 하나님의 인도하심에 순종케 해 달라고 했다. 그 당시 우리의 현실을 보며 하나님의 재촉하심을 느낄 수가 있었다. 그러나 내가 마음대로 결정할 수가 없어서 기다리며 기도할 뿐이었는데 다다넬스 해협에서 기도하던 바울에게 하나님의 이끄심이 너무나 분명하고, 이에 순종하며 단호하게 바다를 건너가던 그의 모습을 그리며 많이도 울었던 일이 생각났다.

여기서 조금 더 남쪽에 트로이의 목마로 유명한 고대 트로이가 있다. 목마를 세워놓고 관광객들이 들락거리게 해두었다.

이렇게 돌아서 이스탄불로 돌아오는 길에 물고기 온천이 있는 시바스에도 들러서 온천을 하며 물고기가 사람에게 달라붙는 것을 보며 신기해 했다. 터키 사람들은 피부병 있는 사람들이 여기 와서 며칠씩 머물며 온천을 하면 이 물고기들이 피부병을 치료해 준다고 믿는다.

이스탄불에서 며칠 쉬고 나서 선교사님들과 함께 쿠샤다스로 가서 배 한 척을 전세 내서 밧모섬에 갔다. 사도 요한이 머물렀다고 하는 동굴에 가서 기도하며 예수님의 재림에 대하여 많이 생각했다. 밧모섬은 작아서 하루 만에 다 둘러보고 다시 배를 타고 쿠샤다스로 건너와서 이스탄불로 왔다. 그리고 짐을 싸서 다시 예루살렘으로 돌아왔다.

　매일 아침 식사 후에는 카메라와 몇 가지를 배낭에 넣고 둘이서 예루살렘 구시가지까지 버스를 타고 가서 이리저리 돌아다니며 예수님의 발자취를 느껴보려고 했다. 다메섹 문 앞에 서는 시장에서 조롱에 들어있는 비둘기, 새끼 양 등을 보니 성전 뜰에서 장사하다가 예수님이 채찍을 휘두르실 때 쫓겨나던 유대인들의 모습을 보는 것 같았다. 지금은 아랍인들이 그 지역을 차지하고 있어서 유대인들은 그쪽 동네에는 얼씬도 하지 않는다. 성벽을 따라 경사진 길로 쭉 내려가면 길이 오른쪽으로 굽어진다. 그대로 따라가다 보면 실로암 연못이 나온다.

　다윗 성터도 보이고, 더 걷다 보니 황금의 문이라는 막힌 문앞에 무덤이 꽉 들어 차 있었다. 메시야가 오실 때 그 문으로 오신다는 소문 때문에 그 자리는 만원이다. 약간 경사진 골목으로 들어서면 지붕 꼭대기에 수탉 한 마리가 앉아 있는 집이 나온다. 그리고 지붕 밑 벽에 예수님이 결박되어 심판 받는 그림이 그려져 있는 것이 보인다. 그 집이 대제사장 가야바의 집이라고 했다. 지하로 내려가니 감옥이 있었고 예수님이 거기서 결박된 채하룻밤을 보내셨다고 했다. 죄 없으신 분이 죄인들에게 심판을 받으셨다니 얼마나 기가 막힌 일인가.

　하나님이신 그분이 내 죄를 품으시고 내가 서야 할 자리에 서셔서 내가 당해야 할 고초를 받으셨다니, 가슴이 멍멍해진다.

　"아버지, 저를 그렇게도 살리고 싶으셨습니까?"

주님
그리도
그리며
그리도
그려보던 주님
여수히 흐르는 사랑
한이 없다

허물로 메말라버린
엉겅퀴밭
갈갈이 나뉘어진
가슴, 가슴
상한 갈대처럼
쉬어진 소리로
바람에 부대낀다

여인의 후손으로
나무에 달려
찢기고 터진 가슴으로
쏟아내는 피울음

헝클어진 죄악의 모습
풀풀이 씻겨지고
쓴 뿌리 쓰라린 아픔에
치유의 기름이었다

주님의 혼이 떠날 때
치루어진 값
생명으로 잉태되고
터진 심장에서
쏟아져내린 피

자유의 선언
화해의 노래

누누이 다짐해 오던 언약
나침반이라
계시된 예언
이루어진 응답이었다

주님
팔 벌려 형틀을 지고
창조주의 가슴으로 가는
길이 되셨다

주님의 사랑에서
꽃피어 난
이 생명

주님 찬양하오리
주님을 찬양하오리

예루살렘에 돌아온 지 얼마 되지 않아 차 한 대를 렌트해서 이스라엘을 한 바퀴 돌기로 했다. 그룹으로 여행할 때 갈 수 없었던 곳까지 다니기로 계획을 짜고 여행사를 통해 호텔을 미리 예약하고 아이스박스에 김치, 된장, 고추장, 오이 등 여러 가지 반찬거리를 넣고 전기밥솥, 조그만 취사용 가스통을 트렁크에 싣고 지도를 들고 예루살렘을 떠났다.

소렉 골짜기를 따라 내려가서 벧세메스로 방향을 돌려 지나서 벧구부린에서 멈췄다. 벨 케이브 속으로 들어가서 외적의 침략 때 숨어 살던 곳들을 보며 하나님의 백성들이 범죄하면 하나님의 보호 아래 밝고 떳떳하게 살지 못하고 숨어서 비참하게 살 수밖에 없다는 것을 깨달았다. 거기서 좀 쉬다가 라기스 성의 폐허로 갔다. 주변에 포도밭이 있고 석류나무가 빙 둘러 있는 게 참 탐스럽게 보였다. 흘러간 역사의 흔적 속에 하나님의 섭리가 깃들어 있음을 느낄 수 있었다. 앗수르의 산헤립이 라기스를 치고 예루살렘으로 진격해 가서 히스기야 왕을 윽박지르며 하나님을 모욕하던 일들도 생각났다. 히스기야 왕이 얼마나 다급했을까. '환난 날에 나를 부르라, 내가 너를 건지리니 네가 나를 영화롭게 하리라(시 50:15)' 하시던 말씀대로 왕의 부르짖음을 들으시고 응답하신 하나님은 참으로 신실하셨다.

브엘세바에 와서 유스호스텔에서 하룻밤 쉬었다. 아침에 식당에 갔더니 독일말 하는 사람들 영어하는 사람들 등 여러 나라 사람들이 모여와 유숙했음을 알았다. 브엘세바 텔로 가서 둘러보다가 아브라함이 아비멜렉과 암양 새끼 일곱을 주고 맹세한 우물을 보았다. '아브라함은 브엘세바에 에셀 나무를 심고 거기서 영생하신 여호와의 이름을 불렀더라' 한 말씀이 생각나서 콧

등이 시큰해짐을 느꼈다.

남쪽으로 네게브 사막을 통과하다가 세대보케에 있는 이스라엘 초대수상 벤 구리온의 묘역에까지 가서 잠시 둘러보며 쉬었다. 이어서 더 내려와 미츠페라몬에 가서 지구의 창이라고 하는 특이한 지형의 분지를 통과하는데 자동차의 에어컨이 아무 작용도 하지 않는 듯 차 안의 온도가 화덕 속 같았다. 숨을 헐떡거리며 차가 고장 나지 않게 해달라고 속으로 간절히 기도하며 달렸다.

분지를 벗어나 한숨을 돌리고 남으로 곧장 내려와서 에일랏에 도착해서 쉬고, 다시 북쪽으로 요트바타에 가서 야자수 농장을 보며 감탄했다. 나무 한 그루 한 그루마다 작은 호스를 두르고 시간 맞춰 물을 공급하며 농사를 지어 사막을 낙원으로 만들고 있었다. 야자수 아래 테이블에서 찌개를 끓여 밥을 먹고 물을 사고 과일이랑 오이, 상추 등 몇 가지 음식물을 사고 얼음을 사서 아이스박스에 넣고 또 사해 쪽으로 출발했다.

사해에까지 가서 방향을 돌려 아랏을 향해 험한 비탈길을 올라갔다. 곧장 앞으로 갔더니 현재 아랏의 시내가 나와서 텔 아랏을 물어 한참을 돌아갔더니 고대 아랏의 유적지가 나왔다. 이스라엘 백성들이 올라올 때 아랏 왕이 이스라엘을 치고 얼마를 포로로 잡았다. 당황한 이스라엘 백성들이 하나님께 서원하고 기도하여 하나님의 허락을 받고 도우심을 입어 아랏을 쳐올라가 완전히 진멸하고 그곳 이름을 호르마라고 했다는 기사가 민수기 21장 1~3절에 기록되어 있다.

우리는 다시 돌아 사해로 내려와 호텔에서 하룻밤 자고 다음

날 사해에 둥둥 떠서 바람에 밀려다니다가 나왔다. 물이 너무 짜다 못해 쓰다. 한 방울이라도 눈에 들어가면 난리 난다. 그래서 수영은 하면 안 된다. 그저 둥둥 떠 있기만 하는 것은 괜찮다. 독일 여자들이 한 그룹 왔는데 수영복 입고 뒷걸음 쳐 물에 들어가 살짝 앉아 그냥 떠 있었다.

거기서 북쪽으로 달려 여리고를 지나 갈릴리 못 미쳐 벧산 성에 갔다. 사울과 아들들이 죽고 블레셋 사람들이 그들의 목을 쳐 머리들은 자기네 우상의 전각에 가져가고 몸은 성벽에 묶어 두었었는데 길르앗 야베스 사람들이 밤에 와서 그 시체들을 가져가서 장사지내고 칠일 동안 금식하며 슬퍼했다. 그들은 사울 왕에 대해 의리를 지켰다. 한 세대는 이렇게 끝이 나고 또 한 세대는 시작되고, 그렇게 역사는 흘러가는데 이 지구 위의 인류 역사도 언젠가 끝나는 날이 있으려니, 그날을 준비하며 살아야 한다고 이 지역은 우리에게 소리 없이 설명하고 있다. 숙연해진 마음을 안고 갈멜산을 향해 갔다.

엘리야의 동굴이란 곳에 가서 사람들이 거기 모여 있는 것을 보았다. 병든 사람들이 그 동굴에 가서 기도하면 치료되고 병이 낫는다는 전설이 있어서 환자들이 많이 온다고 했다. 1985년도에 이 목사님이 여기 왔을 때 한 가족이 와서 병 나은 지 1년 만에 다시 와서 감사의 잔치를 열어 오는 사람들에게 대접을 하며 기뻐하는 것을 보았다고 했다. 그런데 엘리야 선지자가 아합 왕과 더불어 내기해서 하늘에서 불이 내린 곳을 찾으려고 하는데 도무지 아는 사람 없고 갈멜산이 어디냐고 물으면 모두 다 거기가 갈멜산이라고 대답했다. 나중에 관광안내 센터를 찾아서 갈멜산이 어디냐고 하니 거기도 갈멜산이라고 하며 어디를 가려고 하느냐고 해서 설명을 했더니 "아하, 묵흐락하(Muhraqa)!" 하면서 길을 가르쳐주었다.

칼을 들고 서 있는 엘리야의 동상을 보며 그때의 상황을 묵상하면서 너무나 한심하고 어이없는 것을 느꼈다. 이스라엘 민족이 어떤 민족인가. 하나님의 택하심과 부르심으로 생겨나서 기사와 이적으로 살아온 그들, 모두가 하나님의 직접적인 개입으로 이루어진 역사를 가진 그들이 바알이 참 신인지, 여호와 하나님이 참 신인지 구별을 못 했다니 얼마나 엘리야 선지자가 속이 터졌겠나. 얼마나 하나님께서 애가 타셨겠나!

갈릴리 호숫가에 있는 엔게브 키브츠의 게스트하우스에 방을 얻어놓고 또 다시 짐을 챙겨서 여행길에 올랐다. 하솔 성이 엄청나게 큰 규모의 도시국가였음을 보여주고 있었다. 물 저장고(sistem)가 지금껏 보아온 것들 중에 가장 컸다. 건물들이 있던 곳도 다른 어느 곳보다 넓고 컸다. 하솔 왕 야빈의 군대가 막강했으리라 짐작이 될 정도로 모든 것이 잘 구비되어 있었음이 느껴졌다.

거기를 떠나 고라신으로 갔더니 벌써 점심때가 되었다. 고라신 유적지 안에 식탁용 테이블에서 된장찌개를 맛있게 끓여 김치랑 밥을 먹기 시작했는데 어디서 몰려왔는지 벌떼가 된장 냄비를 빙빙 돌며 떠먹을 수 없도록 가로막았다. 뚜껑을 잽싸게 덮었더니 물러가는 듯해서 또 뚜껑을 열고 먹으려 하니 다시 달려들었다. 하는 수 없어서 접시에 고기 덩어리 두어 개와 감자 호박, 국물을 덜어 조금 떨어진 곳에 놓고 뚜껑을 닫았다. 그랬더니 그 쪽으로 다 몰려갔다. 작전이 성공했다. 우리는 맛있게 점심을 먹고 짐을 싸 차 안에 두고 고라신을 돌아보았다. 바위틈에서 토끼처럼 생긴 작은 동물들이 들락날락하기에 자세히 보니 귀가 작은 곰돌이와 비슷하기도 해서 성경을 펴보다가 사반이란 걸 알았다. 고라신의 돌들은 까만색이었고 그 주변의 돌이랑 바위들이 화산암처럼 보였다.

거기서 헬몬산 쪽으로 방향을 잡아 가다가 '단'이란 곳에서 샘물이 콸콸 솟아나서 냇물을 이루어 흐르는 곳으로 갔다 그 물줄기가 강이 되어 갈릴리로 흘러들어가 바다 같은 호수를 이루고 요단강이 되어 사해까지 흘러가는 것이다. 이스라엘이란 곳은 정말 작은 나라인데 여러 가지 지형을 다 갖추고 있어서 아주 큰 나라처럼 느껴지는 곳이다. 그래서 별명이 '작은 나라, 큰 나라'이다.

다시 또 출발해서 가이사랴 빌립보라고 성경에 나오는 바니야스란 곳에 갔다. '판' 신전이 우람하게 자리하고 있던 곳인데 헬몬산 줄기 아래 지역이며 그 산줄기 밑에서 샘물이 흘러나와 단에서 흐르는 물과 만나 요단강을 이루는 또 하나의 물 근원이다.

예수님께서 제자들을 데리고 여기까지 걸어오셔서 제자들에게 "너희는 나를 누구라고 생각하느냐?"고 물으셨다. 베드로가 "주는 그리스도시요 살아계신 하나님의 아들이시니이다."라고 대답했다. 그 당시 그곳에 서 계시던 예수님은 아마 빛나지도 멋있지도 않으셨을 것이다. 그 먼 길을 제자들과 똑같이 터덜터덜 먼지를 쓰시면서 걸었으니 그저 햇볕에 그을린 거무잡잡한 한 유대인으로만 보이셨을 것이다. '판' 신전의 우상은 화려하게 장식되고 사람들의 발길이 요란하게 오가고 있었을 것이다. 신성이 드러나 보이지 않고 초라한 사람의 모습만 보이던 그 자리에서 제자들에게 자신에 대해서 물으신 예수님의 마음은 어떤 대답을 기대하셨을까? 외모는 먼지 덮어쓴 한 촌사람, 나사렛인으로 보이겠지만 마주 보시던 그 눈빛 속에서 사랑이 이글거리는 아버지의 마음이 불타고 있음이 보이지 않았을까?

깊고 깊은 아버지의 사랑이, 버릴래야 버릴 수 없는 안타까운 아버지의 눈물이 고이고 있었겠지….

주는 그리스도시요 살아계신 하나님의 아들이십니다!

영원한 내 사랑, 내 아버지, 나의 주님!

목이 메인다. 눈시울이 뜨겁다.

벌써 어둑어둑해지는 사위를 보며 서둘러 갈릴리로 돌아가고자 남편은 차를 몰기 시작했다. 방향을 잘 잡아야 할 텐데 걱정이 되어서 기도를 시작했다. 낯선 길을 우리 둘만 가기는 처음이라 하나님께 도움을 청했다. 아랍인들의 공격만 받지 않으면 다른 걱정은 안 해도 되는데 알 수 없는 일이다. 그런데 얼마 가지 않아서 이스라엘 군복을 입은 한 청년이 손을 들고 태워주기를 원했다. 어디 가느냐고 묻기에 엔게브 게스트하우스로 간다니까 자기는 엔게브 키브츠로 간다면서 같이 가자고 해서 태웠다. 총을 메고 있어서 좀 든든했다. 길을 어찌나 잘 인도하는지 하나님께서 우리를 위하여 보디가드를 붙여주셨구나 하면서 감사했다. 사실 이스라엘 군인들도 아무 차나 탔다가 아랍인들에게 잡혀가서 죽은 일이 있어서 차 얻어 타기가 쉬운 일이 아니다. 그런데 우리가 한국 사람이라고 하니 자기도 안심하고 타서 길 안내를 잘 해준 것이다. 때를 따라 돕는 은혜를 베푸시는 하나님은 언제나 우리의 일을 합력하여 선을 이루어 주신다는 걸 다시 깨닿게 되었다. 세심하게 배려하시며 치밀하게 인도하시는 하나님이 나의 아버지시니 얼마나 행복한지, 아버지의 사랑을 어찌 다 기록할 수 있을까!

다음날 우리는 또 짐을 챙겨 가버나움 쪽으로 갔다. 오병이어 기념교회에 가서 바닥에 있는 오병이어 모자이크를 사진에 담고, 베드로 수위권 교회로 갔다. 그 지역은 디베랴 바닷가로 알려져 있는 곳이고, 예수님께서 요한복음 21장에서 고기잡이 간 제자들을 만나러 이른 아침에 오셔서 그들에게 떡과 고기를 구워 먹이시면서 베드로에게 "네가 나를 사랑하느냐?"라는 똑같은 질문을 세 번씩이나 하시고 "내 양을 먹이라."고 부탁하시던 곳이다. 널리 편편한 바위의 반 켠은 교회 건물 안에 있고 나머지 반 켠은 바닷가에 나와 있었다.

그 옛날 거기서 불을 피워 고기와 떡을 구워 제자들을 먹이시던 예수님, 허물과 죄를 따지지 않으시고 연약한 인성을 품으시며 사명을 맡기시던 예수님, 그분의 인자한 숨결이 느껴지는 곳에서 그만 나는 통곡했다. 한없이 한없이 울었다.

방향을 돌려 거라사인의 지방이라는 곳으로 갔다. 로마시대의 회당이 있던 곳이다. 거기서 산비탈 쪽으로 가면 귀신 들린 사람이 소리 지르며 벌거벗고 다녔다는 곳이다. 예수님께서 풍랑을 만나 제자들이 떠들며 깨우시는 바람에 잠도 제대로 주무시지 못하시면서 기어코 거기까지 오셨다. 그리고 한 사람, 그 사람 같지도 않은 한 사람, 귀신 들려 부모에게 버림받고 친구에게 버림받고 사회에서 버림받은, 그 한 사람을 만나셔서 귀신을 쫓아내시고 삶을 회복시키시고는 홀홀히 가셨다. 예수님도 참, 뭐랄까, 삶이 망가져 사람 대우도 못 받는 그 한 사람때문에 그 밤,

풍랑이 삼킬 듯이 덤비는데 잠도 포기한 채 오시다니! 나는 가슴이 설레기 시작했다.

하나님 보좌 우편의 그 영광스런 자리에서 사탄의 영역이 되어버린 죄악된 이 세상에 나 하나 건지시려고 영광을 포기하고 오셨구나. 나의 신분을 회복시키시고, 나의 권세를 회복시키고, 죽었던 나에게 삶을 주시려고 오셨구나!

잃었던 나를 찾으러 오셨구나! 예수님! 예수님! 예수님!

나는 두 손을 들고 하늘을 쳐다보며 울고 또 울었다.

아름다운 사랑에
노래를 부른다면
뜨거운 사랑에는
눈물이 솟구친다.
부드러운 사랑에
미소 짓고
강력한 사랑에는
생명을 드려 헌신한다.

십자가는
사랑의 징표
창조주의 사랑이라
죽어도 따라가리라
죽도록 충성하리라
사랑을 먹고
사랑을 노래하고
사랑하기에 따르리라
사랑하기에 죽으리라

예루살렘으로 돌아와 일주일쯤 쉬다가 다섯 명이 함께 사마리아로 갔다. 아랍인이 운전하는 택시를 대절해서 팔레스타인 국기를 택시 운전대 위에 펴놓고 갔음에도 불구하고 그리심 산으로 커브를 돌리자 골목에서 돌멩이가 날아오기 시작했다. 택시기사가 창문을 열고 소리를 지르며 야단을 쳤으나 안 되자 창문을 닫고 속력을 내서 올라갔다. 그리심 산 정상에는 사마리아 인들의 성전 터가 있었다. 사마리아 여자가 예수님께 "우리 조상들은 이 산에서 예배하였는데 당신들의 말은 예배할 곳이 예루살렘에 있다 하더이다." 하던 말이 생각났다.

평평한 돌 위에서 싸가지고 온 도시락을 펴놓고 맛있게 먹었다. 그리고 합심해서 돌멩이 맞지 않게 해달라고 간절히 기도했다.

내려오는 길에 보니 어느새 이스라엘 군인들이 와서 팔레스타인 청년들 몇 명을 잡아 차에 태우고 있었다. 우리가 안전한 건 좋은데 그 모습 또한 가슴 아팠다. 이들의 싸움은 언제나 끝이 날는지.

사마리아 성터로 가서 둘러보니 참 웅장하게 지어졌음을 알 수 있었다. 아합 왕과 이세벨의 화려했음도 느낄 수 있었다. 비참한 최후를 맞이할 수밖에 없었던 우상 숭배 왕국의 흔적을 보면서 쓸쓸함을 느꼈다.

하이파를 둘러보고 다알리아 키브츠로 갔다. 그곳은 양을 치는 곳이라고 해서 양이 정말 자기 이름을 아는가 보려고 양 우리로 갔다. 칸막이를 해서 금방 태어난 새끼 따로, 2일 된 새끼 따로, 3일 된 새끼 따로 나누어 놓고 젖을 먹이고 있는 목동이 있었다. 그 옆에는 어른 양들도 칸막이를 해서 따로 있었다. 목동에게 이 모든 양들이 다 자기 이름을 가지고 있느냐고 물었더니 요새는 다 이름을 지어주지 않고 제일 좋은 품종만 이름을 지어주어서 따로 키운다고 했다. 정말 덩치가 엄청 컸다. 이름 좀 불러보라고 했더니 젖을 다 먹여야 한다고 하며 일어나지 않았다. 한참 기다리다가 우리가 예루살렘까지 돌아가야 한다고 사정을 해서 목동이 일어났다. 덩치가 큰 양들이 느긋하게 누워 있는데 그 목동이 와서 "린다, 린다!" 하니 제일 뒤쪽에 있는 녀석이 "메에!" 하고 일어서더니 목동이 있는 앞쪽으로 나왔다. 또 "아타 토브, 아타 토브!" 하고 한 마리를 부르니 "메에!" 하고 앞으로 나왔다. 또 한 마리를 불렀더니 역시 "메에!" 하고 일어서 나왔다. 양들도 이름을 지어주면 자기 이름을 기억하고 부르면 대답하는 것을 보며 예수님께서 하신 말씀이 생각났다. 양이 자기 이름에 대답하는 걸 보고 가겠다고 한참을 기다렸더니 예루살렘에 도착하니 밤이 되었다.

보츠와나

큰시누님네가 아프리카 보츠와나에서 선교 사역을 하고 계셔서 우리는 한국에서보다는 훨씬 가까우니 가보기로 했다. 생선을 소금에 절이고 단감을 한 상자 사서 짐을 꾸리고 영국대사관에 가서 비자를 내고 텔아비브 공항을 떠났다. 그런데 엘알항공의 직원이 우리에게 비즈니스 클라스로 해주어서 편하게 요하네스버그까지 갔다. 8시간이 걸렸다. 요하네스버그 공항에서 세관을 통관하는데 그 사람들이 단감이 뭐냐고 물어서 말해도 알지 못했다. 몇 개를 주며 먹어보라고 했더니 신기하다는 듯 보기만 했다. 아무 문제 없이 통관을 끝내고 나갔더니 공항 밖에 시누님이 기다리고 있었다. 반가웠다.

요하네스버그 시내를 둘러보고 남아프리카공화국의 수도 프레토리아에 들러서 대통령궁을 구경하고 조용하고 깨끗한 시내를 보고 보츠와나로 향했다. 국경을 넘어 수도 가보르네를 통과해서 시누님네가 유치원을 하고 있는 가난한 동네로 갔다. 각종 곤충들, 파리, 엄지손가락보다 큰 바퀴벌레, 그리고 가시풀, 가시나무 등등 정말 살기 힘든 곳이었다. 가장 가난한 지역에서 그 아이들을 데리고 유치원을 하며 아침 10시에는 맛있는 식사를 해서 아이들을 먹인다. 아침에 아이들은 대부분 홍차 한 잔 마시고 온다. 몇몇은 옥수수 죽을 먹고 온다. 아침 10시까지 수업을 하다보면 어떤 아이는 눈물을 줄줄 흘리고 있다. 어디 아픈가고 물었더니 배가 고파서 견딜 수가 없어 그런다고 했다. 정년 퇴직해서 매월 연금 나오는 것으로 한국에서 살면 두 식구만 먹고 살지만, 거기서는 그 돈으로 60명이나 되는 아이들과 나눠 먹을 수 있으니 얼마나 좋으냐고 하셨다. 온갖 좋은 교재와 도구들로 공부하고, 또 피아노가 4대나 되니 배우고 싶은 아이들에게는 배움의 기회가 주어진다. 보츠와나 전국에서 피아노 있는 학교는 거의 없다. 유치원에 올 때는 유치원에서 나누어 준 유니폼을 입고 오는데 집에 가면 벗어서 잘 보관한다고 했다. 가정방문을 갔다가 집에서 옷이라고 그저 걸친 것을 보면 아이들을 알아볼 수가 없다고 했다. 부모 두 사람이 함께 있는 가정은 한 집 뿐이고, 거의 대부분 아이들은 엄마와 외할머니랑 살고 있다. 정식으로 결혼을 하려면 소를 다섯 마리 갖다 바치고 부인을 데리고 와야 하는데 대부분 너무 가난해서 그렇게 할 수 없기 때문에 그냥 동거생활 하다가 아이가 생기면 남자는 떠나고 여자 혼자 아이를 낳아서 기른다. 그 아이가 자라면 돈을 벌어 절반은 반드시 어머니께 드린다.

우리나라의 싱글 여자 선교사가 사역하는 곳이 그리 멀지 않은 곳에 있는데 보츠와나인 부인이 우리 선교사에게 결혼 했느냐고 해서 안 했다고 했더니 그러면 아이들은 몇이냐고 물었단다. 그래서 결혼도 안 했는데 무슨 아이가 있느냐고 했더니 노후대책으로 아이는 있어야 되지 않느냐고 그러더란다. 그래서 이 나라 여자들은 아이들이 서너명 씩은 다 넘는데, 아이들의 아빠는 다 다를 수도 있다고 했다.

일주일 있다가 초배라는 곳으로 국내선 프로펠라 비행기를 타고 이동했다. 빅토리아 폭포에서 흘러오는 강물인데 초배 강이라고 한다. 악어도 있고 하마는 엄청 많다. 나지막한 2층 호텔에서 1층에 방을 얻었는데 바로 방문 앞으로 원숭이들이 우루루 몰려다니고 뿔 달린 돼지들도 왔다갔다 했다. 저녁때가 되어서 사파리 배를 타고 강물을 오르내리며 강가에 앉아 있는 사자들, 임팔라 떼, 코끼리 떼, 흰머리 독수리의 물고기 잡는 것 등 많은 동물들을 보며 즐거운 시간을 가졌다. 이튿날 아침 일찍 사파리 차를 타고 숲길을 달리는데 임팔라 한 마리가 다 먹히고 갈비뼈, 다리 등 얼마만 남겨진 채 버려져 있었다. 사자에게 먹혔는지, 하이에나에게 먹혔는지는 모르겠지만 그들의 아침식사로 희생되었다.

악어 크기만한 리쟈드(도마뱀)의 등 색깔이 자줏빛 비로드처럼 예뻤다. 강가의 갈대밭에는 너무나 예쁜 새들이 있고 나일 강 오리들도 있었다. 강가의 나무에 조롱조롱 집을 짓고 사는 노랑새도 너무나 예쁘다.

한낮에는 화덕에 들어간 듯 더웠다. 서서히 저녁놀이 지는데 바오밥 나무의 모습이 빨간 노을에 박힌 까만 무늬처럼 보인다. 멀리 까만 숲 너머 하늘은 빨갛다 못해 이글거리는 새빨간 불길처럼 진하다. 온통 하늘이 새빨갛다. 선홍색이 진홍색으로, 검붉은 색으로, 점점 검정색이 덮으면서 사방을 까맣게 물들이고 밤은 사면에 내려앉고 말았다.

우리가 초배를 떠나 후란시스타운 공항에서 국내선 비행기를 타고 가보르네까지 오는 동안 계속해서 번개가 번쩍이는데 무서웠다. 가보른 공항에 내리니 비가 쏟아지고 있었다. 시누님의 차를 타고 집에까지 오는데 천둥 번개가 우리에게 그대로 떨어지는 것 같았다. 자동차의 본네트 위에 꽝 하고 떨어지는 것처럼 눈앞에 빛이 확 달려들기를 얼마나 하는지 눈물이 저절로 났다. 회개를 하고 도와주시기를 바라며 마음속으로 열심히 기도했다. 아, 정말 죽는 줄 알았다. 시누님은 "여기는 늘상 그래" 하시며 열심히 운전해서 집까지 무사히 왔다. 하나님께서 여기는 재미있을 거리가 없기 때문에 하늘에서 불꽃놀이를 해서 사람들에게 보여주시는 거라고 했다. 불이 하늘 이 끝에서 저 끝까지 마구 달리고 있었다. 비 올 때 뿐만 아니라 마른 하늘에서도 종종 그렇게 번개가 번쩍인다고 했다.

가보르네 한인교회의 어떤 집사님 댁에서 점심을 대접한다고 해서 갔는데 점심 식탁에 있는 음식 위에 순식간에 파리가 까맣게 앉았다. 부채로 열심히 쫓아도 속수무책이었다. 어떤 놈은 잡채 위에서 쫓으니 미끄럼 타고 속으로 들어갔다. 너무나 어이가 없었다. 우리나라 사람들이 세계 곳곳에 살고 있는 것을 보며 마지막 때 우리 민족이 복음을 위하여 헌신하리라는 믿음이 갔다.

하나님의 은혜로 두 주간을 잘 보내고 예루살렘으로 돌아왔다.

이스라엘의 절기

이스라엘의 신년 초하루가 시작되어 사진 찍을 준비를 해서 우리가 살고 있는 곳에서 가까운 회당으로 갔다. 1층에는 남자들로 가득 찼고 2층에는 여자들과 아이들이 가득 찼다. 모두들 깨끗하고 예쁜 옷들을 입었고 남자들은 양복 위에 이스라엘 국기 무늬가 있는 커다란 숄을 둘렀다. 두루마리 성경을 두 사람이 서로 마주보며 잡고, 그 중 한 사람이 운율에 맞추어 읽어나가다가 쉴 때 옆에 있던 또 한 사람이 나팔을 길게 불었다. 성경을 또 읽다가 나팔을 불고 그 사람이 들어갔다. 뒤를 이어 나온 사람은 열두살 정도 되어 보이는 소년이이었는데, 나팔을 들고 나와서 있다가 읽기를 그치자 힘차게 불었다. 몇 번 그 소년이 불고 들어가자 또 다른 어른이 나왔다. 성경을 다 읽었을 때 그 사람은 나팔을 울려 불며 길게 불고 끝났다. 성경에 '나팔을 울려 불어라' 하고 쓰인 것을 실제로 보니 구약의 상황을 눈앞에 보는 듯했다.

열흘 후 대속죄일이 되어서 또 그 회당으로 갔더니 사람들이 조용조용히 회당 안으로 들어가 머리를 숙이고 앉아 있었다. 우리도 나팔절 때처럼 따라들어가려고 하자 못 들어가게 하며 사진도 못 찍게 했다. 모두들 침통하게 보였다. 민수기 29장 7절에 속죄일에 대한 것이 기록되어 있다.

칠월 십일에는 너희가 성회로 모일 것이요
마음을 괴롭게 하고 아무 노동도 하지 말 것이며

집에 와서 텔레비전을 켰더니 이스라엘 텔레비전은 아예 방송을 하지 않았다. 요르단과 팔레스타인 방송은 나오는데 이스라엘은 아무것도 나오지 않았다. 나는 그날 담요를 가지고 예루살렘 한인교회로 가서 금식하고 기도했다. 주님이 다니시던 곳에 와서 금식하며 엎드리니 슬픈 것도 아니고 한스러운 것도 아닌, 깊고 깊은 내면 안으로 잦아드는 것 같은, 작은 내 모습을 느끼며 웅얼대며 토설하기만 했다.

대속죄일이 지나자 길거리가 활기를 띠었다. 시장에는 울긋불긋한 카드며 장식거리들이 걸렸고 군데군데 종려나무 가지, 푸른 잎 가지들을 차에다 싣고 다니며 팔고 있었다. 아파트의 베란다에 작은 초막을 짓기도 하고 아파트의 빈 공간에 넓게 초막을 짓기도 하였다. 어떤 사람들은 옥상에 크게 지어서 여러 가족이 함께 들어가 장막절을 보내기도 했다. 옛날 우리나라에서 크리스마스 장식하듯이 초막을 만들고 장식을 했다. 그리고 일주일을 명절로 쉬며 즐기고 있었다.

유대인 부인 한 사람을 만났는데 그 부인은 이 명절을 예루살렘에서 보내기 위해 아르헨티나에서 왔다고 했다. 이 시즌에는 호텔 잡기가 어렵다. 각 나라에 흩어져 살던 사람들이 명절을 예루살렘에서 보내기 위해 모여들기 때문이다. 사도행전 2장에서 오순절 성령강림 사건 때 각 나라에서 모여온 유대인들에게 제자들이 각국 방언으로 복음을 전했던 것이 실감이 났다. 그 옛날이나 지금이나 명절에 예루살렘으로 모이는 그들의 정서에는 변함이 없다.

그러나 참으로 안타까운 사실은 아직도 예수님이 메시아, 그리스도이심을 믿지 못한다는 것이다. 선교사님 댁에 놀러온 꼬마들이 재미있게 놀다가 벽에 걸린 십자가를 보고 "로 토브!"라고 말하면서 나가고 다시는 놀러오지 않았다고 한다. '로'는 '노(No)'라는 말이고 '토브'는 '굿(Good)'이라는 말이다.

10월 마지막 주간이 되면서 날씨가 쌀쌀해졌다. 돌로 지은 집이라 집 안이 바깥보다 더 춥다. 밖에 나가면 햇볕은 따뜻하다. 관광객들은 여름옷 차림으로 돌아다니지만 거주하는 사람들은 계절이 바뀌고 겨울의 추위를 느낄 수 있다. 요한복음 10장 22절에 '예루살렘에 수전절이 이르니 때는 겨울이라' 하는 구절이 생각이 났다. 예수님도 이런 추위를 느끼셨겠지요?

예수님, 그리운 예수님!

이사 간 에느로겔

예루살렘대학(Jerusalem Institute)의 고세진 학장을 만나러 갔다. 이런저런 이야기를 하다가 에느로겔이 어디쯤인가 물었더니 사모님이 식사 준비하는 동안 찾으러 가자고 해서 함께 나갔다. 힌놈의 아들 골짜기를 타고 내리막길을 내려가는데 오른쪽에 나그네의 묘지 터가 있었다. 예수님을 판 돈으로 마련한 묘지였다고 한다. 왼쪽 언덕의 흙을 살살 긁어내었더니 로마시대의 유리 조각들이 박혀 있고 동전도 하나 주웠다. 예루살렘은 옛날 것들이 여기저기 숨겨져 있는 땅이다. 다 내려와서 오른쪽 길로 들어서서 왼쪽 동네를 여기 기웃 저기 기웃하며 고 학장이 찾는데 사람들이 사는 마을이 되어서 알 수가 없었다. 그 근처가 틀림없는데 찾을 수가 없었다. 기혼 샘은 작년 여름에 왔을 때 일행들과 다같이 거기서부터 출발해서 히스기야 터널을 지나 실로암 연못으로 나왔었다. 물속을 걸어오느라 배탈 난 사람도 있었다. 나는 카메라를 목에 걸고 옷을 다잡고 나왔는데 카메라가 물에 잠겨서 고장이 나고 말았었다.

그래서 이번에는 에느로겔을 가보고 싶었는데 대략 근처만 알고 고 학장 댁으로 가서 사모님께 말했더니 "에느로겔이 이사를 갔나보죠?"라고 해서 한바탕 웃었다.

그럭저럭 5개월의 나그네 생활을 마감하고 우리는 이스라엘을 떠나 집으로 돌아왔다.

　그렇게 돌아와 5개월 만에 교회에서 예배를 드리니 눈물이 났다. 이렇게 좋은 교회에서 많은 성도들과 함께 찬송을 부르고 성가대의 찬양을 들으며 장로님들의 공기도로 함께 기도하는 등등 모든 것이 너무나 좋았다. 교회가 없는 곳에서 우리끼리 둘러 앉아 예배하며 기도할 때 외롭기도 하고 쓸쓸하기도 했었는데 성도들과 함께 있다는 게 얼마나 행복한지, 교회의 소중함과 성도들의 소중함이 절실하게 느껴졌다. 남아있는 선교사들은 여전히 외롭고 쓸쓸한 예배를 드리겠구나 하고 생각하니 마음이 아팠다. 공동체 속에서 함께 누리는 은혜가 얼마나 복된 것인지, 객지생활 하고 나니 깨닫게 되었다.
　우리는 사무총회 끝나고 크리스마스와 송구영신 예배를 마치고 나서 다시 안식년의 나머지 기간을 남미와 호주 쪽으로 가서 보내려고 했다. 그런데 신자들이 손을 잡고 "아빠 엄마가 없으니 집안이 말이 아니에요. 이제는 가지마세요." 하며 조르는데 더 이상 나갈 수가 없었다.
　그 길로 우리의 안식년이 끝났다.

6

세계로 세계로

터키로 선교사를 보내다

우리 교회에서 1991년 12월에 이스라엘과 터키에 선교사 두 가정을 파송했다. 그리고 한 2년 후에 터키에 또 한 가정을 파송했다. 첫 번째 파송한 사람은 평신도로 우리나라 어느 큰 회사에서 기획실장까지 했고 부인은 숙명여중 교사였는데 헌신한 사람들이었다. 그들이 터키에 가서 보니 청년들이 일자리도 없고 기술도 없어서 그저 놀고 있는 사람들이 수두룩했다. 그래서 기술학교를 만들고 자기 부인은 유치원을 하고 자기는 여행사를 하고 나중에는 식당도 하겠다고 했다. 그러면 개종한 현지인들에게 일자리도 줄 수 있고 선교사들의 비자 문제도 해결할 수 있다는 것이다. 그리고 그런 회사들이 선교사라는 신분이 노출되지 않도록 울타리가 되기 때문이었다.

그때 마침 우리 교회 유년부 전도사님이 선교사 지망생이었기 때문에 온갖 기술을 배우고 면허를 따서 선교사 되기 위한 준비를 하고 있었다. 터키 1호 선교사가 그 사실을 알고 빨리 보내달라고 재촉했다. 처음에는 방글라데시로 가겠다고 하더니 터키에 한 번 다녀오더니 터키로 가겠다고 결정을 했다. 그래서 2호 선교사로 파송을 하게 됐다.

그동안 1호 선교사는 우리 교회에서 지원한 것으로 아파트 한 채를 세 얻어서 여행사를 시작했다. 탁구대도 갖다놓고 휴게실로 사용하며 경건의 시간도 가졌다. 소파 세트도 구비해 놓고 그럴 듯한 사업장을 만들어 놓았다. 우리 교단에서는 1호 선교사가 리더이고 2호부터는 협력하며 함께 사역하도록 되어 있었다. 그런데 2호가 자기는 목사이고 1호는 평신도인데 왜 자기가 평신도 말을 들어야 하느냐면서 불협화음이 시작되었다. 그리고 자기는 학원 선교하지 기술학교는 하지 않겠다고 했다.

1호 선교사는 나이가 많아서 큰형님 같은데 2호는 그 말을 듣지 않았다. 언어 연수원에 다니겠다고 해서 그렇게 하라고 했다. 아침 9시까지는 꼭 출근해서 함께 경건의 시간을 가지고 그 다음에는 자유로 활동하고 귀가하자고 제의를 했는데 거부했다. 선교사들이 현지에 혼자 있을 때 스스로 규범을 만들어 규칙을 안 지키면 통제받을 곳도 없다. 자유하기 때문에 무절제하기 쉽고 마귀에게 틈을 주기가 쉽기 때문에 선교센터에서 함께 기도하고 예배하며 협력하라고 했다. 그러나 2호는 거부하고 협력하기를 싫어했다. 그리고 선교사가 사업하러 왔나 돈벌러 왔나 하면서 여행사 하는 것을 비난했다.

그래서 1994년 여름에 목사님과 함께 이스라엘을 거쳐 터키로 갔다. 몇 년 만에 갔더니 그 사이 많이 발전하고 있는 것이 눈에 보였다. 선교센터에 가서 둘을 모아놓고 이야기를 듣기도 하고 중재도 했다. 그러나 2호는 완강했다. 타이르고 설명하고 조정하려 했지만 끝내 순종하지 않았다. 그리고 목사님께 하는 말이, 서울제일교회로부터 파송받은 것이 후회스럽다고 했다. 아무리 말해도 듣지 않으니 목사님은 그냥 돌아가시고 나는 남았다.

마침 쿠웨이트 한인교회에서 청소년 수련회를 터키에서 하겠다고 30여 명이 학부형들과 함께 왔다. 박 집사라는 분이 우리 1호 선교사와 함께 쿠웨이트 한인교회를 개척한 분이었다. 그래서 우리는 기도하며 스케줄을 짰다. 총책임자는 1호 선교사, 고등청년부는 2호, 초중학생은 OM선교사, 학부형은 내가 맡고, 1호 사모님은 재정책임자, 학부형들은 식사 당번, 이렇게 각자에게 미션을 주고 대형버스를 대절해서 이스탄불을 출발했다.

차를 타고 가는 동안 선교사님이 갈 곳에 대해 설명을 해주었고, 도착하여 점심 준비 할 동안 고등청년반은 2호 선교사가, 초중생은 OM선교사가 따로따로 자리를 잡고 성경공부를 했다. 식사 후에 그 지역을 둘러보고, 또 출발하고…. 저녁에 호텔에 도착하면 얼른 식사하고 다함께 모여서 부흥회를 하고, 또 나뉘어서 분반 공부를 하는 식으로 수련회를 진행했다. 학부형들을 위해 치유 강의를 했는데 모두들 좋아하고 많은 것을 깨달았다고 했다. 이스탄불로 돌아와서 한 이틀 정도 쉬고 센터로 나갔는데, 텔레비전 뉴스에서 김일성 사망 소식이 전해져 충격을 받았다. 혹시 전쟁이 나면 어떻게 하나 하는 염려도 생겼다.

터키는 올 때마다 발전하는 것이 눈에 보였다.

총동원 주일

1994년 11월 셋째 주일을 총동원 주일로 정하고 전 교인이 전도에 총력을 기울였다. 집에 있던 좋은 선물들을 다 가지고 나가서 전도 대상자들에게 주며 교회로 초청했다. 아파트 경비들에게도 선물을 드려가며 현관을 통과했다. 새벽부터 밤 12시 넘도록 길거리에서 전도지를 주며 예수 믿자고 권면하며 교회로 초청했다. 둔촌종합상가 창고에까지 가서 여행용 티슈를 다 사서 교회 안내표를 붙여서 돌렸다.

어느 날 아침 일찍 선수촌아파트 프라자상가에서 전도할 때였다. 낮에는 둔촌상가 앞에서, 저녁때는 한산초등학교 앞의 건널목에서 전도를 하는데 선생님 한 분이 내 손을 잡았다. "네, 갈게요. 갈게요. 세상에 내가 오늘 세 번이나 전도지를 받았어요. 아침에는 프라자상가 앞에서, 낮에는 둔촌상가 앞에서, 그리고 지금 또 만났네요." 한다.

그래서 그 분 가족이 다 나왔었다. 그 전도 기간 중에 이필애 집사님이 "사모님, 이번 전도에 저는 올인하고 싶은데 끝나고 나서 하나님께서 아들을 상으로 주시면 좋겠어요." 했다. "우리 남편이 평소에는 말하지 않는데 술 먹으면 '나는 아들이 없다' 하면서 딸만 둘 있는 게 서운한 눈치예요."라고도 했다. 그래서 하나님께 간절히 기도했다. 총동원 주일을 향해 뛰는 동안 아이가 생겨서 열 달 후 아들을 낳았다. 정 권사도 열심히 전도했다. 그 이후 그 가정에는 재정적인 축복이 엄청났다. 거명할 수 없이 많은 이들이 모두들 전심으로 전도했고, 그들에게 하나님께서 엄청난 축복을 주셨다.

나는 낮에는 전도를 하고 밤에는 교회에서 함께 모여 기도했다. 어느 날 밤, 기도하다가 하나님께 물었다. "아버지, 총동원 주일 끝나고 우리 인덕이 시집보낼까요?" 물었다. 참으로 뜬금없는 질문이었는데

"오냐."

하고 대답하셨다. 그래서 "아버지, 그런데 제가 돈이 없거든요?" 했더니

"여호와 이레!"

라고 대답하셨다. 며칠 후 밤에 기도하는데 아버지께서 나에게

"오병이어다."

라고 하셨다. 기도하다가 생각해 봤다. '여호와 이레, 오병이어'라는 두 말씀의 차이를 생각했다. 여호와 이레는 하나님께서 미리 준비해 두신다는 것이고, 오병이어는 작은 소년의 헌물을 받으시고 축복하셔서 다 먹고도 충분히 남은 것이다.

그 몇 년 전부터 나는 해마다 1월 첫 주에 건축헌금을 1,000만 원씩 해왔다. 그것을 위해 1년 내내 열심히 적금을 했다. 1995년 1월 첫 주에도 건축헌금 1,000만원을 드리고, 또 하나 적금을 넣고 있는 것이 해약하면 1,000만원이 될 것 같아서 인덕이의 결혼 비용으로 쓴다고 아버지께 말씀을 드렸다. 마태복음 6장 33절의 '먼저 그의 나라와 그의 의를 구하라, 그리하면 이 모든 것

을 너희에게 더하시리라' 하는 말씀을 따르기로 했던 것이다.

그리고 또 하나, 아버지께 도움을 청해야 하는 것이 있었다. 우리 딸보다 사윗감이 두 살이나 어리기 때문에 내가 먼저 그 댁에 결혼 날짜를 잡자든지, 혹은 결혼을 하도록 하자고 말하기가 쉽지 않았다. 그래서 아버지께 부탁했다. "아버지, 우리 아이가 나이가 더 많은 거 아시잖아요? 그러니 그 댁에서 먼저 연락이 오도록 해 주세요."

총동원 주일을 1주일 앞 둔 월요일에 그 댁에서 전화가 오더니 좀 만나자고 했다. 그런데 내가 그때 전도하러 다니느라고 너무나 바빴다. 게다가 막바지라 도무지 틈이 없었다. 그래서 본의 아니게 만나는 것을 미룰 수밖에 없었다. 총동원 주일 끝나고 내가 연락을 드리겠다고 말씀 드리고 전화를 끊었다. 모든 일을 합력하여 선을 이루시는 아버지께서는 어떠한 사소한 문제라도 부탁만 하면 들어주신다. 고마우신 나의 아버지! 좋으신 나의 아버지! 자상하신 나의 아버지! 생각만 해도 눈물이 고인다.

예수님은 나의 주 나의 하나님이시기 때문에 내가 의지할 이는 오직 하나님밖에 아무도 없다. 나에겐 말할 곳도 기댈 곳도 없다. 하나님이 내 아버지가 아니셨다면 나는 어떻게 살 수 있을까? 예수 그리스도 나의 주 나의 하나님! 밤새도록 철야하고 금식하며 기도하다 보니 사사건건 아버지 하나님께서 더 잘 알고 계시고 해결해주시곤 하신다. 나의 가장 막강한 후원자시고 나의 가장 든든한 배경이 되신다. 두려울 게 없다.

나는 하나님께 딸아이 결혼 비용도 구체적으로 청구했다.

"아버지, 윤희자 권사와 김남희 사모님께 물어보니 결혼 비용이 2,500만원에서 3,000만원 든다고 하던데, 저는 3,000만원 주세요. 저는 에누리를 못하니 좀 많이 들 거에요.”

그렇게 기도하며 총동원 주일을 준비했다. 둔촌아파트 노인정에 불고기를 한 들통 가득 재고 쌈거리 하고 가져가서 구워 드리고 주일날 오시라고 했다. 주일날 노인정에서 한 차 태워 왔다. 그런데 그 다음 주일에는 아무도 오지 않았다.

발바닥이 후끈후끈하게 달아오를 정도로 돌아다니며 전도했는데 총동원 주일 지나니 도루묵이었다. 떡심이 풀어졌다. 이건 좋은 전도 방법이 아니라는 생각이 들었다. “웃으면서 ‘네네 나가겠습니다’ 한 사람들이 왜 안 나오느냐 말이에요.” 하면서 정혜숙 집사도 너무나 실망했다. 교회에는 3kg짜리 설탕이 잔뜩 쌓여 있었다.

그때, 총동원 주일을 지나고 목사님도 이런 전도 총동원은 이제 그만 한다고 하셨다.

인덕이의 혼인

그러나 어쨌든 씨를 뿌렸으니까 언젠가 시간이 되면 싹이 나겠지 하며 마음속으로 기대는 가지게 되었다. 그리고 그들을 위해 기도하게 되었다.

총동원 주일 지나고 혼인 문제를 위해서 약속대로 내가 사돈될 집에 전화를 했다. 우리 사위될 사람은 그 때 스물두살이었다. 1972년 12월 14일생이고 우리 딸은 1970년 1월 11일생이었다. 그 댁에서는 둘 다 돈벌이를 하지 않는 사람들이 결혼해서 뭐 먹고 살려고 하는지 모르겠다며 걱정을 하셨다. 우리 사위는 성내중학교 졸업하고 우리나라에서 처음 생긴 과학고등학교에 들어가서 기숙사 생활을 했다. 고등학교 3학년 올라가던 해에 과학기술대학교로 진학해서 또 기숙사 생활을 하고 있었다. 석사과정 시작하면 서울로 올라와서 데이트 할 시간이 없으니 결혼을 해야 한다고 생각한 것이다. 그래서 40일 동안 아침 금식을 하며 기도했더니 마지막 날 내가 "돌아다니며 사먹지 말고 집에 와서 밥 먹으라."고 해서 허락을 받은 거라고 생각했단다.

자기 아버지께 결혼하겠다고 했더니 들은 척을 하지 않으셨다. 나이도 어린 것이 공부하는 동안에 무슨 결혼이냐며 모른 척 하신 것이다. 모른 척 하고 있으면 제 풀에 꺼지겠지 하고 생각하셨는데 이 사람이 또 40일 아침 금식을 하며 기도하기 시작했다.

그리하여 드디어 양가 가족이 모여서 인사하고 날짜를 정했다. 결혼 날짜가 잡히니 우리 교회 장로님들이 결혼 준비하라고 미리 축의금을 주시기 시작했다. 100만원, 100만원, 200만원 등등. 그리고 우리 시동생 장로님이 500만원을 주시고, 온 교회 식구들이 도와주셨다.

남승우 집사님은 마장동에서 고기 도매상을 크게 하는 분인데, "목사님 댁 하나밖에 없는 딸인데 갈비탕거리, 불고기거리는 제가 담당하겠습니다." 하더니 커다란 포대로 15포대를 보내왔다. 2월 11일이 결혼식인데 보통 2월에는 고기 장사가 가장 안 되는 달이란다. 왜냐하면 입학금, 등록금을 내야 하는 달이기 때문에 우리나라 가정들에서 고기 먹는 것을 줄여야 감당을 할 수 있다는 것이다.

그래서 장사도 안 되는데 목사님 댁 딸 결혼식에 200만원어치의 고기를 썰어서 포대에 담고 교회로 막 실어 보내려는 참인데 같은 종류의 사업을 하는 친구에게서 전화가 왔단다. 그 친구가 "남 사장, 내가 지금 고기를 엄청 많이 들여왔는데, 남 사장네가 칼질 좀 해줄 수 있겠는가?"라고 했다. "보내시오, 요새 장사도 안 되는데, 그거라도 해드려야죠." 하자 10분도 안 되어서 5톤인지 10톤인지 특장차가 남 집사네 가게 앞에 도착했다. 차에서 내린 친구가 남 집사에게 현금 2,000만원을 고기 다듬는 삯으로 주고 갔다. 남 집사는 나에게 "목사님 댁 딸 하나 더 없습니까? 그러면 고기를 더 많이 보내드릴게요." 하면서 껄껄 웃었다.

이렇게 한 가지 한 가지씩 하나님께서 준비해주셨다. 혼인 준비를 하는 동안 마음 바닥에 눈물이 고일 때도 많았다. 태어난

지 6개월도 채 안 되어서 아빠의 신학 공부를 위해 서울로 와서 어른들이 고생하는 동안 그 가운데서 자라느라 제대로 누린 것이 거의 없는 아이였다. 대학 다닐 때도 용돈을 넉넉하게 주지 못했다. 옷 사 입겠다고 조른 적도 없었고 뭐 먹고 싶다고 돈 달라고 떼 쓴 적도 없었다. 그래서 그런지 막상 시집을 보내려니 너무나 못 해줬구나 싶은 생각에 마음이 아팠다. 드레스 맞출 때도 새 것 하지 말고 무료로 빌려주는 곳이 있다며 나를 데리고 갔는데, 내가 보니 예식장에서 다 쓰고 낡은 것들을 모아놓은 곳이었다. 레이스가 찢어진 것, 터진 것, 거뭇거뭇하게 얼룩진 것, 어느 것 하나 입을 만한 것이 없었다. 아이를 데리고 나와서 "얘, 하나님께서 너 드레스 맞출 돈을 내게 주셨으니 새 것 맞추러 가자." 했더니 "돈 있어?" 하면서 따라 왔다.

목사 딸로 자라면서 재정적인 제한 속에서 넉넉지 못하다는 생각에 잡혀 있는 것을 보고 마음이 무척 쓰렸다. 그러나 하나님께서 이 아이의 혼인을 위해서 섬세하게 인도하시는 것을 경험하며 얼마나 고맙고 감사한지, 하루하루 준비해 가며 하나님의 깊은 사랑을 뼈 속 깊이 새겼다. 준비하시는 하나님, 신실하신 하나님, 완벽하신 하나님이 우리 아버지이심이 너무나 좋았다.

결혼식 날 손님이 정말 많이 오셨다. 골목에 차가 많아서 교통정리 하느라 모두들 분주했다. 주방에서는 권사님 집사님들이 상을 차려 내느라 바빴다. 모든 성도들이 일사불란하게 일을 하셔서 은혜롭게 잘 마쳤다. 모두들 너무나 고마웠다. 모두가 한 식구, 한 가족이었다. 한 몸 된 형제자매라는 게 실감이 났다. 그리스도 안에서의 사랑은 뜨거웠다.

신혼여행 갔다 와서 시댁에서 마련해주신 대전의 한빛 아파트에 신접살림을 예쁘게 차렸다. 사람들이 나에게 울지 않았느냐고 묻는데 나는 전혀 그러지 않았다. 몇 년 전 이스라엘에 혼자 보냈을 때는 정말 눈물이 많이 났고 많이 울었다. 그러나 결혼식 할 때나 시집을 보내고 나서는 마음이 푸근하고 든든했다. 신랑이 함께 있으니 걱정이 되지 않았다.

그런데 밥 먹을 때마다 반찬은 어떻게 하나, 밥은 제대로 해먹을 줄 아나, 살림살이는 제대로 하나, 모든 게 염려가 되었다. 아니나 다를까 어느 날 전화가 왔다 "엄마 미역국은 어떻게 끓이지?" 이런 식으로 수시로 전화하며 살림을 익혀갔다.

반찬거리만 있으면 나도 보따리에 싸서 대전까지 가져다주었다. 그러던 어느 5월 초에 또 반찬 이것저것을 싸서 가져다주고 점심 해먹고 저녁때쯤 우리가 그 집을 나섰다. 현관 문 앞에서 인사하고 손 흔드는 것을 보고 돌아서는데 나도 모르게 눈물이 왈칵 쏟아졌다.

"집 잘 봐, 아무나 문 열어주지 말고."

아빠가 운전하고 나는 옆에 앉아서 계속 눈물을 닦았다.

전도 운동

그 해부터 전도에 온 힘을 다 쏟기로 결정하고 말씀을 읽고 기도하며 전도의 문을 열어주실 것을 믿고 노력했다. 그리고 임마누엘기도원에서 부흥회 하는 데 갔다.

> 하나님의 사랑을 사모하는 자
> 하나님의 선하심을 바라보는 자
> 너의 모든 것 창조하신 우리 주님이
> 너를 얼마나 사랑하시는지
> 너의 작은 신음에도 응답하시니

이 찬양을 부르는데 얼마나 가슴이 뜨거운지 눈물이 줄줄 흘렀다.

지금은 마지막 때가 다 되어서 땅끝까지 복음 들고 나갈 일꾼을 부르고 계시는 하나님의 음성이 들리는 듯했다.

'주는 그리스도시요 살아계신 하나님의 아들이시니이다.'

초대교회 성도들이 주는 그리스도라 가르치기와 전도하기를 쉬지 아니하였다고 사도행전에서 말씀하고 있는데, 나는 무엇하고 있나, 안일한 자리에 머물러 있는 건 아닌가, 나를 돌아보며 회개하고 일어섰다. 그러자 우리 교회에서 목사님이 전도 부흥회를 열고 직접 강사가 되셔서 구체적인 전도의 실제성, 방법, 그리고 전도의 현장과 영적 전쟁, 전도의 파급 효과 등등에 대해서 매우 강력하게 강의를 하셨다. 그런데 이 전도 부흥회를 통해서 뜨겁게 반응하며 전도 현장으로 달려나가는 사람과 부담스럽다고 반응하는 사람으로 나뉘어지는 것을 느꼈다.

이 부흥회 기간 중에 서울에 큰 사건이 생겼다. 삼풍백화점이 무너진 것이다. 우리 교회 양 집사가 바로 그 백화점 옆의 아파트에 살고 있었다. 부흥회 끝나고 집에 가는 길에 백화점 슈퍼마켓에 들러서 장을 보려고 했는데, 온 동네가 건물 무너지면서 생긴 먼지로 뒤덮여 숨이 막힐 지경이었다고 했다. 만약 그냥 집에 있었다면 무너지는 그 시간쯤에 장 보러 백화점에 갔을 텐데, 부흥회 참석하고 좀 늦게 갔더니 화를 면하게 되었다면서 하나님의 은혜라고 고백했다.

부흥회 끝나고 우리는 나름대로 전도 팀을 짜서 성내동 전체의 영적 지도를 그리기 시작했다. 1동, 2동, 3동을 골목마다 다니며 무당집을 세고 표시했다. 무심코 다닐 때는 몰랐는데 막상 헤아려보니 엄청나게 많았다. 우리 교회 동네에 있던 무당집을 한 집씩 방문하기로 했다.

먼저 계룡암보살 집으로 갔더니 없었다. 그 다음 몇 골목 뒤에 있는 천신암도사라는 집에 가서 노크했더니 반갑게 문을 열어주었다. 목사님이 먼저 들어가 제단 차려 놓은 바로 앞에 앉고 우리는 빙 둘러 앉았다. 무당이 당황해 하며 무슨 일로 왔느냐고 물었다. 제단 앞에는 그렇게 앉는 것이 아닌데 목사님이 일반 신자들 집에 심방 가서 앉듯 앉았으니 그 사람이 놀란 것이다. 목사님이 복음을 전하기 시작하자 그 사람이 화를 내며 자기가 15년을 교회 다녔으나 앉은뱅이가 되어서 굿 하고 나아서 무당이 되었다고 말했다. 그래서 지금은 나은 것 같지만 귀신은 속이는 영이라 더 어려워질 수 있으니 예수 믿고 영원히 사는 삶을 살자고 권면했다. 무당은 화를 버럭버럭 내며 우리를 떠밀어내었다. 그리고는 소금을 휙휙 뿌렸다.

이것이 우리가 난생 처음 무당집에 들어가 본 경험이 되었다. 나는 무당집에 그렇게 울긋불긋하게 이상한 그림을 그려놓고 부처를 갖다 놓고 제사상을 차려놓은 것을 처음 봤다. 과일이랑 과자랑 또 애기 돌 날 입는 옷, 쌀, 별의 별 것을 다 가져다 놓았다. 그 이후로 그 집에는 전도 팀이 한 번도 못 들어갔다. 남자가 문 앞에서 지키고 있다가 온갖 험한 욕을 했다.

그리고 나서 연화사라는 집에 갔다. 우리가 교회에서 간 줄 알고 자기 집에 단골로 오는 사람들의 교적부를 헤아리며, '이 사람은 집사, 이 사람은 권사, 이 사람은 멀리 목포에서 찾아오는 장로'라며 교회 다니는 신자가 3분의 1이 좀 넘는다고 했다. 참 어이가 없었다. 그러나 듣든지 아니 듣든지 복음은 전했다.

작두방보살은 자기 자녀들이 무당 대물림 할까 걱정을 하며 딸은 천주교로 나가게 했다. 교회는 안 되고 천주교는 권장했다. 참 의미심장한 일이 아닐 수 없다. 오대산보살은 가능성이 있어 보여서 몇 번이나 갔지만 그들은 그것이 자기네의 생계수단이었다.

나중에 계룡암보살네를 갔더니 교회 17년을 다녔으나 신병을 떨치지 못해서 결국 무당이 되었다고 했다. 그래서 교회 다닐 때 확실하게 예수님을 나의 구주 나의 하나님으로 영접했느냐고 물었다. 자기가 목사님 댁에 가서 늘 봉사하고 교회 봉사도 엄청 많이 했다고만 했다. 그 집안에 이모가 무당, 엄마도 무당, 또 고모가 무당, 이렇게 강력한 귀신의 대물림이 있으니 신병이 있을 수밖에 없다. 그러나 예수님을 확실하게 영접시키고 성경공부 시키고 영적전쟁의 군사로 양육했으면 그가 무당이 되지 않았을 텐데 참으로 아쉬웠다. 우리가 팀이 되어 몇 차례 들어갔는데 처음에는 대접도 잘 하고 상냥하게 대하더니 자주 가니 나중에는 오지 말라고 했다. 이 근처에서 제일 용하다고 소문이 나 있는 사람이었다. 그런데 우리가 자주 가면서 신 할아버지가 잘 오지 않는다면서 신경질적으로 대했다. 나중에는 굿 할 때 사용하는 커다란 삼지창을 들고 찌른다고 하고, 어느 날은 막걸리 통을 내던졌다. 그 다음에는 아예 문을 열지 않고 있더니 어디론가 이사를 가버렸다.

대부분의 무당들이 교회를 거쳐간 것을 알 수 있었다. 교회 내의 신자들을 점검해 볼 필요가 있다. 몇 십 년 교회 다니며 봉사한 게 문제가 아니다. 예수님을 영접했나 하지 못했나, 하나님과 어떤 관계를 맺고 있나를 확실하게 하고 말씀을 지속적으로 가르치며 영적으로 성숙한 신자가 되도록 훈련시켜야 한다는 것을 절실히 깨달았다.

성내 2동에서는 45년 순복음교회 다니던 권사가 무당을 하고 있었다. 목사님들도 많이 알고, 자기가 안수기도 해서 병도 많이 고쳤다고 했다. 그래서 예수님을 영접했느냐고 다그쳐 물었더니 "안 했지요. 그게 뭐 대수요?"라고 했다. 왕이요 제사장이요 선지자이신 예수님은 그리스도이며 하나님 만나는 유일한 길이다. 이 예수님을 영접하여 하나님의 자녀라는 신분을 가지고 구원의 확신을 가지고 있어야만 귀신이 틈 탈 수 없다. 예수님의 보혈 아래서 그 보혈의 은총으로 보호함을 받으며 우리는 세상에서 영적 전쟁을 하며 승리해야만 한다.

어떤 무당은 내가 여러 번 찾아가며 기도해주고 복음을 전했더니 자기도 언젠가는 교회로 갈 거라며 손녀 손자 둘을 우리 교회로 보냈다. 그런데 자기는 여덟 식구를 먹여 살려야 하기 때문에 도저히 못 나간다고 했다. 참 안타까웠다. 그런데 그 사람들이 회개하고 예수 믿게 되었으면 참 좋았을 텐데, 다들 다른 곳으로 이사를 가고 말았다.

학교 앞 전도

다시 전도 팀이 구성되어서 내가 피크닉 가방 셋 3개를 샀다. 한 팀은 성일초등학교 앞에서 파라솔 펴고 테이블을 펴서 설문지와 간식을 준비해 놓고 하교하는 아이들에게 설문지를 해달라고 부탁하면서 간식을 주고 전도를 했다. 또 한 팀은 위례초등학교 앞에서, 또 한 팀은 둔촌초등학교 옆문 앞에 자리를 잡았다. 그러면 한산초등학생들도 만나고 동북중고등학교 학생들도 만날 수 있었다.

그렇게 전도를 시작했는데 엄청 많이 했다. 초등학생들 중에서도 가출하고 싶다는 아이들이 참 많았다. 이유는 엄마 아빠가 너무 많이 싸워서 집이 지옥 같다는 아이, 집에 가기만 하면 엄마가 쉴 틈도 없이 공부하라고 들들 볶는다는 아이, 형이 늘 때린다는 아이, 차별 대우 받는 게 싫다는 아이, 참 가지 가지 이유가 많았다. 또 귀신이 늘 눈에 보인다는 아이도 있었다. 그래서 "예수님이 십자가에 못 박혀 죽으실 때 너와 나의 죄를 용서하셨다. 마귀, 귀신의 머리를 깨뜨리고 부숴버리셔서 우리를 해방시켜주셨다. 그리고 하나님을 만나는 길이 되어 주셨다."고 설명을 해주었다. "이 예수님을 마음속에 모셔 들이면 예수님이 너의 구세주가 되셔서 너를 하나님의 자녀가 되게 해주시고, 항상 네 마음속에 성령으로 와 계셔서 너를 지켜주시기 때문에 마음이 편안해지고 귀신 같은 것은 얼씬도 할 수 없다. 만약 너의 눈에 또 귀신이 보여도 네가 '귀신아 떠나라, 예수 이름으로 명령한다. 나는 예수님의 피 아래 있다.' 하면 당장에 도망간다."고 일러주었다. 그렇게 해서 예수님을 영접시키고 기도해주면서 우리는 마음이 흐뭇해지는 것을 느꼈다. 그 아이들의 부모가 구원 받아 아이들과 함께 집에서 기도하고 영적으로 보살펴준다면 아이들의 마음이 평안한 가운데 공부도 자발적으로 잘할 수 있고 큰 비전을 가지고 멋진 삶을 살 수 있을 텐데 하는 아쉬움도 있었다.

이렇게 여러 아이들의 이야기를 들으며 아이들에게 영적인 면으로 접근하는 것도 중요하지만 심리적 상담을 구체적으로 할 필요가 있다는 것을 깨닫게 되었다. 그래서 상담 연구소에 찾아가 아동심리학, 청소년심리, 현실요법 등등을 열심히 공부했다. 그리고 나서 우리 교회에 태아, 영아를 위한 부서를 만들기로 생각하고 임산부와 아기 엄마들을 모집했다. 매주 수요일 오전 10시 반까지 모여서 어머니의 정서가 태아에 미치는 영향과 영아와 가정환경, 대물림되는 가계의 문제, 기질 등을 다양하게 이야기하며 좋은 시간을 가졌다. 그리고 본격적으로 태영아부를 설립하고 함께 시간을 가졌던 엄마들이 교사가 되어 운영하기 시작했다.

이때 양 권사는 아이들 간식 준비하느라, 김 권사랑 함께 교실 꾸미느라 매일 같이 교회를 들락거리며 수고했다. 그 당시는 태영아부란 말을 별로 사용하지 않던 때라 몇몇 사람들의 자비로 교실을 꾸미고 간식을 준비하며 책망도 들어가며 끙끙대며 노력했다.

하나님의 선물

1997년에 갑자기 우리나라에 IMF가 왔다. 나라가 어수선했다. 어느 금요 심야 기도회 때 기도하다가 마음이 불안해지는 것을 느꼈다. 하나님께 "아버지, 우리나라가 어렵게 됐어요. IMF가 왔어요. 어떻게 하면 좋아요, 아버지, 어떻게 하면 좋아요, 어떻게 하면 좋아요?" 하면서 땅이 꺼지게 탄식을 했다. 그러자 내 마음 속에

"얘야, 하늘나라 내 창고는 이 세상 상황과 상관이 없다."

라는 말씀이 들렸다. "네?" 하고 놀라는데 하나님께서 또 말씀해 주셨다.

"내가 너에게 선물을 줄까?"

하시면서

"선교교육관"

이라고 하셨다. 나는 너무나 놀랍기도 하고 좋기도 한데 눈물이 쏟아졌다 그러면서 내 입은 "할렐루야, 할렐루야!"를 외쳤다. 한참을 그러고 있는데 하나님의 푸근함이 나를 감싸시며

"너희들 전도하느라 애쓴 상이야."

라는 느낌이 전해졌다.

나는 이 말을 아무에게도 하지 않고 나 혼자만 기뻐했다. 얼마 있지 않아서 장로님들이 자동차 정비소를 사고 교육관을 짓기 시작했다. 나는 기도만 할 뿐 건축비에 대한 걱정은 전혀 하지 않았다. 하나님께서 먼저 주시겠다고 하셨으니 걱정할 이유가 없었다. 정말 순적했다. 마지막 잔금 10억을 지불하면 건축사에서 열쇠를 우리에게 주도록 약속이 되었다. 목사님이 구역원들을 다 모아놓고 어떤 방법으로 헌금할 건가에 대해 하나님께 묻자고 하면서 각 구역끼리 모여서 중보기도를 하라고 하셨다. 각 구역에서 응답 받은 것을 구역장들이 제출했다. 목사님과 건축위원들이 모여서 다 읽어보고 정리 요약했다. 건축위원장 이우천 장로님은 기도원에 가서 3일간 금식기도를 하고 3월 첫 주일에 구체적인 광고를 하셨다. 목사님도 중보기도에 의한 내용을 말씀하시며 광고하셨다.

둘째 주, 셋째 주, 넷째 주가 되자 마침내 10억이 넘었다. 마지막 주일에 목사님이 "이제 다 찼으니 헌금을 그만하셔도 됩니다."라고 광고하셨다. 모두들 "와, 할렐루야!" 하면서 너무나 기뻐했다. 연세 많으신 백 권사님은 예배 끝나고 나오면서 내 손을 잡고 "사모님, 나 여태까지 오랫동안 교회 다녔지만 건축헌금 그만 가져오라는 말은 처음 들어 봤네. 모세 시대나 그랬지. 어떻게 이럴 수가 있어! 정말 놀랍네. 우리 하나님 감사합니다!" 하시며 하하하 하시고 통쾌하게 웃으셨다.

땅끝까지 가리라

네 길을 여호와께 맡기라.

그를 의지하면 그가 이루시고 네 의를 빛 같이 나타내시고

네 공의를 정오의 빛 같이 하시리로다. (시 37:5~6)

어느 금요일 아침에 대전에 사는 딸에게서 전화가 왔다.

"엄마, 나 오늘 아침 일어나서 기지개를 켜는데 갑자가 '뚝' 하는 소리가 나더니 인대가 끊어졌어. 목을 들 수가 없어서 119에 실려서 치료받고 목에 기브스를 하고 지금 집에 왔어."

어이가 없었다. 전화를 끊고 기도를 하고 앉아 있다가 "대전에나 가야겠다. 마음도 심란한데." 하며 목사님께 말하고 일어섰다. 고속버스를 타고 가면서 나는 마음속으로 중얼거렸다.

"예수님도 이 세상에 사람으로 오시되 나를 믿고 구원 받아라 하고 전도하러 오셨고, 우리가 하나님의 자녀로 구원 받은 것도 하나님의 덕을 선전하기 위함이라고 하셨다. 그런데 왜 전도라는 말만 들어도 식상하다고 하며, 전도만 강조하지 말라고 할까? 뱀 같이 지혜롭고 비둘기 같이 순결하라고 하셨는데 왜 그러질 못한 것일까. 아버지, 우리가 어리석은 것입니까? 아버지

도와주세요."

딸네 집에 들어서는데 손녀가 눈물이 글썽했다.

"함머니, 엄마 아파서 병원 갔다 와쪄요."

이런저런 반찬도 좀 만들어주고 저녁 먹고 앉았다. 딸이 주섬주섬 옷을 입고 나갈 채비를 해서 어디 가느냐고 물었더니 교회 DTS 하러 간다고 했다.

딸이 아이에게 "회원아, 엄마 아빠 교회 갔다 올 때까지 할머니랑 집에서 놀래?" 하고 물으니 아이가 생각을 좀 해보더니 교회에 따라가겠다고 한다. 그래서 "오냐, 나도 너희들 따라 교회 갈게. 회원아, 우리 교회에 가서 놀자." 하면서 갔다.

교육관 교실에 사람들이 가득히 앉았다. 딸이 목에 기브스를 하고 발목에도 반 기브스를 한 채 목발을 짚고 나타나니 모두들 안아주고 쓰다듬어주고 사랑한다 축복한다며 위로하고 격려해주었다. 분위기가 참 좋았다. 나는 맨 뒤 벽에 붙여 놓은 벤치에 앉아서 회원이가 들락날락하는 것을 지켜보며 강의를 들었다.

'영적 전쟁'이란 강의를 제주 열방대학 교장인 권기호 목사님이란 분이 하시는데 내용이 참 좋았다. 그런데 어찌나 느리게 말씀을 하는지 내가 속으로 '이 강력한 메시지를 이렇게 느리게 하다니…' 하는데 하나님께서

"이것을 잘 봐라."

하고 말씀하셨다. 그래서 내가 '예, 잘 보고 있는데요?' 했더니,

"이것을 절충하라."

라고 다시 말씀해주셨다. '아, 이것 때문에 나를 여기 보내셨구나' 하면서 이튿날 아침 일찍 서울로 왔다.

딸의 인대 끊어진 것은 그 길로 다 나았다.

목사님께 그 이야기를 했더니 당장에 인덕이한테 전화를 해서 "야 인덕아, 너 DTS 교재 전부 나한테 보내라." 했다. 그랬더니 딸아이가 "아빠, 이건 교재로 하는 게 아니야. 우리 목사님이 PDTS(목회자 제자훈련) 1기를 하셨어요. 그래서 우리 교회가 할 수 있는 거예요. 아빠도 PDTS를 해야 되는 거예요. 인터넷에 들어가서 '예수전도단' 홈페이지를 열어보세요." 한다.

그래서 목사님이 한참 들여다보는데 마침 막 새로 시작을 한다며 신청을 받았다. 목회자 부부가 같이 해야 하고, 매주 월요일과 화요일에 역곡에 있는 어느 고아원에서 훈련을 받는다고 했다. 서둘러 등록을 신청했는데 우리가 맨 나중에 등록한 사람이 되었다.

곧바로 PDTS 훈련을 받으러 다녔는데, 나나 목사님이나 큰 감동과 은혜를 받고 지식도 무척 많이 쌓았다. 당시의 훈련 이야기 역시 너무나 은혜롭고 재미있는 일이 많았는데, 그 이야기는 다음 기회에 따로 해보려고 한다.

PDTS 과정 가운데 실제로 해외로 나가서 선교활동을 전개하는 일종의 실습도 있어서 우리 부부는 베트남에 가서 선교활동을 하고 돌아왔다. 역시 천신만고와 우여곡절의 연속이고 하나님 은혜의 연속이기도 했다.

그렇게 PDTS 과정을 마친 뒤에는 우리 교회 안에서 JDTS(예수 제자 훈련 학교)를 시작했다. 강사들을 모셔 우리가 받았던 교육 그대로 교육생을 가르치고, 우리가 했던 것처럼 해외 선교사 체험도 시켰다. 그렇게 해서 처음 보내게 된 나라가 네팔, 태국, 일본의 세 나라였다. 나는 일본팀과 같이 갔다고 돌아왔다.

현장 실습을 마치고 돌아왔더니 모두들 침 튀기며 자기 팀이 가장 좋았고 은혜로웠다고 주장했다. 저마다 체험과 은혜를 보고하는데 이야기도 끝이 없고 깨우칠 것도 끝이 없었다.

그렇게 1기를 잘 끝내고 다시 2기를 모집했는데, 나는 걱정도 안 하고 기도도 안 했다. 1기가 너무 성황리에 끝났으니 2기는 저절로 채워질 줄 알았다. 그런데 개강 1주일을 앞두고도 학생들이 도무지 등록을 하지 않았다. 그제야 이 목사님 및 간사들이 놀라서 모여 기도하기 시작했다. 기도하니 그 다음 주에 와르르 쏟아져 들어왔다.

"내가 일하면 하나님이 쉬신다. 그러나 내가 기도하면 하나님이 일하신다." 당연히 하나님이 일하시는 것이 가장 완벽하다.

2기 훈련 때는 필리핀으로 갔는데, 상상도 하지 못했던 삶을 보고 상상도 하지 못했던 선교의 현장도 경험했다. 이런 이야기들 역시 나중에 자세히 해볼 계획이다.

아무튼 필리핀에서의 이 선교 체험 활동을 계기로 나는 갑자기 필리핀 신학교에서 영어 강의까지 하게 되었다. 그리고 신학교 건설에도 힘을 조금 보태게 되었다. 능력이 있어서 그런 것은 아니고 당연히 하나님의 계획대로 이루신 것이었다. 그 과정도 눈물 없이는 듣기 어려운 이야기들인데 역시 다음 기회로 미루기로 한다.

일본, 필리핀에 이어 방글라데시를 거친 뒤 다시 일본에 가게 되었는데, 이를 계기로 후지 예수사랑교회의 선교 사업에도 힘을 보태게 되었다. 이어 러시아의 극동지역과 중국의 우루무치에도 갔고 인도에도 갔다. 가는 곳마다 새 일이 주어졌고 있는 힘을 다해 주님의 뜻을 이루려고 했다.

그렇게 마을을 넘고 국경을 넘어 세계 곳곳으로 다니다보니 세월이 정말 유수와 같이도 빨리 흘러갔다. 세상에, 내가 어느새 칠순에 이른 것이다.

칠순 잔치

내 칠순 생일이라고 교회 여전도회에서 아름답게 장식을 해놓고 잔치를 열어주었다. 다음해 2월에는 남편의 칠순 생일이라고 당회가 주관하고 여러 기관이 참여하여 정말 멋지게 잔치를 했다. 몇몇 사람들이 사랑의 편지를 읽을 때 고맙기도 하고 송구스럽기도 했다. 한 일에 비해서 칭찬을 너무 많이 받는 것 같았다. 예수님이 받으셔야 할 일인데 우리가 받는 것이 주님께 죄송스러웠다.

그리고 시아버님(이헌영 목사님)께서 하신 사역을 돌아보면 평생 순수하게 헌신만 하셨지 영광은 받지 못하셨던 데 비해 우리는 영광을 참 많이 받았다. 선친께서 걸으신 길은 알아주는 이 없이 드러나지도 않게 그리스도 안에서 날마다 죽는 삶이셨다. 가족도 하나님께 온전히 맡긴 채 이 땅에 속한 것 한 개도 남긴 것 없이 하늘나라 아버님께 가셨다.

인고의 세월, 기도의 세월, 소망의 세월이었다.

내가 진실로 진실로 너희에게 이르노니
한 알의 밀이 땅에 떨어져 죽지 아니하면 한 알 그대로 있고
죽으면 많은 열매를 맺느니라. (요 12:24)

테이블에 앉아서 꽃다발을 받고 케이크를 자르는데 내 마음 속에 "이것이 마지막이다." 하는 것 같았다. 모든 것을 내려놓을 때가 된 것을 느꼈다. 참으로 감회가 깊었다.

책을 마치며

천하에 범사가 기한이 있고

모든 목적이 이룰 때가 있나니

날 때가 있고 죽을 때가 있으며

심을 때가 있고 심은 것을 뽑을 때가 있으며

울 때가 있고 웃을 때가 있으며

슬퍼할 때가 있고 춤출 때가 있으며

찾을 때가 있고 잃을 때가 있으며

지킬 때가 있고 버릴 때가 있으며

사랑할 때가 있고 미워할 때가 있으며

전쟁할 때가 있고 평화할 때가 있느니라

(전도서 3:1~8)

이 목사님의 퇴임 약 3년 전부터 우리는 은퇴하고 후임 목사님이 순조롭게 와야 하는데 싶어서 기도를 시작했다. 후임을 여호수아라고 칭하면서 "아버지, 여호수아를 준비해 주세요."라고 기도했다. 남편도 그렇게 기도하면서 "후임만 확실하게 정해주시면 70살이 안 되어도 은퇴하겠습니다."라고 했다.

요즘 우리나라 교회들이 담임목사님들 오고가는 문제가 편치 않아 세상 사람들에게 비난 받는 일이 잦아서 우리도 마음이 무거웠다. 우리도 이제는 떠날 때가 다 되었는데 사람을 어떻게 결정할 수 있을지 참으로 어려웠다. 그래서 하나님께 적극적으로 기도했다. 우리를 이 교회로 인도하셨을 때 하나님의 강권적인 역사로 된 것이었기 때문에 하나님의 역사하심을 신뢰하고 기도했다. 중보기도 팀에게도 부탁했다. 그랬더니 중보기도에 온 어떤 분들은 목사님이 은퇴하실지도 모르는데 어떻게 미리 그런 기도를 할 수 있느냐고 화를 내시기도 했다.

　그러나 그런 중보기도가 있어서 하나님의 시간에 맞게 모든 것을 준비하셔서 순적하게 만나고 순적하게 마무리를 잘 할 수 있게 된 것이 아닌가. 그들의 중보기도에 감사할 따름이다.

> 전후좌우를 살펴봐도 사람의 계획은 허당이나
> 하나님의 뜻은 어김없이 때를 맞추어 균형을 잡아
> 아름다움을 창출한다.
> 인생의 오고 가는 발걸음이 하나님의 손 안에 있어
> 믿음으로 정좌하면 평안에서 평안으로 이르게 된다.
> 하나님과 방향을 맞추어 함께 걸으면 나는 그림자 되고
> 하나님은 나의 산성, 나의 방패, 나의 요새가 되시고
> 언제나 내 앞서 가신다.
> 나의 힘, 나의 왕, 내 아버지를 찬양합니다.
> 아버지의 날개 그늘에서 편히 쉽니다.

　이취임식을 마친 뒤 우리는 짐을 싸서 차에 싣고 집을 나섰다.

이 목사님에게는 언제나 가고 싶어 하는 곳이 있었다. 6·25사변 때 고아원 따라 피난 갔던 가덕도엘 늘 가보고 싶어 했다. 1950년 6·25가 나던 때는 강경에서 엄청 어렵게 기적적으로 살아남았다. 그 해 추석 전날은 살육의 밤이었다. 공산당들이 병촌교회 신자들을 교회 마당에 있는 우물에 60여 명을 켜켜로 처넣어 죽였다. 침례교회 목사님도 공산당의 죽창에 돌아가셨다. 밤에 몇 차례나 "이 목사 나와!" 하면서 아버님을 잡으러 왔는데, 하나님의 은혜로 그들의 눈을 가려서 댓돌 위의 신발이 수두룩한데도 못 보고 "다들 도망갔구먼" 하면서 그냥 나갔다.

　그래서 1951년 1월에 중공군이 쳐내려오니 집에 있다가 다 죽지 말고 흩어지기로 결정했다. 둘째누나와 이 목사님은 제 발로 뛸 수 있으니 강경고아원 아이들과 함께 피란길로 보내졌다. 콩나물시루 같은 기차를 타고, 또 트럭을 타고 강경에서 대전, 대전에서 부산으로, 또 배를 타고 가덕도까지 갔다. 고아원 아이들한테 얻어맞기도 하고 배가 고파 도토리도 주워 먹으며 고생 많이 했다.

　3·1절 날 가덕도 운동장에 모여 행사를 했다. 교장 선생님이 3·1절 훈시를 처음부터 끝까지 다 읽는데 고무신 신은 발이 얼마나 시린지 거의 죽을 뻔 했었다. 그 해 5월, 교단 총회 할 때 아버님이 부산에 오셔서 수정동교회 마룻바닥에서 금식하셨다. 아이들 찾게 해주시기를 기도하고 계실 때 가덕도로 연락이 와서 배 타고 나와 아버님을 만나게 되었다. 만약 그때 못 만났으면 꼼짝없이 이산가족이 되었을 것이다.

　그때를 잊을 수가 없어서 나이 70이 되어서 다시 찾아가는 것이다. 거가대교가 놓여서 배를 타지 않고 가덕도엘 들어갔다.

모든 고아원들은 다 돌아갔고 춘천에서 온 소양고아원만 지금도 남아 있었다. 할아버지 원장님이 옛날이야기를 길게 하셔서 다 듣고 나와서 초등학교도 들여다보고 여기저기 둘러보고 나왔다.

그 다음에 갈 곳은 증도에 있는 문준경 전도사님의 순교지다. 목포를 지나 지도를 거쳐 증도로 들어갔다. 슬로시티라고 섬 전체가 금연지역이다. 증도엔 문준경 전도사님의 손길이 미치지 않은 데가 없다. 신안군 섬 전체를 복음화하기 위해 목숨 걸고 전도하신 분이다. 사도 바울과 같은 사역자였고 예수님의 마음을 품은 여제자이셨다.

전도사님의 순교지에 와서 그 분을 생각하니 우리는 정말 너무나 작은 종들일 뿐이다. 부끄럽다. 문준경 전도사님은 전도자요, 위로자요, 의사요, 어머니다. 그 분의 가슴엔 예수님의 사랑이 화산처럼 타오르고, 찬송으로 경배하고, 눈물로 기도했다. 모든 백성을 예수님께 드리려고 바닷물이 밀려와도 백고무신이 벗겨져도 복음을 들고 죽기살기로 다니시던 분이다. 그러다 결국은 공산당의 창에 찔려 돌아가셨다. 모래밭이 피밭이 되도록.

엘도라도 리조트에서 하룻밤 자고 돌아오는 길에 강경에 들렀다. 강경 옛날 교회도 보고 강경시장을 훑어보고 옛날이야기도 하며 추억 속을 배회하다가 집을 향하여 발길을 돌렸다.

많은 생각들이 떠오른다. 부르심을 따라 길 떠난 지가 얼마였던가.

나의 갈 길 다 가도록 예수 인도 하시니
내 주 안에 있는 긍휼 어찌 의심하리요.
믿음으로 사는 자는 하늘 위로 받겠네
무슨 일을 만나든지 만사형통 하리라
무슨 일을 만나든지 만사형통 하리라.

　서울제일교회에서의 30년, 장충단에서의 4년 4개월, 군산에서의 2년 2개월, 남포에서의 1년 4개월, 한얼산기도원에서의 50일, 그리고 동덕교회에서의 3년 11개월이 파노라마처럼 스쳐 지나간다.

　그리고 부르심을 받던 그 옛날과 배필을 만나게 하시던 하나님의 중매 이야기, 또 "너는 내 것이라, 내가 너와 함께 하리라." 고 누누이 말씀하시고 때마다 일마다 손잡아 이끌어 주신 일들이 필설로 형언키 어려울 정도로 많았다. 축복의 말씀을 언약으로 주신 것 또한 결코 잊을 수 없다. 세상사에 관한 기억이 아무리 가물가물해지더라도 내가 하나님께 받은 은혜만큼은 그 나라에 갈 때까지 내 뇌리와 가슴과 팔다리에서 결코 지워지지 않을 것이다.

나는 시온의 공의가 빛 같이,

예루살렘의 구원이 횃불 같이 나타나도록

시온을 위하여 잠잠하지 아니하며

예루살렘을 위하여 쉬지 아니할 것인 즉

열방이 네 공의를, 열왕이 다 네 영광을 볼 것이요

너는 여호와의 입으로 정하실 새 이름으로 일컬음이 될 것이며

너는 또 여호와의 손의 아름다운 면류관,

네 하나님의 손의 왕관이 될 것이라.

다시는 너를 버리운 자라 칭하지 아니하며

다시는 네 땅을 황무지라 칭하지 아니하고

오직 너를 헵시바라 하며

네 땅을 쁄라라 하리니

이는 여호와께서 너를 기뻐할 것이며

네 땅이 결혼한 바가 될 것임이라.

마치 청년이 처녀와 결혼함 같이

네 아들들이 너를 취하겠고

신랑이 신부를 기뻐함같이

네 하나님이 너를 기뻐하시리라.

(이사야 62:1~5)